Zu diesem Buch

Wie verhält sich ein Gesprächshelfer, Therapeut oder Moderator, wenn zwei oder mehr Personen erklärtermaßen in eine Sackgasse der Kommunikation und ihrer Beziehungen zueinander geraten sind? Oder wenn schwierige Sach- und Beziehungsprobleme gelöst werden müssen, sei es bei Paaren und in Familien oder auch in Arbeitsgruppen und Gremien?

Um dann weiterzuhelfen und die Beteiligten miteinander in ein klärendes Gespräch zu führen, entwickelt dieses Handbuch Leitlinien und praktische Ratschläge aus kommunikationspsychologischen Einsichten und mit vielen hilfreichen Beispielen. Keine Tricks oder Spielchen, sondern kundige Anleitungen, um Beziehungsstörungen zu erkennen und in gemeinsamer Anstrengung zu überwinden.

Die Autoren

Dr. Christoph Thomann, geboren 1950 in Bern (Schweiz). Studium der Psychologie an der Universität Fribourg (Schweiz), Ausbildung in Kommunikationspsychologie, Themenzentrierter Interaktion und Gestalttherapie. Seit 1978 führt er eine psychologische Beratungspraxis in Bern und arbeitet als Kommunikationstrainer. Er ist Mitarbeiter des Hamburger Arbeitskreises «Kommunikation und Klärungshilfe im beruflichen Bereich». 1985 hat er an der Universität Hamburg mit einer Arbeit über Klärungshilfe promoviert.

Prof. Dr. Friedemann Schulz von Thun, geboren 1944, ist Hochschullehrer am Fachbereich Psychologie der Universität Hamburg und Leiter des Arbeitskreises «Kommunikation und Klärungshilfe im beruflichen Bereich», in welchem durch Forschung und Praxis neue Weiterbildungskonzepte entwickelt werden. Er ist Autor der erfolgreichen Rowohlt-Taschenbücher «Miteinander reden 1. Störungen und Klärungen» (rororo Sachbuch 7489) und «Miteinander reden 2. Stile, Werte und Persönlichkeitsentwicklung» (rororo Sachbuch 8496) sowie Autor und Moderator zahlreicher Fernsehsendungen zu diesem Thema.

Christoph Thomann,
Friedemann Schulz von Thun

Unter Mitarbeit von
Christiane Naumann-Bashayan

Klärungshilfe

Handbuch für Therapeuten,
Gesprächshelfer und Moderatoren
in schwierigen Gesprächen

Theorien, Methoden, Beispiele

Rowohlt

Redaktion Wolfgang Müller
Umschlagentwurf Annette Brodda

46.–50. Tausend August 1997

Originalausgabe
Veröffentlicht im Rowohlt Taschenbuch Verlag GmbH,
Reinbek bei Hamburg, Januar 1988
Copyright © 1988 by Rowohlt Taschenbuch Verlag GmbH,
Reinbek bei Hamburg
Alle Rechte vorbehalten
Satz Times (Linotron 202)
Gesamtherstellung Clausen & Bosse, Leck
Printed in Germany
1490-ISBN 3 499 18406 0

Inhalt

V Kommunikationsklärung

VI Persönlichkeitsklärung

I Einleitung

1. Was ist Klärungshilfe?

«Das Gespräch ist aus, wir brauchen den dritten Mann dazu» – Resignation und Hoffnung zugleich liegen in diesem Satz eines Ehemannes, der damit das Thema des Buches formuliert: Wie verhält sich ein kundiger und neutraler Gesprächshelfer*, wenn zwei oder mehrere Personen erklärtermaßen in einer Sackgasse der Kommunikation und ihrer zwischenmenschlichen Beziehungen gelandet sind und aus eigenen Kräften nicht mehr herauskommen; die «eigenen Kräfte» häufig gar alles zu verschlimmern drohen?

Sowohl im privaten als auch im beruflichen Bereich tritt der «Klärungshelfer» in Aktion, wenn das «Miteinander» von Menschen gestört ist, die im täglichen Leben miteinander zu schaffen haben (und einander ebenso zu schaffen machen!). Was dabei die Störung ausmacht und wodurch sie bedingt ist, ist in jedem Fall sehr verschieden und bereits Teil der Klärungsarbeit. Fast immer spielen undurchschaute und unausgedrückte Gefühle und Werthaltungen eine Rolle, oft aber auch eine komplizierte oder verworrene sachstrukturelle Lage, besonders bei Arbeitsgruppen im beruflichen Bereich. Beziehungs- und Kooperationsgruppen durch Klärungshilfe – dies scheint in vielen Bereichen des gesellschaftlichen Zusammenlebens mehr und mehr geboten und auch zunehmend akzeptiert.

Dabei vermeidet das Wort «Klärungshilfe» den Begriff der «Therapie», um Beziehungs- und Sachprobleme aller Art mit einzuschließen. Die Praxis, die wir mit diesem Handbuch anvisieren, betrifft nicht nur den fast klassischen Bereich der Ehe und Familie, sondern ebenso Wohngruppen, Gremien und Kollegien, Arbeitsgruppen und teilweise politische Fraktionen.

Nicht immer ist das Kind schon halb in den Brunnen gefallen.

---

* Oder eine Gesprächshelferin, Klärungshelferin, Moderatorin: Die maskuline Sprachform schließt allzeit die Wahrnehmung der Rolle durch eine Frau mit ein.

Besonders in größeren Unternehmen wird es zunehmend üblich, bei gewichtigen Zusammenkünften aller Art, wo die zielführende Bewältigung organisatorischer, sachlicher, menschlicher und zwischenmenschlicher Angelegenheiten nötig ist, einen «Externen» hinzuzuziehen, also jemanden, der außerhalb des Systems steht und nicht selbst in das Netzwerk von Interessen und Meinungen, Gefühlen und Beziehungen verstrickt ist. Die hier zu leistende *Prozeßsteuerung* ist die Aufgabe von *Moderatoren* oder *Organisationsentwicklungshelfern* – wenn sie ihre Sache gut machen, so kann es für die Sache und für die Menschen ein wahrer Segen sein. Denn wer hat nicht schon erlebt, daß solche Sitzungen unerquicklich verlaufen sind: zäh und langatmig, turbulent und durcheinander, endlos und ineffektiv –, so daß auch diejenigen immer wieder recht zu bekommen scheinen, die jegliche Mitbestimmung und Mitbeteiligung als «endloses Gequassel, bei dem sowieso nichts herauskommt» abtun. Tatsächlich scheint uns, daß «Basisdemokratie» ohne professionelle Moderation wenig Überlebenschancen besitzt.

Die Gesprächshelfer und Moderatoren, Organisationsberater und Vermittler (wie immer sie sich angesichts des jeweiligen sozialen Kontextes nennen mögen) kommen bei ihrer Arbeit notwendigerweise in die Situation, daß Menschen aneinandergeraten oder den klärenden Kontakt vermeiden.

Zuweilen mag sich der Gesprächshelfer dabei fühlen wie ein hypnotisiertes Kaninchen, das zwischen zwei sich anzischenden Giftschlangen sitzt. Ein Teil der Lähmung, die das Kaninchen spürt, mag aus der Kinderzeit herrühren, wenn Vater und Mutter sich gestritten haben.

Der erwachsene Klärungshelfer kann lernen, nun nicht gleich den Kopf einzuziehen oder sich als Schiedsrichter zu versuchen, sondern mit Menschenkenntnis, Einfühlung und gut sortiertem Pannenwerkzeug den Kontrahenten zu helfen, miteinander «klar»-zukommen. Diese Rolle stellt hohe Anforderungen an seine menschliche Integrität und seine professionelle Kompetenz. Ein Handbuch wie dieses ersetzt keine umfassende berufsbegleitende Weiterbildung, die nach ganzheitlichen Prinzipien auszurichten wäre – das heißt zum einen «Kopf, Herz und Hand» gleichermaßen anzusprechen hätte und zum anderen sehr viel Gewicht darauf legen müßte, das geeignete Vorgehen und das angemessene Kommunikationsideal aus dem Charakter einer jeweiligen Gesamtsituation abzuleiten: Die Moderation einer Vorstandsbesprechung ist keine Familientherapie, die Begegnung von Stadträten und gewählten Politikern im Kommunalbereich erfordert anderes als die Teamentwicklung in einem Krankenhaus mit ärztlichem, psychologischem und pflegerischem Personal. Was wir in diesem Handbuch anstreben, ist ein Grundrüstzeug zur Kommunikationshilfe und Interaktionsbewältigung.

Wir demonstrieren die wichtigsten Prinzipien an der «klassischen» Grundsituation: Ein Mann und eine Frau beim Klärungshelfer. Dies bereitet einen didaktisch überschaubaren Rahmen, um das *kleine und große Einmaleins der Klärungshilfe* darzulegen. Für die situationsgemäße Verwirklichung dieses Einmaleins ist viel zu bedenken und ein gutes, auch von präziser Analyse geleitetes Situationsgefühl zu entwickeln.

2. Zum Hintergrund unserer Erkenntnisse

Wie sind wir zu den Erkenntnissen gelangt, die wir in diesem Handbuch zusammengetragen haben?

Beide waren wir jahrelang als Kommunikationshelfer unterwegs gewesen, in Schulkollegien und wirtschaftlichen Arbeitsgruppen, im Kommunalbereich, Krankenhaus und in der Erwachsenenbildung. Einer von uns, Christoph Thomann, hatte in seiner Praxis zusätzlich viel mit Paaren zu tun. Der andere, Friedemann Schulz von Thun, war als Professor an einer Universität zusätzlich theoretisch interessiert: Läßt sich eine «Theorie der Klärungshilfe» entwickeln, die das Handeln eines kompetenten Gesprächshelfers zu erklären in der Lage ist und zugleich einen Orientierungsrahmen für einen Ausbildungsgang bieten kann?

So haben wir uns für ein Forschungsprojekt zusammengetan. Thomann kam für mehrere Monate von Bern nach Hamburg, um dort am Psychologischen Institut Gespräche mit Paaren, Familien und Wohngemeinschaften zu führen, die aufgrund eines Hinweises in der «Bild-Zeitung» dieses Sonderangebot der Universität wahrnahmen:

«Wer hat Ärger in der Familie oder im Arbeitsteam? – Uni-Psychologen wollen im Rahmen ihrer Forschung Hilfe bieten. Wer Gespräche über gestörte Beziehungen sucht, kann sich... anmelden.»

Wir haben die «Bild-Zeitung» um diese redaktionelle Notiz gebeten, da wir an einem Klientel interessiert waren, das möglichst wenig mit Universität und «Psychoszene» zu tun haben sollte. Tatsächlich meldeten sich überwiegend Paare und Familien, die in sehr einfachen Verhältnissen lebten.

Unsere Rollenaufteilung war meist derart, daß Christoph Thomann die Gespräche führte und Friedemann Schulz von Thun im selben Raum am Schreibtisch saß, sich Notizen machte und nach Ende des Gespräches eine gemeinsame Auswertung leitete: Wie haben die Klienten, wie der Gesprächshelfer selbst das Gespräch erlebt, was schien dabei besonders günstig oder auch ungünstig, was ist den anderen anwesenden Forschern während des Gespräches in den Sinn gekommen?

Auf diese Weise wurden nahezu 50 Sitzungen auf Tonband und (überwiegend auch) auf Video gespeichert, zusätzlich wurden Protokolle angefertigt und später Nachbefragungen durchgeführt (Koliha, 1983). All diese Aufzeichnungen dienten als Grundlage für die weitere Auswertungsarbeit, die Herr Thomann im Rahmen seiner Dissertation in den nächsten beiden Jahren, zusammen mit vielen Studenten und Praktikanten[*], vorgenommen hat. Der wissenschaftlich interessierte Leser möge die Originalarbeit einsehen (Thomann, 1985).

Schwierige Gespräche mit Paaren und Kleingruppen

In allen Gesprächen wurde harte Beziehungsarbeit geleistet, und manchmal waren alle Beteiligten nahe daran, «die Flinte ins Korn zu werfen». Die Gespräche waren so schwierig, wie die Menschen es waren und die Situationen, in die sie sich verstrickt hatten. – Zuerst kommt ein junges Paar, unverheiratet und etwas freudlos an jenem Alltag leidend, der der ersten Verliebtheit gefolgt ist, so daß nun «gar nichts mehr läuft». Sie kommen einander nicht mehr näher und voneinander nicht mehr los.

Dann kommt eine Familie mit zwei Kindern. Die Frau ist ausgezogen, der Mann hat immer wieder getrunken – nun ist es nach einigen Wochen die erste Zusammenkunft auf «neutralem Boden».

* Besondere Mitarbeit wurde geleistet von Thea Frerichs und Ella Koliha im Rahmen ihrer Diplomarbeit; von Gundula Sachs, Johannes H. Huwer, Andrea Gudehus, Heike Manger, Barbara Friedrich, Anne Hauss, Manuela Merfort und Karl Benien im Rahmen ihres Praktikums; methodische Beratung von Dr. Beat Thommen vom Psychologischen Institut Bern; fachliche Diskussion mit Klaus Heer, Ingrid Schmidt, Ruedi Moor, Dorothee Rosin und Jadwiga Zawadynska; Manuskriptbearbeitung von Maryam Djarrahzadeh, Ute Binnenbruck, Claudia Wörpel und Ingrid Größner.

«Wir kriegen kein Gespräch zustande!» sagt die Frau, und er fragt skeptisch den Klärungshelfer: «Wir sind ja hier so eine Art Versuchskaninchen – können Sie uns überhaupt helfen?» – Alle vier wünschen sich ein «richtiges Familienleben», der Weg dorthin scheint noch weit.

Oder dann kommt ein älteres Ehepaar. Für den Mann ist es etwas ehrenrührig, sich zu «so etwas» hinzubegeben: «Wenn ich 35 wäre, würde ich eher das Haus hier abbauen, als mich hier hinsetzen!» Doch er ist entschlossen, diese Gespräche zu Stunden der Wahrheit werden zu lassen: «...daß man wirklich mal das ausspricht, was man sonst nicht ausspricht!» Die Frau sagt, sie weine oft aus heiterem Himmel und möchte nur «nett und ruhig und lieb leben» – weiter wollte sie nichts im Leben, aber dazu brauche sie Verständnis. Der Mann:

«Wenn ich zu dir spreche, spreche ich immer Klartext – nur du kriegst es in den falschen Hals – und zwar in den negativen Hals.»

Beide fürchten um die Harmonie ihres gemeinsamen Lebensabends. Er hat angefangen, heimlich zu trinken – und sie wird immer verbitterter:

«Und wenn Sie jetzt mit so einer Frau Jahrzehnte zusammenleben: Es ist bei uns kein Flöten, kein Lachen, kein Singen, da läßt man die Unterlippe hängen bis auf die Holzschuh.»

Den Klärungshelfer nimmt der Mann im ersten Gespräch genauestens unter die Lupe.

«Wenn Sie einen Patzer gemacht hätten, hätten Sie einen Backs gekriegt!»

sagte er in der Nachbesprechung. – Was denn so ein Patzer gewesen wäre? Neugierige, intime Fragen zum Beispiel.

Beim nächsten Paar hegen Mann und Frau abgrundtiefes Mißtrauen gegeneinander. Eifersüchtig hat er sie kontrolliert. Um so mehr hat sie ihm verheimlicht. Bis er eines Tages heimlich eine

17

Abhöranlage in das Telefon einbaut, um ihre Gespräche abhören zu können. Sie möchte nun mit den Kindern ausziehen, er droht ihr mit Selbstmord.

«Ihr seid beide gute Streiter!» sagt der Klärungshelfer, und etwas später zum Mann:
«Sie müssen in Ihr Herz schauen lassen, um sie zu überzeugen.»

Auch beim nächsten Paar sieht es bös aus:
Er trinkt und verspielt Geld ins Uferlose, sie nimmt in ihrer Empörung kein Blatt vor den Mund. In die Spielhallen sei sie ihm nachgelaufen, immer wieder. Er hingegen beklagt sich mit vehementen Anklagereden, daß sie ihm das Leben zur Hölle mache: ewig diese Vorschriften, und der letzte Kuß vor viereinhalb Jahren: «Was soll ich mit so einer Frau – sie gibt mir nichts!»

Beim nächsten Ehepaar klagt der Mann:
«Wir sind uns im Prinzip völlig einig, aber wir können uns nicht verstehen.»
Während sie sich berufsmäßig «nach oben gearbeitet» haben, rutscht die Beziehung nach unten ab.
«Ich schlucke lieber zehnmal runter, als daß ich aus der Haut fahre» sagt er, aber alle vier Monate gibt es eine Großexplosion. Wie ist das, wenn der Mann abends nach Hause kommt? Der Klärungshelfer spielt die Szene mit der Frau einmal im Rollenspiel durch. Beim erstenmal spielt sie ihren Mann, beim zweitenmal sich selbst (laut denkend), beim drittenmal wieder ihren Mann, nur, wie sie sich ihn wünscht.

Wer all diesen Sitzungen beiwohnt oder sie auf Videoband anschaut und dabei dem Klärungshelfer über die Schulter sieht, dem mag zunächst der Kopf schwirren angesichts der Vielfalt der Ereignisse: Mal hört der Helfer lange geduldig zu, mal unterbricht er sogleich und schlägt etwas ganz Neues vor. Dann wieder läßt er die beiden miteinander reden, ohne einzugreifen. Plötzlich macht er kleine Zeichnungen oder nimmt herumliegende Gegenstände, um etwas aufzubauen. Meistens sitzt er zwischen den Klienten, in Form eines «Mercedessterns», dann aber hockt er sich vorübergehend neben den einen Klienten, später auch neben den anderen, um stellvertretend für sie etwas zu sagen. – Die Vielfalt verwirrt, solange wir uns keinen Reim darauf machen können, solange wir kein ausgereiftes Verständnis davon haben, worin «Klärungshilfe» in ihrem Wesen besteht. Um zu diesem Verständnis zu gelangen, scheint es zunächst geboten, die Vielfalt theoriegeleitet zu ordnen. Nach eingehender Analyse der Sitzungen sind wir zu einem Ordnungsschema gelangt, das wir unter der Überschrift «Vier-Felder-Modell der Klärungshilfe» im nächsten Kapitel vorstellen. Dieses Schema dürfte allgemeine Gültigkeit beanspruchen, obwohl wir nur einen einzigen Klärungshelfer detailliert untersucht haben. Aber dieser darf durch seine Ausbildung und seine langjährige Praxis als ein typischer Repräsentant jenes verinnerlichten Wissensbestandes gelten, der im Rahmen der *Humanistischen Psychologie* und der *Systemischen Kommunikationstherapie* handlungsleitend geworden ist. Es gibt noch viele andere Wege nach Rom, aber auf diesem läßt sich bereits einiges entdekken und lernen.

II Das Vier-Felder-Modell der Klärungshilfe

Was tut der Klärungshelfer in all den schwierigen Gesprächen? Dem unbedarften Zuschauer solcher Sitzungen begegnet eine verwirrende Vielfalt von Verhaltensweisen und Interventionen des Klärungshelfers. Mal ist er mehr auf den einzelnen konzentriert, und das Geschehen erinnert streckenweise an eine Einzeltherapie, freilich im Beisein des oder der anderen; ein anderes Mal mehr auf die Beziehung, das System, wobei der Brennpunkt der Aufmerksamkeit auf *der Art des «Miteinanders»* liegt. Mal werden Regeln und Gesetzmäßigkeiten herausgearbeitet, nach denen sich im täglichen Leben die individuellen Reaktionen und Interaktionsmuster bestimmen, dann wieder wird direkt im «Hier und Jetzt», am Prozeß des Gegenwärtigen, gearbeitet.

Diese Sichtweise legt eine Einteilung der Arbeitsschwerpunkte in vier Felder nahe:

	PROZESS	STRUKTUR
INDIVIDUUM	1	3
SYSTEM	2	4

Vier-Felder-Tafel der Klärungshilfe

In den Zeilen werden die Aspekte Individuum – System, in den Spalten die Aspekte Prozeß – Struktur unterschieden. Unter dem Stichwort «Prozeß» werden solche Vorgänge zusammengefaßt, die sich *punktuell* ereignen, sei es im «Hier und Jetzt» oder in der Rückbetrachtung wichtiger Schlüsselszenen «Dort und Damals».

Mit «Struktur» sind die über Jahre hinweg «geronnenen» Prozesse gemeint, die sich in Persönlichkeitscharakteristika und Interaktionsmustern verfestigt haben. Aus dieser Zweimalzwei-Zuordnung ergeben sich vier Felder, die wir im folgenden genauer betrachten wollen und die das Gliederungsprinzip für das vorliegende Buch abgeben.

1. Selbstklärung

Der erste Quadrant betrifft den Prozeß des einzelnen Klienten, sei es im Hier und Jetzt oder im Dort und Damals. Zum Beispiel: Was geht hier und jetzt in mir vor? Was genau will ich eigentlich? Oder: Was war damals mit mir los, als ich sagte: «Das ist ja nicht zum aushalten mit dir!»? Wo «inneres Kuddelmuddel» herrscht, oder wo der Mensch verstummt ist und selbst nicht mehr weiß, was mit ihm los ist, da ist es Aufgabe des Klärungshelfers, ihn wieder *in Kontakt mit sich selbst* zu bringen. Nicht nur beim Neurotiker steht das Gesagte in einem fraglichen Verhältnis zum Gemeinten, also zu dem, was innerlich noch unausgedrückt vorhanden ist. Die «Sprechblase» ist nicht selten ein Kompromißprodukt zwischen dem, was ich sagen möchte, was man sagen sollte und dem, was man besser nicht sagt. Und während wir sprechen, haben wir manchmal ein Gefühl dafür, ob das, was wir von uns geben, wirklich «stimmt» – aber nicht im moralischen Sinne der Wahrheit und Lüge, sondern im Sinne der *inneren Stimmigkeit*. Ist diese vorhanden, treten an die Seite der Worte nicht selten starke Gefühle (der Rührung, der Verletztheit, der Traurigkeit, des Zornes usw.). Es ist, als ob diese Gefühle sagen wollten: Ja, genauso ist es, jetzt ist es aus dem Herzen gesprochen! Da wir vielfach auch Angst haben vor solchen Gefühlen (und der damit verbundenen Verletzlichkeit), haben wir uns oft eine Art zu reden angewöhnt, die uns diese Gefühle erspart – dann geben wir Sprechblasen als leblose Kunstprodukte von uns, die innerlich nicht gedeckt sind und auch beim Gegenüber nichts bewegen.

Hilfe zur Selbstklärung ist Hilfe zur *Authentizität*. Und Authentizität ist in nahen Beziehungen sowohl ein Ziel in sich selbst als auch eine Voraussetzung für Beziehungsklärungen.

2. Kommunikationsklärung

Betrachten wir nun den zweiten Quadranten, wo der punktuelle Prozeß sich nicht mehr bloß auf den einzelnen richtet, sondern die Beziehung, das «System» in seinem dialogischen Hin und Her betrifft. Hier stellt sich die «Transportfrage»: Wie kann ich das, was ich für mich selbst (mehr oder minder) klar habe, auch vermitteln? Zuweilen wissen die Klienten ganz genau, was in ihnen vorgeht und was sie sagen möchten (Hilfe zu Selbstklärung also überflüssig), aber sie haben Mühe, es «herauszubringen» und dem anderen so zu vermitteln, daß es ihn wirklich erreicht und daß er es nicht in den falschen Hals bekommt. Wörtlich sagte eine Klientin: «Innerlich habe ich einen klaren Fluß, aber heraus bringe ich ein trübes Rinnsal!»

Ist der Klärungshelfer im ersten Quadranten gleichsam die Hebamme einer klaren Aussage, so geht es nun darum, die zu Tage geförderte Botschaft zu transportieren und in den «richtigen Hals» gelangen zu lassen. Es geht also um Förderung des *Kontaktes* und des zwischenmenschlichen *Dialoges*.

3. Persönlichkeitsklärung

Im dritten Quadranten (Individuum/Struktur) geht es um die Aufhellung der Persönlichkeitsstruktur und der individuellen Eigenarten; im therapeutischen Kontext ebenso um die Aufhellung und Nachbearbeitung biographischer Schlüsselszenen. Die Frage lautet für jeden Gesprächspartner: Was bin ich für einer, wie bin ich zu dem geworden, welche persönlichen Gesetze sind mir eigentümlich? Diese Aufhellung der Persönlichkeit hat nicht erstrangig den Selbstzweck, daß sich der Klient besser kennenlernt; sondern es hat – durch das ständige Dabeisein des oder der anderen – hauptsächlich den kommunikativen Aspekt «Wisse, daß ich so einer bin und so und so ‹funktioniere›!» Das Wissen um die persönlichen Eigenarten, Bedürfnisse und «Macken» des anderen erleichtert es dem Partner, nicht alles auf sich zu beziehen (und dann unter Umständen sehr verletzt zu sein), sondern die Verhaltensweisen, die ihm widerfahren, *auch* als Ausdruck der persönlichen Eigenarten des anderen zu begreifen; kommunikationspsychologisch ausgedrückt: Er wird in die Lage versetzt, mehr mit dem «Selbstoffenbarungs-Ohr» zu hören und weniger mit dem empfindlichen «Beziehungs-Ohr» (Schulz von Thun, 1981).

Ging es beim ersten Quadranten um die Klärung der Innenwelt zu einem gegebenen Zeitpunkt, so geht es im dritten Quadranten um die regelhaft wiederkehrenden *Muster einer gewordenen Persönlichkeit*.

Im Kontext der Berufswelt liegt der Akzent statt auf der Persönlichkeitsklärung mehr auf der *Rollenklärung*: Wie definiere ich meine Rolle, was sehe ich als meine Aufgabe an (und was nicht), und wie ist meine Art, diese Rolle zu gestalten?

4. Systemklärung

Im vierten Quadranten (System/Struktur) geht es um die Interaktionsstruktur, die sich im Laufe der Zeit eingespielt und zu Regelhaftigkeiten verfestigt hat. Was passiert also, wenn die im Quadranten drei ermittelten Persönlichkeitsstrukturen aufeinanderprallen? Hier geht es um die Klärung der Frage: Was läuft bei uns ab? Oft sind es *Teufelskreise*, die ein leidvoll gewordenes System aus sich selbst heraus am Leben erhalten. Aufgabe des Klärungshelfers ist es hier, solche regelhaft wiederkehrenden Interaktionsstrukturen zu erahnen, herauszuarbeiten und sie unter Umständen in einer prägnanten Form zu präsentieren. Ging es im Quadranten zwei um die Förderung eines klaren Dialoges, um die Ermöglichung eines authentischen Gespräches im Zustand der Betroffenheit, so geht es im Quadranten vier eher darum, sich zu distanzieren und die täglichen Abläufe gleichsam vom «Feldherrenhügel» aus zu betrachten. Diese Betrachtung kann dazu dienen, den eingeschliffenen Gesetzmäßigkeiten der Interaktion nicht mehr blind zu unterliegen, sondern ihrer Herr zu werden.

Wir sind nun in der Lage, das Vier-Felder-Schema der Klärungshilfe inhaltlich zu füllen und damit die vier hauptsächlichen Klärungsbereiche zu benennen, mit denen es der Helfer zu tun bekommt:

	PROZESS	STRUKTUR
INDIVIDUUM	Selbst-klärung	Persönlichkeits-klärung
SYSTEM	Kommunikations-klärung	System-klärung

Die vier Klärungsfelder

Zusätzliche Aspekte

Moderation

Im Verlauf des Forschungsprojektes hat es sich gezeigt, daß mit diesen vier Feldern der Klärungshilfe das Handeln des Klärungshelfers in seinen wichtigen Ausschnitten noch nicht hinreichend beschrieben ist. Wir haben uns deshalb veranlaßt gesehen, zwei weitere Aspekte (und entsprechend zwei weitere Kapitel) hinzuzunehmen: Die Moderation und die Belehrung.

Zunächst einige Worte zur Moderation. Um überhaupt zu den beschriebenen Klärungsaktivitäten zu kommen, ist es unerläßlich, daß die Steuerung des Geschehens vom Anfang bis zum Ende in der Hand des Klärungshelfers liegt. Dieser setzt den Anfang, definiert das Ende und strukturiert mehr oder weniger das Dazwischenliegende. Uns ist aufgefallen, daß unerfahrenen Gesprächshelfern die Situation leicht entgleitet – es fehlt dann nicht an Einfühlsamkeit, sondern an der ordnenden Hand! Für eine klare Struktur zu sorgen, ist besonders am Anfang wichtig: Wie ist der zeitliche, örtliche, inhaltliche und finanzielle Rahmen? Wie lautet der Auftrag? Welche Vorgehensweisen scheinen angesichts dieser Vorbedingungen angemessen? Es wird bereits deutlich, daß Moderation der inhaltlichen Klärungsarbeit vorgeordnet ist. Wie wir sehen werden, hat sie einen strukturellen und einen beziehungsmäßigen Aspekt.

Indem der Klärungshelfer die Situation strukturiert, hat er die *Oberhand* über das Geschehen – und sollte sie nach unserer Auffassung auch haben! Immer wieder wird es vorkommen, daß ihm die Oberhand von einem oder mehreren Klienten streitig gemacht wird. Dagegen muß er sich wappnen, um seinen Auftrag erfüllen zu können.

Wir werden im nächsten Kapitel mit den Prinzipien und Leitgedanken beginnen, die für die Moderation eines Sitzungsverlaufes bedeutsam sind.

Belehrung (humanistische und systemische Neuorientierung)

Je länger wir die Sitzungsprotokolle studierten und je mehr wir in das Material eindrangen, um so weniger ließ sich – wenn sie je vorhanden war – die Fiktion des *wertfreien* Moderators und Klärungshelfers aufrechterhalten. Überdeutlich trat zutage: Der Klärungshelfer ist auch Lehrer, Belehrer und Wertvermittler. Das Wort Neuorientierung besagt also, daß es in der Klärungshilfe nicht einfach um ein rein formelles, sozusagen technisch wertfreies Herstellen und Wiederherstellen von Kommunikation, Klarheit und Kontakt geht. Es geht um Werte, Weltanschauungen und Lehrinhalte, die mal «hinter» den einzelnen Interventionen stehen und das gesamte Klima beeinflussen und auch mal direkt gesagt werden.

Wir gehen davon aus, daß viele Überzeugungen, Werthaltungen und Alltagstheorien (zum Beispiel «Ein Mann weint nicht») leiderzeugend sind, das heißt den Umgang mit sich selbst und anderen Menschen erschweren. Solche falschen Vorstellungen sind im Laufe der Lebensgeschichte per Indoktrination in die Menschen hineingekommen; deswegen haben wir im Projektteam – etwas mit Augenzwinkern und Ironie – von «humanistischer Re-Indoktrination» gesprochen, um den Bereich der Belehrung und Wertevermittlung von seiten des Klärungshelfers sprachlich zu markieren.

Zum Teil sind es wirklich kleine Lektionen und «Predigten», die der Klärungshelfer bei Gelegenheit von sich gibt. Zum großen Teil aber ist seine Wertewelt als heimliches Begleitgepäck in allen seinen Interventionen enthalten! «Klären und Lehren» erweisen sich als untrennbare Einheit. Deswegen halten wir es für eine wichtige Voraussetzung für jeden Klärungshelfer, daß er seine «missionarische» Seite kennt, seine Wertewelt und sein «Lehrgebäude» in Sachen der Zwischenmenschlichkeit entwickelt und bewußt verfügbar hat. Darin eingeschlossen sei die Bewußtheit, daß allzuviel «Predigen» auch ein Hinweis darauf sein kann, daß der Klärungshelfer, indem ihm die missionarischen Pferde durchgehen, unbewußt seine eigenen Angelegenheiten verfolgt und dem Klienten aufdrückt. Diese Gefahr im Auge, halten wir jedoch ein gewisses

Maß an Einflußnahme, Belehrung und «Re-Indoktrination» nicht nur für unvermeidlich, sondern auch für wünschenswert. Im Kapitel VII haben wir einige missionarische Inhalte zusammengestellt sowie Beispiele für die expliziten und impliziten Vermittlungsformen.

So hat sich das Vier-Felder-Schema der Klärungshilfe zu einem dreistöckigen Gebäude erweitert. Das Fundament bildet die Vermittlung der Wertewelt, im Erdgeschoß sind die vier Felder der Klärungshilfe, und das Dach ist für die Moderation reserviert. Dieses «Klärungshilfehaus» bildet von nun an die Grundstruktur des vorliegenden Handbuches, mit folgender Kapitelfolge:

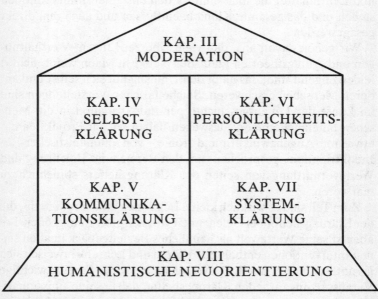

KAP. III
MODERATION

| KAP. IV SELBSTKLÄRUNG | KAP. VI PERSÖNLICHKEITSKLÄRUNG |
| KAP. V KOMMUNIKATIONSKLÄRUNG | KAP. VII SYSTEMKLÄRUNG |

KAP. VIII
HUMANISTISCHE NEUORIENTIERUNG

Das «Klärungshilfehaus» und die Kapitelfolge

III Einige Gesichtspunkte zur Moderation von Gesprächen

Die Moderation schwieriger Gespräche ist ein Thema für sich und bildet nicht den Schwerpunkt des vorliegenden Handbuches. Es gibt darüber gute Literatur, zum Beispiel Klebert u. a., 1984, oder Schnelle, 1982.

Wenn wir hier trotzdem ein Kapitel dafür vorsehen, dann aus der Einsicht heraus, daß Klärungshilfe ohne einen geordneten Gesprächsverlauf nicht möglich ist, und dafür ist der Klärungshelfer zuständig. Für eine systematische Gesamtdarstellung verweisen wir auf die obengenannte Literatur und bringen in diesem Kapitel einige Aspekte, die uns im Umgang mit Paaren und Kleingruppen wichtig geworden sind.

Nehmen wir folgende Situation:

Eine fünfköpfige Familie hat sich zur Beratung angemeldet. Es erscheinen, mit viertelstündiger Verspätung, Herr und Frau S. sowie die Zwillinge Lars und Sven. Zwei Wochen vor diesem Termin erfolgte eine telefonische Voranmeldung durch Frau S., die im Laufe dieses Gespräches einiges über die Problematik und aktuelle Situation der Familie mitgeteilt hat. Der Klärungshelfer möchte anfangs auf diese Vorinformation eingehen, wird aber davon abgehalten, da Herr S. gleich lossprudelt und eine lange Vorrede hält. Im Bemühen, zunächst einmal die Nöte aufzunehmen, die ihm da entgegenschlagen, gelingt es dem Klärungshelfer nicht zu rekapitulieren, wie Frau S. im telefonischen Erstkontakt die Entstehung der jetzigen Situation erklärte. Ein erstes Moderationsprinzip wäre hier, daß alle anderen Familienmitglieder genau wissen sollen, was bis jetzt gelaufen ist, bevor der inhaltliche Gesprächskontakt aufgenommen wird.

Indem gleiche Voraussetzungen für alle geschaffen werden, vermeidet der Klärungshelfer, zum Geheimnisträger oder auch – in den Augen der Restfamilie – zum Verbündeten desjenigen zu werden, der sich als erstes gemeldet und bereits seine Sicht der Dinge mitgeteilt hat. Im Laufe der Vorrede von Herrn S. erfährt der Klärungshelfer weiter, daß eine ältere Tochter Katja heute noch verspätet nachkommen will. Frau S. möchte etwas Entschuldigendes zur Verspätung vorbringen, als die beiden Söhne beginnen, sich lautstark um vorhandene Klötze zu streiten.

Im Klärungshelfer kommt gewisse Nervosität auf. Schon die anfängliche viertelstündige Verzögerung hat ihn geärgert, und auch das Gezeter der beiden Kinder regt ihn auf. Vielleicht ist er aber ein höflicher Mensch, und vielleicht denkt er auch, ein professioneller Gesprächshelfer * sollte sich zurückhalten können und seine Fassung bewahren. Er übergeht also großzügig die Verspätung, ignoriert den Streit der Söhne und die Abwesenheit der Tochter, um doch noch zum Wesentlichen, dem Anliegen der Familie, durchzudringen. Dies gelingt ihm auch während der Sitzung, allerdings immer wieder von Störmanövern der Zwillinge aufgehalten und in einem – nach seinem Gefühl – entscheidenden Augenblick vom Hereinplatzen der Tochter unterbrochen.

Nach der Stunde fühlt er sich völlig erschöpft, nach weiteren drei Terminen entscheidet er sich, «den Fall» abzugeben, da es ihn zuviel Nerven und Kraft kostet.

Was ist hier unter dem Moderationsaspekt schiefgegangen? Moderation betrifft zunächst die Planung und Gestaltung des gesamten äußeren Rahmens.

Dazu gehören sowohl die räumlich-zeitlichen Vereinbarungen wie auch alle vertraglichen Übereinkünfte, zum Beispiel finanzieller oder thematischer Art zwischen Berater und Klienten. Kommt eine Familie eine Viertelstunde zu spät und entgegen ihrer Anmeldung unvollständig, so sollten Ursache und Konsequenzen dieser kleinen «Erstvertragsbrüche» (nach mündlicher Absprache) ruhig und offen angesprochen werden, ohne dabei in einen anklagenden Unterton zu verfallen.

Ziel ist dabei, optimal Klarheit im Umgang miteinander zu erreichen, was in deutlichem Gegensatz zum sonstigen Verhaltensstil der Familienmitglieder stehen mag und erste Veränderungen durch eindeutige Grenzsetzung bewirken kann. Denn Grenzen

---

* Wir benutzen die Ausdrücke Gesprächs- und Klärungshelfer synonym, bisweilen gebrauchen wir auch den Ausdruck Therapeut – und zwar dann, wenn wir meinen, daß das dort beschriebene Vorgehen eher für therapeutische Kontakte (Ehe-, Familientherapie) angemessen ist.

sind realer Bestandteil dieser Situation, räumliche (Raum einer Klinik, Beratungsstelle...), zeitliche (nachfolgender Termin) und – nicht weniger entscheidend – psychische Belastbarkeitsgrenzen.

Keine Grenzen vorzugeben heißt, die üblichen Regeln des Systems zur vollen Entfaltung kommen zu lassen, wie in diesem Beispiel auch geschehen, und damit qualitativ neue Erfahrungen zu verhindern.

In der Moderationsaufgabe nimmt der Berater überwiegend zwei Rollen wahr:

Er ist zugleich Gastgeber und Regisseur des Geschehens. Überbetont er die Gastgeberrolle, so läuft er Gefahr, sich in Höflichkeits- und Versorgungsgesten zu verlieren, verhält er sich von Anfang an nur als strukturgebundener Regisseur, kann es sein, daß er Widerstände und Ängste seiner Klienten vor Fremdbestimmung ungewollt verstärkt.

Er hat also die schwierige Doppelaufgabe, zu jedem einzelnen in einer Atmosphäre des Wohlwollens Kontakt aufzunehmen und gleichzeitig die Bedingungen der Kontaktgestaltung erstens selbst zu definieren und zweitens immer wieder abzusprechen und die gemeinsam «abgesegneten» durchzusetzen.

Gelingt es ihm nicht, seine Bedingungen zu realisieren, verschenkt er eigene Handlungsfähigkeiten und Energie. Als Regisseur muß er in der Lage sein, die Rahmenbedingungen für veränderte und veränderbare Spielkonstellationen zu gestalten und dabei störende Außenfaktoren wie zum Beispiel Verspätungen oder Unklarheiten über den Sitzungsablauf auszuschalten. Nur so wird eine Korrektur der alten Rollenvorgaben möglich. Moderation hat demnach viel mit einem Gefühl für die Reihenfolge zu tun; das heißt, daß bestimmte Dinge noch nicht dran sind oder daß andere Dinge auf jeden Fall vorher besprochen werden müssen. Um dieses Gefühl für die Reihenfolge zu schulen, geben wir hier einen Ablaufplan, der sich für viele Sitzungen bewährt hat und den der Gesprächshelfer mindestens im Hinterkopf haben sollte, so daß er gewahr wird, wann und aus welchem Grunde er davon abweicht.

1. Grobstruktur eines Gesprächsverlaufs

1. Phase: Kontakt- und Situationsklärung

«Wie geht es Ihnen hier und jetzt, und was ist außerdem noch wichtig?» Der Klärungshelfer stellt mit jedem Anwesenden einzeln Kontakt her, um sowohl die therapeutische Beziehung herzustellen als auch die Wahrheit der Situation anzusprechen, herauszufinden, ob jeder Anwesende überhaupt hier sein will und wie stark seine Motivation ist und was mögliche Hindernisse sind. Er stellt dazu offene Fragen:

«Wie kam diese Sitzung zustande? Wer hat telefoniert? (Wenn der Klärungshelfer nicht selber die telefonische Anmeldung entgegennahm.) Was weiß der Klärungshelfer dadurch bereits? Welche Bedenken sind da, und wie kommt das? Und wie ist es jetzt, trotzdem hier zu sein?»

Bei der Beantwortung hört der Klärungshelfer aktiv zu, versucht zu verstehen und geht auf die Widerstände *real* ein, das heißt, sie werden nicht therapiert, sondern gewöhnlich verhandelt. Zum Beispiel:

«Sie haben heute nur eine halbe Stunde Zeit für die Sitzung. Das ist für mich zu kurz, daher betrachte ich es als Vorbesprechung, so daß wir nicht zu tief hineingeraten, und ich bitte Sie zu schauen, daß ich in einer halben Stunde die Sitzung beende. Ich möchte nicht, daß Sie zu spät zu Ihrer Verabredung kommen. Normalerweise brauche ich für eine solche Sitzung anderthalb Stunden, im Minimum aber eine ganze Stunde. Ist Ihnen das auch sonst zu lange, oder können Sie nur heute nicht?»

In dieser Anfangsphase dreht es sich auch darum, alles Organisatorische, Administrative und Geschäftsmäßige zu regeln, sozusagen einen mündlichen Kontrakt (Arbeitsbündnis) herzustellen. In diesen Fragen begegnen sich Klienten und Klärungshelfer als Geschäftspartner: Der Klient ist Auftraggeber. Hier geht's um Geld und Qualität, Angebot und Nachfrage, «Lieferbedingungen» und Kooperationsgrundlagen. Das zu verleugnen, wäre die Grundlage für spätere Enttäuschungen und Mißverständnisse, denn die Illusionen von heute sind die Katastrophen von morgen. Wird hingegen vorher die Wahrheit der Situation angesprochen und als Ausgangslage einbezogen, sind die Grenzen, Einschränkungen und Behinderungen, wie zum Beispiel Geld, Abhängigkeit, Einseitigkeit und Hierarchie, in der Beziehung zwischen Klärungshelfer und Klienten nicht mehr störend. Der gemeinsame Kontrakt enthält nicht nur das Äußere (wann, wo, wie lange, wie teuer), sondern stellt auch das «Wie» zur Diskussion. Der Klärungshelfer muß dabei seine Ansprüche und Grenzen einbringen und vertreten. Wenn ein Klient sagt:

«Ich mache schon mit, wenn ich nicht mein Innerstes nach außen kehren muß», oder
  «Ich will kein Seelenstriptease», oder
  «Ich war mal bei so einem Psychologen wie Sie, und das hat mir gar nicht gefallen»,

dann lernt der Gesprächshelfer den Hintergrund dieser Ansprüche oder Bedenken kennen und läßt sie unter Umständen Teil des Kontraktes werden. Etwa wie folgt:

«Gut, wenn ich Sie jemals an diesen Psychologen erinnere, mit dem Sie schlechte Erfahrungen gemacht haben, dann müssen Sie mir das sofort sagen. Das ist wichtig, damit Sie nicht wieder dem gleichen ausgeliefert sind, was Ihnen schon damals nicht gutgetan hat.»

Moderationsaufgabe des Klärungshelfers in der 1. Phase:

Dafür sorgen, daß alles angesprochen und geklärt wird, was als Gesprächsvoraussetzung wichtig ist (Wahrheit der Gesamtsituation). Noch keine Klärungsarbeit, sondern die Situation selbst erhellen und genau differenzieren. Der Klient soll als Auftraggeber seine Vorstellungen, Erwartungen und Befürchtungen zum Ausdruck bringen können.

2. Phase: Thema herausfinden

«Was möchten Sie heute besprechen?»
«Was möchten Sie verändern?»
«Um was geht es Ihnen, was möchten Sie in dieser Sitzung?»
«Wenn es nur nach Ihnen ginge, was würde hier geschehen?»

Eine Frage in diesem Sinne richtet der Klärungshelfer an jeden Klienten einzeln, so daß er nachher eine Anzahl von Anliegen hat, die er mit dem Klienten zusammen in eine Bearbeitungsreihenfolge bringt, die weitgehend von den Klienten bestimmt wird.

Kann sich der Klärungshelfer mit einem Anliegen oder Thema nicht einverstanden erklären, wird das zuerst verhandelt, bis alle Anwesenden dazu ja sagen können.

Mit dem ersten Anliegen wird sogleich begonnen. Es bildet das Thema der Sitzung und ist für die folgenden Phasen inhaltlich der rote Faden. In Ausnahmefällen kann auch ein anderes Thema als das von den Klienten angesprochene vorrangig zum Thema der Sitzung werden, zum Beispiel: Die Klienten können sich nicht auf ein Thema einigen, dann kann gerade dies zum Thema gemacht werden.

Oder:

Dem Klärungshelfer fällt auf, daß die Entscheidungsfindung auffällig unpartnerschaftlich oder gar pathologisch stattfindet. Dann kann er von sich aus dies zum Thema machen.

Grundsatz: Das Hier und Jetzt, was sich also im Moment gerade abspielt, hat als Thema – vor dem Abgemachten – Vorrang, vor allem, wenn es dessen Bearbeitung beeinflußt oder stört. «Was willst du in die Ferne schweifen, das Gute liegt so nah.» Warum will man zum Beispiel ein vergangenes Ereignis hervorholen, wenn gerade jetzt etwas schiefläuft, «negative» Gefühle da sind oder dem Klärungshelfer etwas auffällt, das eventuell charakteristisch und grundlegend für die Struktur der Beziehung ist?

Zurück zu den Wünschen der einzelnen Klienten. Nehmen Sie sie sehr ernst! Sowohl inhaltlich als auch in der genauen Formulierung, zum Beispiel wenn jemand in der ersten Sitzung sagt «Ich verstehe ihn einfach nicht, möchte aber, daß es für ihn möglich wäre, mit mir zu leben», dann sollte man für diesen Satz gleichsam

37

einen Speicherplatz im eigenen Gedächtnis reservieren, um auch in späteren Sitzungen jeweils darauf zurückkommen zu können, und sei es nur, um zu überprüfen, ob der alte Auftrag immer noch aktuell ist, oder ob er sich inzwischen gewandelt hat.

Bei einer Serie von mehreren Sitzungen stellt der erste Auftrag immer wieder einen Anhalts- und Vergleichspunkt dar, an dem sich der Klärungshelfer orientieren kann.

Moderationsaufgaben des Klärungshelfers in der 2. Phase:

1. Dafür sorgen, daß jeder sein Anliegen für die Sitzung heraus-bringt.
2. Eine Einigung über das Thema der Stunde herbeiführen.
3. Das gewählte Thema zum roten Faden der Sitzung machen.

3. Phase: Die Sichtweise jedes einzelnen

«Können Sie mal genau erzählen, was es für Sie ist?»
«Wie kam es dazu?» «Was hängt damit zusammen?»
«Können Sie mehr und konkreter darüber sprechen?»

Jetzt beginnt also die inhaltliche Klärungsarbeit. Ein konkretes Thema oder Problem wird behandelt. Jeder der Anwesenden darf sich dazu äußern, bis er das Gefühl hat, er hätte alles Wichtige gesagt und werde zumindest vom Klärungshelfer verstanden. Dieser hört zu, versucht zu verstehen, unterbindet jede Interaktion zwischen den Klienten («Du lügst, das war nicht so, das stimmt gar nicht usw.») mit dem Hinweis, daß im Moment nur einer nach dem anderen dran ist und jeder seine *subjektive Sichtweise* darstellt. Der Klärungshelfer versucht dabei, besonders hellhörig für die *Gefühle* der Klienten zu sein und sie ihm eventuell durch Spiegeln bewußt zu machen. Diese tiefere Ebene des Zuhörens und Verstehens stellt gleichzeitig den «Tiefen-Kontakt» zum Klienten her.

Ziel dieser Phase ist es nicht nur, die verschiedenen Positionen der Klienten abzustecken, sondern auch, sie für die kommende Kommunikationsklärung fähig zu machen. Durch Zuhören und geduldiges Verstehen werden ihre Ohren geöffnet, ihre gegenseitige Zuhörbereitschaft vergrößert. *Wer sich verstanden fühlt, kann auch andere verstehen.*

Diese Phase ist erst abgeschlossen, wenn der Klärungshelfer überprüft hat, daß er alle anwesenden Klienten möglichst vollständig verstanden hat. Dabei ist es gut möglich, daß er dazu dem einen viel mehr Zeit widmen muß als dem anderen. In dieser Selbstklärung vermeidet der Klärungshelfer vorerst jede Konfrontation, sondern läßt die Klienten «sprudeln» oder hilft ihnen, sich auszudrücken. Er setzt dabei die im Kapitel Selbstklärung behandelten Methoden ein.

Dabei wird das ursprüngliche Thema nicht zu sklavisch eingehalten, sondern hier läßt der Klärungshelfer den roten Faden lokker. Meistens kommen hier zusätzlich Sekundärthemen ins Spiel, die für die betroffenen Klienten unmittelbar mit dem Hauptthema zusammenhängen. Der rote Faden kann sich demnach vorübergehend verdoppeln oder verdreifachen.

Moderationsaufgaben des Klärungshelfers in der 3. Phase:

1. Er hat dafür zu sorgen, daß jeder der Anwesenden seine subjektive Sichtweise eines Problems vorbringen kann, und zwar so lange, bis er das Gefühl hat, restlos verstanden zu sein;
2. Interaktionen zwischen den Klienten zu unterbinden, auch um sie
3. langsam zu gegenseitigem Zuhören und Verstehen hinzuführen.

4. Phase: Gestalteter Dialog und Auseinandersetzung

«Was sagen Sie dazu, wie reagieren Sie darauf?»
   «Wie ist es für Sie, wenn Ihr Partner..., wie er eben sagte?»
   «Fragen Sie ihn mal, ob das für ihn wirklich so ist, wie Sie es vermuten.»

Wenn der Klärungshelfer verstanden hat, wie die einzelnen inhaltlichen Sichtweisen und Gefühle zum Thema liegen (und die anderen gleichfalls zugehört haben), das Klima durch das Verstehen des Klärungshelfers ruhig und akzeptierend geworden ist, ist die Zeit für die direkte Kommunikation zwischen den Klienten gekommen.

In der Kommunikationsklärung geht es darum, daß sich die Klienten gegenseitig mitteilen können und einander zuhören, damit sich ein Dialog entwickelt und sich im Idealfall jeder vom anderen verstanden fühlt. Belastende Ereignisse sollen auf eine Art miteinander behandelt werden, daß es für jeden ein positives Erlebnis wird. Diesen Dialog zwischen den Klienten läßt der Gesprächshelfer frei laufen, solange er nach den Kriterien der Kommunikationspsychologie kontaktfördernd verläuft. Wenn hingegen die Kommunikation in den alten Sackgassen zu landen droht – und der Klärungshelfer ist geschult, schon die Vorboten solcher Sackgassen auszumachen –, dann unterbricht, hilft, ergänzt, vertieft, konkretisiert, quadriert er gemäß der Interventionspsychologie des Kommunikations-Klärungs-Quadranten (Kap. V).

Moderationsaufgaben des Klärungshelfers in der 4. Phase:

1. Darauf achten, daß sich die Klienten gegenseitig mitteilen und einander zuhören;
2. unterbrechen, wenn Verständigung nicht gelingt, und Hilfstechniken zur Verbesserung der Kommunikation einsetzen;
3. sich innerlich Inhalte und Besonderheiten im Ablauf der Verständigung merken.

5. Phase: Vertiefung, Prägnanz der Gefühle oder: sachliche Problemlösung

Je nachdem, ob es sich eher um einen therapeutischen oder eher um einen beruflichen Kontext handelt, folgt nun eine Vertiefungsphase der Gefühle und ihrer Verstrickungen oder eher eine sachliche Problemlösephase. Zur Moderation der Problemlösung verweisen wir auf Th. Gordons «Methode III» (Gordon, 1972, S. 186).

Im therapeutischen Kontext kommt oft irgendwann der Punkt, wo «mehr Reden» nicht «mehr Verstehen und Klären» zur Folge hat. Dann gilt es von den Worten und vom Verstandesmäßigen wegzukommen, so daß, was vorher erkannt und ausgetauscht wurde, nun noch gefühls-verdeutlichend erlebt wird, um es sich unauslöschbar «in die Seele zu schreiben». Dabei liegt die Betonung nicht auf dem Verändern und Missionieren, sondern auf dem Akzeptieren der Gegebenheiten. Die Mittel dazu sind: Zeichnungen, Bilder, Skulpturen, Analogien, graphische Darstellungen und Materialisationen von Gefühlszuständen (siehe Kapitel IV).

Thema einer solchen Darstellung kann sein, was sich in den Phasen 3 und 4 als alltagsrelevant, gefühlsmäßig wichtig und weichenstellend für die Handlung erwiesen hat. Zum Beispiel:

«Wir sind so unterschiedlich wie zwei Welten. Beide haben ihre Berechtigung und könnten einander ergänzen.»
Oder:
«Ich bemühe mich immer, meine Wünsche angemessen verkleinert vorzubringen. Wenn du sie dann noch zurechtstutzt, bin ich empört.»
Oder:
«Wir kommen sonst gut aus, nur die Geschichte mit dem ältesten Sohn trennt uns wirklich. Ich kann dich da einfach nicht begreifen.»

In dieser Phase gilt der Grundsatz: «Ein Bild ist tausend Worte wert – und erreicht die Gefühle besser.» Im zweiten Teil dieser Phase hat dann auch der Ausblick auf eine mögliche Änderung Platz. Auch mit analogen Mitteln kann nach der Bewußtwerdung und Akzeptierung des Gegebenen ein Ausblick in eine Wunschzukunft gewagt werden:

«Wie möchten Sie es denn am liebsten haben? Wie wäre der ideale Zustand für Sie? Und wie müßten Sie sich selber ändern, damit er eher möglich ist?»

Solche Wunschsituationen können auch verhaltensmäßig in einem Rollenspiel ohne Anspruch auf Echtheit oder Realität geprobt werden.

Moderationsaufgaben des Klärungshelfers in der 5. Phase:

1. Ermöglichung gefühlsverdeutlichender Prozesse durch erfahrbare Darstellung der aktuellen Situation (Zeichnungen, Skulpturen, drastische Wortbilder...).
2. Wenn Bewußtheit und Akzeptieren des Gegebenen über analoge Mittel erreicht ist, zum konkreten Veränderungswunsch übergehen.

6. Phase: Verstandesmäßiges Nachvollziehen und Einordnen, Vereinbarungen und Hausaufgaben

Hier geht es darum, das bis jetzt von verschiedenen Standpunkten aus als widersprüchlich und gefühlsmäßig als wahr oder falsch Empfundene kognitiv zu verstehen.

Ziel ist es, daß die Klienten ihr *egozentrisches Erleben* mit dem Blick aufs Ganze ergänzen können und alle Betroffenen eine *gemeinsame Theorie* über ihre Schwierigkeiten entwickeln. Diese Theorie sollte nicht einem die Schuld zuschieben, jemanden als krank oder bösartig erscheinen lassen. Wichtig ist, daß diese gemeinsame Theorie ihrer Schwierigkeiten alltagsrelevant ist, also nicht nur eine «Therapiesitzungsrealität» hat. Ferner muß sie veränderungsermöglichend wirken. Wenn die Klienten dieses *systemische Modell der Wirklichkeit* kennen und alle es als für sich selber gültiges akzeptieren, kann der Klärungshelfer für die Zeit zwischen den Sitzungen Verschreibungen oder Hausaufgaben als therapeutische Intervention einsetzen.

Moderationsaufgaben des Klärungshelfers in der 6. Phase:

1. Die Klienten darin unterstützen, eine veränderungsoffene und alltagsrelevante, gemeinsame Theorie ihrer Schwierigkeiten zu entwickeln.
2. Der Lösung des sachlichen Aspektes des Themas/Problems einen Schritt näher kommen.

7. Phase: Die Situation abschließen

Bevor man auseinandergeht, sollte eigentlich jeder noch einmal die Gelegenheit haben zu sagen, wie das Gespräch für ihn war, wie er sich im Augenblick fühlt, mit welcher Stimmung er jetzt den Raum verläßt und was noch offen ist. Der Moderator sollte selbst bei Zeitdruck zumindest ein kurzes Blitzlicht zum Schluß vorsehen und sich dabei unter Umständen selbst einbeziehen. Der Moderator sollte unbedingt klären, wie man verbleibt. Und zwar inhaltlich, was gegangen ist, und vor allem, was (noch) nicht dran kam. Aber auch: Wie soll es weitergehen? Wer unternimmt als nächster was, damit der Klärungsprozeß weitergeht?

Moderationsaufgaben des Klärungshelfers in der Phase 7:

1. Dafür sorgen, daß die Klienten nicht unnötigen und negativen Ballast mitschleppen, sondern noch an Ort und Stelle loswerden können.
2. Durch abschließendes Blitzlicht noch einmal Kontakt zu jedem herstellen.
3. Organisatorische Verabredungen treffen für eine eventuelle nächste Sitzung.

2. Einige generelle Leitprinzipien der Moderation

Hier und Jetzt hat Vorrang

Das Hier und Jetzt, was also in jedem Moment der Sitzung vor sich geht, darf den thematischen Ablauf immer unterbrechen oder in eine andere Richtung lenken. Es hat immer Vorrang, sicher in der Beachtung und Akzeptierung, vielleicht auch in seiner Behandlung. Da die Klärungshilfe nicht zielorientiert oder lösungsorientiert, sondern prozeßorientiert angelegt ist, liegt es bereits in dieser Grundlage, daß die Klarheit des Prozesses Vorrang hat vor dem Erreichen eines Endpunktes. Störungen, Probleme oder Konflikte im Hier und Jetzt haben den Vorrang vor sonstiger Problembehandlung.

Weiterhin hat die Beantwortung der Klientenfragen

«Was läuft jetzt eigentlich?»
«Was machen wir hier genau?»
«Was hat der Klärungshelfer mit uns im Sinn?»

in jedem Moment Vorrang vor der inhaltlichen Klärung. Wird auf diese Fragen nicht eingegangen, wirken sie aus dem Untergrund bei der Klärungsarbeit (zum Beispiel als «Bockigkeit», Zögern, Mißtrauen, «geistige» Abwesenheit und Abgelenktheit usw.).

«Darauf eingehen» heißt nicht, daß solche verfahrenstechnische Fragen mit dem Klienten in extenso diskutiert werden sollen, sondern ihr Motiv muß verstanden und möglichst direkt befriedigt oder beantwortet werden.

Die Beziehung zum Klärungshelfer hat Vorrang

Die Beziehung zwischen Klienten und dem Klärungshelfer ist von größter Wichtigkeit. Ohne sie läuft nichts. Wird sie auch nur in einem Nebensatz oder in einem Nebenwort in Richtung auf

Sich-nicht-verstanden-Fühlen
kein Vertrauen haben oder
sich hier nicht öffnen können

erwähnt, ist sie daher sofort Hauptthema. Der Klärungshelfer
kann dabei Kritik einstecken, läßt sich hinterfragen und betreffen
und «schnappt» nicht ein. Er kann hinter Vorwürfen der Klienten
ihre Not, ihre Hoffnung und ihr Bemühen sehen, sich auszudrük-
ken und verstanden werden zu wollen. Vielleicht ist es nicht übertrieben zu sagen, daß der Klient in dieser Hinsicht König ist. Das
heißt aber auch nicht, daß der Klärungshelfer sich verleugnen
muß, nur noch «nach der Geige des Klienten tanzen» soll. Er geht
sofort auf die therapeutische Beziehung ein, wenn sie ihm nicht
«lupenrein» erscheint. Dabei versucht er, sie subjektiv aus dem
Klienten heraus zu verstehen und bleibt als Klärungshelfer er
selber.

Widerstände haben Vorrang

Besondere Beachtung gilt dabei den Widerständen des Klienten.
Als ein therapeutisches Grundprinzip heißt es für den Klärungshelfer, niemandem seinen Widerstand zu nehmen, denn solange
er ihn hat und zeigt, braucht er ihn noch zur Erhaltung seines
Gleichgewichtes. Der Widerstand verhindert und verdeckt nicht
nur, sondern schützt auch und gibt Sicherheit. Er muß vom Klärungshelfer akzeptiert und in der Realität respektiert werden. *Der
Klärungshelfer verbündet sich oft mit den Widerständen der Klienten* (s. S. 73ff).

Störungen haben Vorrang

Widerstände sind nur eine Form von Störungen, die in der Sitzung
vorrangig beachtet werden müssen. Die Betonung liegt hier auf
«müssen», denn gleichgültig, ob der Klärungshelfer dies tut oder
nicht, hat alles, was stört, in der Tat bereits Vorrang.

Die Frage ist nur, ob man eine Störung als lästige Fliege betrachtet, die es wegzuscheuchen gilt, oder ob man sie als willkommenen Boten aus dem Hier und Jetzt ansieht. Unter diesem Aspekt ist eine Störung immer Träger einer unterdrückten Wahrheit und Ausdruck «der anderen Seite» und kann zur momentanen Klarheit entscheidend beitragen. Der Klärungshelfer heißt sie willkommen, weil er dann weiß, woran er ist, und auf der breiteren Grundlage einer größeren Realität weiterarbeiten kann.

Dem Klärungshelfer muß wohl in seiner Haut sein

Das ist der erste Grundsatz. Wenn er nicht für sich sorgen kann, kann er auch nicht für andere sorgen, sie nicht zur Heilung oder Selbstheilung führen.

«Dem Klärungshelfer muß wohl sein» heißt nicht, daß er sich dauernd im «Badewannen-Entspannungszustand» oder Feriengefühl «suhlen» muß, um arbeitsfähig zu sein. Aber er kann seine eigenen Störungen als wichtig und vorrangig beachten und alles in seiner Macht Stehende unternehmen, um sie zu beseitigen. Zum Beispiel:

«Es geht mir zu rasch. Ich hänge noch dem nach, was vor einer Viertelstunde war.» Oder: «Etwas an unserer Sitzung stört mich. Ich muß mich so anstrengen, daß ich Sie verstehen kann, weil ich Sie nicht gut sehe. Ich möchte gern, daß wir das zuerst ändern.»

Mitfließen

In der Moderation gibt der Klärungshelfer inhaltlich nicht den Ton an. Er fließt mit dem oder den Klienten. Quasi einen Schritt hinter ihnen sein (siehe Koliha, 1983, S. 144 ff.). Der Klient ist immer noch der erste Fachmann seiner selbst, nur er kennt sein Gebiet, auch wenn er keinen Überblick hat oder sein Blick getrübt ist. Der Klärungshelfer ist ein Fremder und Gast des Klienten in dessen Königreich, auch wenn er mehr Erfahrung hat im Begehen und Erkunden von unbekannten Gebieten.

Der Klient kennt seinen Weg. Und auch ein Umweg hat seinen Sinn und ist oftmals eine Abkürzung. Der Klärungshelfer muß mindestens einmal mitwandern, um ihn kennenzulernen und ihm vielleicht Abkürzungsvorschläge zu machen (oder andere Interventionen).

Wir haben bis jetzt die leitenden Prinzipien und das Gefühl für die Reihenfolge entwickelt. Wie nun der Moderator seine Ordnungsgesichtspunkte und seine Leitvorstellungen vom Ablauf des Gespräches auch tatsächlich einbringen und durchsetzen kann, soll im folgenden deutlich werden.

3. Methoden der Moderation

Starten und Steuern

Richtungsgebende Anweisungen: Starten und Steuern von einem Quadranten zum anderen.

Die weitaus häufigste Form der Moderation sind Anweisungen, die mehr oder weniger direktiv in gewisse Richtungen zielen. Das kann von strikten Befehlen, denen kaum zu widersprechen ist («Stopp, schweigen Sie jetzt!»), über klare Wünsche («Ich möchte jetzt, daß...»), bis zu völlig freien Anregungen und Vorschlägen gehen («Sie können... oder auch nicht»).

Beispiele:

«Ich möchte jetzt gern, daß Sie zusammen mal zehn Minuten über dieses Thema reden. In der Zeit werde ich mich zurückhalten und herauszufinden versuchen, wie Sie miteinander umgehen, und Ihnen hinterher sagen, was mir aufgefallen ist.»

«Ich kann nur einem von Ihnen zuhören. Sie sind jetzt dran, und Sie (zum anderen) müssen im Moment schweigen, Sie sind nachher dran.»

«Da Sie über dieses Problem nicht gut reden können, gibt es jetzt mehrere Möglichkeiten, Sie könnten es ohne Worte darzustellen versuchen, Sie könnten es malen oder mit Gegenständen, die hier herumstehen, darstellen, Sie könnten eine Viertelstunde hinausgehen und sich allein ein paar Notizen dazu machen. Oder Sie können das Ganze überhaupt auf eine nächste Stunde verschieben. Was ist Ihnen am liebsten?»

Unterbrechen und Abbremsen

«Ich möchte Sie mal unterbrechen und Ihnen sagen, was ich bisher von Ihnen verstanden habe, damit Sie überprüfen können, ob das bei mir richtig angekommen ist.»

«Ich möchte mal die Gesprächsfäden zwischen uns für einen Moment abschneiden und möchte, daß sich jeder ein bißchen zurücklehnt, vor allem innerlich, und sich überlegt, wie er mit der heutigen Sitzung zufrieden ist. Was hat Ihnen gefallen, was hat Sie gestört und – vor allem – was ist bis jetzt noch zu kurz gekommen?»

«Ich möchte Sie mal kurz unterbrechen. Mir schwirrt der Kopf. Die Themen jagen sich, und zum Teil kommen wir vom Hundertsten ins Tausendste. Ich möchte mir grundsätzliche Gedanken zur jetzigen Situation machen. Sie können dabei zuhören, ich denke laut: ...»

«Stopp mal, ich will das jetzt unterbrechen, weil es mir nicht gefällt so.»

Das Gemeinsame dieser vier äußerst verschiedenen Unterbrechungen ist, daß der Klärungshelfer als einziger nicht nur im Fluß des Geschehens steht, sondern auch einen Überblick darüber hat. Die Unterbrechungen kommen also aus der Meta-Ebene. Gesprächsabläufe, «Ping-Pong» oder «Hick-Hack»-Schemen, denen die Klienten mechanisch folgen oder automatisch ausgeliefert sind, können vom Therapeuten zur Bewußtmachung, Veränderung oder auch nur vorerst zur Verhinderung von weiterem Schaden unterbrochen und benannt werden. Zudem dienen diese Unterbrechungen einer grundsätzlichen Richtungsänderung des Sitzungsablaufs. Zum Beispiel Abschluß der Anfangsphase durch Zusammenfassen oder «Einläuten» der dritten Halbzeit durch Zäsur, Rückblick und Ausblick.

Abschließen und Stoppen

Wie bereits angedeutet, können inhaltliche Fragen oder Themen in einer Sitzung nicht immer bis zu einem Abschluß, einer Lösung oder Auflösung durchgearbeitet werden, weil äußere Realitäten wie die Länge der Sitzung oder anderweitig bedingte Begrenzungen es unmöglich machen. Unbedingt notwendig ist es aber, den gefühlsmäßigen Prozeß «abzurunden».

«Wie ist das für Sie jetzt, daß wir die Behandlung dieser für Sie wichtigen Frage ungelöst abbrechen müssen? Wie geht es Ihnen jetzt? Was kann im Moment und in der kurzen Zeit, die wir noch haben, für Sie getan werden? Was muß noch sein?»

«Wie war es bis jetzt für Sie? Fühlten Sie sich verstanden oder allein gelassen? Konnten Sie das ausdrücken, was Ihnen auf dem Herzen, dem Magen oder unter der Zunge lag? Haben Sie noch Wünsche für die weitere Behandlung dieses Themas?»

Was immer der einzelne Klient auf diese Frage antwortet, gilt es vom Klärungshelfer vollständig zu akzeptieren und bis zum nächstenmal unwidersprochen aufzubewahren. Das allein aus der Tatsache, daß für alles andere keine Zeit mehr vorhanden ist und der Klient mit seiner äußeren oder inneren Situation genug belastet ist. Keine Verteidigungen, Rechtfertigungen oder Erklärungen vom Klärungshelfer.

4. Zwei grundsätzliche Aspekte der Moderation

Strukturierung und Oberhandsicherung

Die Moderation ist nicht nur richtungsweisend in bezug auf die Struktur, sondern meldet auch einen Machtanspruch an. Zwischen den Zeilen sagt der Klärungshelfer: «Ich bin hier derjenige, der am meisten zu sagen hat, was den *Gesprächsverlauf* angeht. – Ihr hingegen habt darüber zu bestimmen, welche Inhalte und Anliegen besprochen werden sollen.»
Diese Rolle wird dem Moderator durchaus immer wieder streitig gemacht.

Beispiel:
Der Klärungshelfer hat vorgeschlagen, daß eine «Runde» gemacht werden soll, so daß jeder Beteiligte der Reihe nach drankommt zu sagen, was für ihn in dieser Stunde das Hauptanliegen sei. Dabei passiert es dann, daß nach dem ersten oder zweiten Sprecher sofort andere dazu Stellung nehmen, darauf reagieren, in eine Diskussion geraten. Hier ist es in der Regel günstig, um die Oberhand zu behalten, daß der Klärungshelfer sofort einschreitet. Zum Beispiel:

«Augenblick bitte, ich möchte auf meinem Vorschlag bestehen, daß zunächst jeder reihum sagt, was er möchte, Kommentare und Diskussionen darüber dann anschließend. – Einverstanden, Herr Meyer?»
Herr Meyer: «Ja, ich wollte nur ganz kurz dazu sagen, daß sie früher schon...»
Klärungshelfer (mit fester, lauter Stimme): «Nein, da bin ich jetzt ganz strikt! Ich nehme an, das ist für Sie ein wichtiger Punkt, aber ich bitte Sie damit zu warten!»

Am ehesten formuliert die Themenzentrierte Interaktion (TZI) die Vormachtstellung des Leiters. Sie wird als eine *Funktion* für etwas beschrieben, nämlich zum Schutz des Individuums und der

Kooperation in der Gruppe. Der Zuständigkeitsbereich des Leiters ist folgendermaßen abgesteckt: Es ist seine Aufgabe, eine Sitzung vorzubereiten, ihr Thema zu formulieren (nicht aber es zu setzen), die Gruppe zusammenzurufen, in der Sitzung einen Anfang zu setzen und eine Vorgehensweise vorzuschlagen. Alles in dem Maße, daß *das* ermöglicht wird, was mit zuviel Freiheit gar nicht zustande käme. Während der Gruppensitzung ist der Leiter zuständig für Struktur, Prozeß und Balance. Nur wenn dies alles gut läuft und erst dann ist er partnerschaftliches Mitglied in der Gruppe. Sobald die Balance im Prozeß gestört ist, muß er hingegen wieder das Steuer in die Hand nehmen.

Zurück zur Oberhand in der Klärungshilfe. Sie ist, wie schon erwähnt, eine Art Macht.

Nicht *Macht über*, sondern *Macht für*: Macht *für die Wiederherstellung von Kontakt, Austausch und Verständnis*. Solange dies in einer Sitzung fehlt, braucht es die Vorschläge des Klärungshelfers und die Autorität seiner Erfahrungen, um es herzustellen. Das ist nicht zu verwechseln mit Druck und Zwang und erfordert keinen blinden Gehorsam. Die Klienten können alles anzweifeln und mögen jeden konkreten Vorschlag des Klärungshelfers und auch seine grundsätzliche Stellung diskutieren. Meistens sind sie aber froh, daß jemand das Steuer in der Hand hält.

IV Selbstklärung

1. Einleitung

Wie kann der Klärungshelfer den einzelnen darin unterstützen, mit sich selbst in Kontakt zu kommen und zu erkunden, was in ihm vorgeht? Man muß damit rechnen, daß Klienten oft in dem, was sie von sich geben, «weit von sich weg sind», das heißt, der Inhalt ihrer Aussagen hat wenig mit dem zu tun, was wirklich in ihnen ist.

Diese Diskrepanz zwischen «Oberflächen- und Tiefenstruktur» (Bandler u. Grinder, 1981) einer Äußerung ergibt sich dadurch, daß auf dem Wege vom inneren Geschehen zur «Sprechblase» eine Verzerrung oder Tilgung stattfindet, so daß das Gesagte manchmal kaum mehr als eine vage Ahnung darüber zuläßt, was im Inneren «eigentlich» gemeint ist. Dies zu ergründen, ist die Aufgabe des Selbstklärungshelfers.

Wie ist die Diskrepanz zwischen explizierter Äußerung und innerem Zustand des Klienten zu erklären? Im wesentlichen können wir von zwei Punkten ausgehen: Zum einen scheuen die Gesprächspartner den Klartext, mögen sich selten drastisch und unverblümt ausdrücken und «reden häufig um den heißen Brei herum». Geben sie etwas von sich, so sind sie gleichzeitig bemüht, einen Teil ihrer Spuren wieder zu verwischen. An dieser Stelle ist es die Aufgabe des Klärungshelfers, zu mehr Direktheit zu ermutigen, gleichsam die Erlaubnis dafür auszustellen und selbst unverblümt zu sprechen.

Der andere Grund kann ebenso darin liegen, daß der Klient selbst nicht weiß, was genau in ihm vorgeht. Es mögen verwirrte, verdeckte und gemischte Gefühle oder Gedanken vorhanden sein, die er sich noch nicht zu denken (geschweige denn auszudrücken) wagt, bis hin zu dem Extrem, daß die Gesprächspartner völlig abgetrennt von ihrem inneren Fühlen sind. Hier wäre – wie in der Therapie – ein geduldiges und einfühlsames Erkunden der Innenwelt notwendig.

In diesem Kapitel tragen wir also dem Umstand Rechnung, daß der Klärungshelfer es immer auch mit *einzelnen* Menschen zu tun hat, so daß es sein kann, daß die Selbstklärungsarbeit streckenweise wie eine Einzeltherapie aussieht – und tatsächlich von einer solchen nicht scharf abzugrenzen ist. In einem therapeutischen Kontext, zum Beispiel in einer Ehepaartherapie, mag es durchaus angemessen sein, den Weg in die Innenwelt eines Klienten bis hin zu frühkindlichen Erlebnissen zurückzuverfolgen und in Regressionsarbeit einzumünden. Üblicherweise geht es hingegen bei der Klärungshilfe eher darum, die aktuelle innere Situation des Klienten zu erhellen – was geht *jetzt* in ihm vor, was möchte er jetzt und was möchte er nicht? – oder aber die innere Situation in vergangenen Ereignissen zu erhellen – wie war das *damals* bei ihm, was wollte er damals erreichen? Der Arbeitsschwerpunkt der Selbstklärung ist also zeitlich auf einen Moment begrenzt, nämlich auf das Hier und Jetzt in der Sitzung oder das Dort und Damals in Schlüsselsituationen des täglichen Lebens.

Selbstklärung ist sowohl ein Wert und Ziel in sich selbst als auch die Voraussetzung für eine klare Kommunikation. Ein Ziel in sich selbst insofern, als es für den einzelnen bereits außerordentlich befreiend und heilsam ist, wenn er sein Anliegen, seine Gedanken und Gefühle so geäußert hat, wie es in ihm wirklich angelegt ist: *Authentizität ist heilsam.*

Welche Mittel hat der Gesprächshelfer zur Verfügung, um in diesem Sinne Geburtshilfe zu leisten? Es gibt hier potente Hilfstechniken, wie wir sie im Abschnitt 5. darstellen. Jenseits aller Techniken hängt allerdings alles davon ab, ob es dem Gesprächshelfer gelingt, eine Beziehung von wohlwollender und einfühlender Partnerschaftlichkeit herzustellen. Die von Carl Rogers beschriebenen Grundhaltungen des nicht-wertenden, einfühlenden Verständnisses, der Wertschätzung und Akzeptierung dessen, was im Klienten vorgeht, sind die notwendigen und in vielen Fällen hinreichenden Bedingungen für ein In-Kontakt-Kommen mit sich selbst. Die grundlegenden Leitprinzipien haben wir daher im Abschnitt 4. zusammengestellt. Zunächst folgen in Abschnitt 2. und 3. zwei Beispiele: Es handelt sich um Gesprächsausschnitte, bei denen die Schwerpunkte der Klärungsarbeit in der Selbstklärung einzelner Klienten liegt.

2. Beispiel 1: Ein unverheiratetes Paar kommt zum ersten Gespräch

Bei dem folgenden Beispiel handelt es sich um ein unverheiratetes Paar (Mitte Dreißig), das seit vier Jahren zusammenlebt; Herr Umbert *und Frau Heisenthaler. Die telefonische Anmeldung im Sekretariat war durch die Frau erfolgt.

Beim Eintreten brummelt der Mann mürrisch in seinen Bart: «Was soll das hier?» Dies ist das einzige, was der Klärungshelfer in dem Moment weiß. Im folgenden soll ein Eindruck der Art und Funktion der Selbstklärung dadurch vermittelt werden, daß aus dem Originalprotokoll nur die für die Selbstklärung unmittelbar relevanten Äußerungen der Klienten und des Klärungshelfers zusammengeschnitten und anschließend kommentiert werden.

KHelfer (zum Mann): «Herr Umbert, Sie wurden von Ihrer Freundin hierher beordert?»

Mann: «Ja, ich weiß nicht, was sie damit bezweckt. Wir waren schon bei Gundalf gewesen, und da kam nichts dabei heraus.»

KHelfer: «Da haben Sie sich die Finger verbrannt?»

Mann: «Nicht direkt, es ist aber nichts dabei herausgekommen.»

KHelfer: «Es hat nur Zeit und Geld gekostet.»

Mann: «Das wäre nicht das Schlimmste. Er konnte uns nicht weiterhelfen, und es bringt nichts, *wenn nur der eine will*. Von *ihr* kam nichts.»

KHelfer: «Sie sind derjenige, der entgegenkommt und einen Schritt macht, und Ihre Freundin kommt dann nicht mit.»

Mann: «Richtig, richtig. Und dann hat er ihr das ja unverblümt gesagt, und dann wurde es für sie auch uninteressant dahinzugehen. Deswegen wundere ich mich, daß sie mich hierhin schleppt. Unser Verhältnis ist nämlich noch schlimmer geworden seither.»

KHelfer: «Also, Sie möchten jetzt am liebsten wieder gehen und sagen: ‹Was soll's hier.›?»

Mann: «Nee. Vor allem möchte ich mal wissen, was sie vorzubringen hat, wie sie hier reagiert und was sie hinterher sagt.»

---

* Alle Namen des Originalprotokolls wurden geändert.

KHelfer: «Gut, dann wären Sie bereit, hier zu bleiben und zu schauen, was sich ergibt.»
Mann: «Das ist richtig. Aber ich kann nicht länger als anderthalb Stunden.»
KHelfer: «Um halb sechs möchten Sie hier zur Türe rausgehen.»
Mann: «Ja, wenn das möglich ist.»
KHelfer: «Ja, das ist möglich.»

In diesem, etwa auf die Hälfte reduzierten ersten Abschnitt der Sitzung, hat der Gesprächshelfer durch Selbstklärung den Kontakt und somit die Arbeitsgrundlage geschaffen. Wie geschah das?

Auf der einfachsten Ebene hört der Klärungshelfer dem Klienten zu, versucht ihn zu verstehen und signalisiert ihm, daß er ihn ernst nimmt.

Wenn man die einzelnen Aussagen des Klärungshelfers detaillierter betrachtet, kristallisieren sich bereits aus diesem kurzen Abschnitt viele «Grundtechniken» der Selbstklärung heraus:

– Drastifizieren: «Da haben Sie sich die Finger verbrannt.»
– Ins Blaue vermuten und zum Klartext anregen: «Es hat Sie nur Zeit und Geld gekostet.»
– Kontrasuggestion: «Sie möchten jetzt am liebsten wieder gehen.»
– Konkretisierendes Zuhören: «Sie sind derjenige, der ihr entgegenkommt, und sie kommt dann nicht mit.»
– Akzeptierendes Bestätigen: «Um halb sechs gehen Sie hier zur Türe hinaus.»
– Reales Folgern: «Dann sind Sie bereit, hier zu bleiben und zu schauen, was sich ergibt.»
– mit suggestivem Aspekt: «Bereit», «schauen, was sich ergibt», etwa im Sinn und Geist «... ich entspanne mich mal und lasse mich ein».

Das alles geschieht mit dem Ziel, die Situation hier und jetzt mit allem, was hineinspielt an Vergangenem, Gegenwärtigem und Zukünftigem, zu klären und damit einen Beziehungsanfang zu dem Klienten zu setzen.

In der Selbstklärung kommt besonders den *Hindernissen* und den *Widerständen* Bedeutung zu. Dieses Arbeitsprinzip bedeutet für den Klärungshelfer: Verbünde dich mit dem Widerstand – lerne die Hindernisse genau kennen und überspringe oder überwälze sie nicht einfach.

Im genannten Beispiel sitzt der Mann in mürrisch-abweisender Laune, ohne seine Winter-Straßenbekleidung abzulegen, dem Klärungshelfer gegenüber und «will nicht hier sein». Er wurde von seiner Freundin «hergeschleppt», hatte in einer ähnlichen Situation vor vier Jahren schlechte Erfahrungen gemacht und in zwei Stunden einen Termin, der ihm wichtiger erscheint. Fünf Minuten später ist der gleiche Mann dem Klärungshelfer gegenüber wohlwollend, gelassener als zuvor, fast neugierig auf die Sitzung und zieht nun auch seinen Mantel aus.

Weiter im Original:
Frau: «Ja, ich sehe das also insofern anders, daß ich da mal etwas vorgreifen muß, als wir uns kennenlernten.»
KHelfer: «Wie lange kennen Sie sich schon?»
Frau: «Vor viereinhalb Jahren wollten wir beide eine normale Freundschaft aufbauen: Jeder macht seine Arbeit, und daß man mal etwas gemeinsam unternimmt. Theater oder Fernsehen und darüber spricht. Mir ging es damals gut, und er war sehr kaputt. Er hat viel getrunken und hinterher ins Uferlose Geld verspielt.»

Anschließend erzählt sie viele Details: Daß sie ihm helfen will, daß sie gemeinsam zu einem Arzt gingen, er einen Selbstmordversuch unternahm, sie sehr sparsam sei, er das Geld in Spielkasinos verschleudern würde und daß diese «Ausrutscher» immer häufiger würden.

Frau: «So haben diese Ausrutscher und das Wegbleiben nicht nachgelassen...»
KHelfer: «Wegbleiben heißt, er geht nachts Geld verspielen?»
Frau: «Ja, ja. Er geht und will nach einer Stunde wieder zurück sein und kommt aber nicht mehr zurück. Und mein Ziel war im Grunde genommen, eine ganz normale Verbindung aufzubauen.»
KHelfer: «Und ihn zu retten aus seiner Situation, in der er selber auch nicht zufrieden war?»

Frau: «Ja, er sagt auch, er möchte ein normales Leben führen und gar nicht diese Trinkerei und Spielerei – und das Geld fehlt also irgendwo im Dreieck, und dann ist das so weitergegangen...»

KHelfer: «Was ist mit diesem Dreieck, das hab ich nicht verstanden.»

Frau: «Na ja, daß er eine Lücke von 5000 DM aufreißt, die müssen ja irgendwo wieder her.»

KHelfer: «Das fehlt dann irgendwo.»

Frau: «Ja – mhm – ja, und er ist ja unwahrscheinlich fleißig, und er schafft das Geld wieder an, aber in der Privatzeit, auf meine Kosten.»

Sie schildert daraufhin ausführlich, was sonst noch alles dazukomme, ihre Sparsamkeit und seine «Prunksucht», und in Folge dieser Ereignisse entstünden sexuelle Probleme.

Frau: «Ich bin dann suchen gegangen, bin abends losgezogen, wenn er nicht da war.»

KHelfer: «Durch die Spielhöllen.»

Frau: «Durch all die Spielhöllen.»

Dort habe sie viele Leute kennengelernt, die sie in der einen oder anderen Richtung beeinflussen wollten. Sie erklärt, wie sich dieser ganze Teufelskreis immer mehr verschlimmert hätte, und was sie sonst noch alles erfolglos dagegen unternommen habe: Anonyme Alkoholiker, Druck der Eltern, Trennungsdrohung.

Frau: «Heute bin ich allerdings soweit, daß ich das Ganze nur noch schwer verkrafte. Und auch Hermann hat sich durch diese Spielerei eine Menge verbaut...»

KHelfer: «Wie meinen Sie das?»

Frau: «Geschäftlich zum Beispiel.»

KHelfer: «Zuviel Geld verloren.»

Frau: «Ja, heute stehen wir an einem Punkt, wo ich für seine Sachen geradestehen soll.»

KHelfer: «Finanziell?»

Frau: «Finanziell, für seine Zukunft.»

Sie erklärt, daß sie viel zahlen müsse und zusätzlich seine Schimpf und Schande und die ewigen Kräche zwischen ihnen erleiden müsse, ohne ein Heimats- oder Geborgenheitsgefühl mit ihm zu haben. Ungerechtigkeitsgefühl und Unzufriedenheit machen sich bei ihr breit.

Frau: «So – und nun haben wir eine Wette gemacht: Ich hab stark geraucht, und ich gebe jetzt das Rauchen auf...»
KHelfer (zum Mann): «Dir als Vorbild!»
Frau: «Ja, und du gibst das Trinken auf. Nun ist es natürlich irrsinnig schwer für mich, daran zu glauben.»
KHelfer: «Sie haben Angst, er trinke hinter Ihrem Rücken?»

Im Gegensatz zu ihrem Freund beginnt die Frau – die die Motiviertere war – sogleich alles auf den Tisch zu legen. Die Selbstklärung durch den Klärungshelfer ist in der Anfangsphase in viel geringerem Maße als beim Mann notwendig. Sie besteht im wesentlichen im aktiven Zuhören, damit ein Kontakt entstehen kann. Hinzu kommt das Nachfragen bei sachlichen Unklarheiten sowie die Aufforderung zu konkretisieren.

Da die Frau sehr litt und viel erzählen will, besteht die Gefahr immer wieder, daß sie dabei zu pauschal, zu allgemein bleibt. Entsprechend oft fordert der Klärungshelfer sie auf, konkreter und klarer zu sprechen. So wird:
– aus «geschäftlich» ein «zuviel Geld verloren»;
– aus «ich muß für seine Sachen geradestehen» ein konkretisierendes «finanziell»;
– ein «ich bin abends losgezogen» wird zu dem Tabu-Wort «Spielhöllen»;
– aus «mein Ziel im Grunde genommen, eine normale Verbindung aufzubauen» wird konkret «ich wollte ihn aus dieser Situation retten».

Zudem entdeckt der Klärungshelfer bei der Frau die Tendenz, daß sie vieles zwei- und dreifach erzählt. Er vermutet, daß sie sich entweder nicht gehört und nicht verstanden fühlt oder innerlich sehr durcheinander ist. Da sie sich sehr monologisch ausdrückt – der Klärungshelfer mußte seine Interventionen manchmal mit einem «Beil» zwischen ihre Wortschlangen setzen –, nutzt er die Gelegenheit einer kleinen Verschnaufpause, um ihr zusammenfassend wiederzugeben, was er bis jetzt von ihrer Situation verstanden hat.

KHelfer: «So, jetzt möchte ich mal sagen, was ich von Ihnen verstanden habe, damit Sie schauen können, ob das überhaupt angekommen ist. Also, Sie wünschen sich nichts sehnlicher als eine einfache, unkomplizierte Beziehung... (Frau: Ja) Zwei getrennte Leben, jeder schaut im Prinzip für sich, wie's finanziell reinkommt. Arbeiten, und am Abend ist man zusammen, hat's schön, einfach, unkompliziert. Man krabbelt zusammen ins Bett oder schaut Fernsehen, macht eben etwas gemeinsam. (Frau: mmm) Und Sie haben Hermann kennengelernt und haben sich erhofft, ‹doch, das wäre möglich›... (Frau: mmm) ...haben aber gesehen, daß die ganze Beziehung doch irgendwie auf ein Risiko aufgebaut ist, ...(Frau: mmm) ...das haben Sie mal so gesagt. (Frau: Ja) Und Sie sind mit der Hoffnung die Beziehung eingegangen vor vier, fünf Jahren, daß Sie ihn da rausziehen können, aus dem, womit er selber nicht zufrieden ist, mit sich selber: (Frau: hm) Alkohol, Spiel. (Frau: hm) Und Sie sind jetzt enttäuscht und entmutigt, daß er immer mehr hineinkommt und Sie immer mehr da hineingezogen werden. Sie machen selber Opfer, zum Beispiel aufhören zu rauchen, finanzielle Unterstützung, Nächte nicht schlafen, in der Hoffnung, «Wenn ich genug gebe, kann er auch nachgeben».

Frau: «Ganz genau!»

3. Beispiel 2: «Ich weiß auch nicht, wie ich das sagen soll»

Bei dem Arbeiterehepaar Leidenberg, das drei Kinder hat (zwei sind aus der ersten Ehe der Frau), bildet eine ausgeprägte Sprachlosigkeit beider Partner eine Begleiterscheinung (Ursache oder Folge) ihrer Schwierigkeiten. Sie können sich weder differenziert ausdrücken noch zusammen Konflikte besprechen.

In den ersten Sitzungen sprach der Mann nur kurze Sätze, die er inadäquat lachend ausstieß. Die Frau weinte überwiegend. Frau Leidenberg überwand diesen Zustand aus eigener Kraft. Durch die mühsamen Selbstklärungen in den Sitzungen angeregt, fand sie zu Hause ihre Ausdrucksmöglichkeit im Zeichnen. Der Mann hingegen verharrte weiter in seiner sprachlosen Unzufriedenheit. Das zeigte sich vor allem in seiner Beziehung zum zwanzigjährigen Sohn der Frau: Er konnte nicht mit ihm sprechen. Gründe für dieses Verhalten waren von ihm nicht zu erfahren.

Eine Selbstklärung, die an dieser Stelle ansetzt und deren Folgen zunehmende Klarheit und Kontakt in der ehelichen Beziehung sein kann, bedarf etwa folgender Fragen:

«Was ist eigentlich mit mir los?»
«Warum lehne ich ihn ab?»
«Was hat das mit mir und meiner Frau zu tun?»
«Was bräuchte ich eigentlich?»
«Was hindert mich, mich direkter für mich einzusetzen?»

Es folgt ein Ausschnitt aus dem Selbstklärungsprozeß (2. Sitzung):

KHelfer (zum Mann): «Wie geht es Ihnen? Was ist gegangen seit der letzten Sitzung?»
    Mann: «Gut, normal. Wie immer. Ich wüßte nichts. Ein bißchen war mal was.»

Die Frau erzählt daraufhin von einem großen Krach am Sonntagnachmittag, als ihr zwanzigjähriger Sohn überraschend heimkam. Der Vater hinderte ihn daran, sich die Zähne zu putzen. Große Aufregung: Der Kleine erhielt eine Ohrfeige, die Schwiegermutter lief zufällig dazu, Frau Leidenberg weinte. Sie versteht ihren Mann nicht.

Mann: «Ich verstehe ihn ja auch nicht. Ich akzeptiere ihn aber. Ich weiß auch nicht, wie ich das sagen soll. So richtig wohl hab ich mich nicht gefühlt dabei. Er kommt dann mittags nach Hause, und dann muß er sich bei uns waschen. Das ist für mich unwahrscheinlich.»
    KHelfer: «Das ist für Sie eine Provokation?»
    Mann: «Ja, so könnte ich das sehen, so empfinde ich das.»

In Sachen Selbstklärung mangelt es diesem Mann nicht nur an aktivem Wortschatz, sondern auch an der Selbstwahrnehmung: Erst war alles gut und normal, dann kommt durch die Erzählung der Frau ein großer Krach hervor, zu dem er aber nichts richtig sagen kann. Typisch für ihn ist der Satz: «Ich weiß auch nicht, wie ich das sagen soll.» So versucht es der Klärungshelfer mit Einfühlen in die Situation und Deutung seiner Körpersprache. Aus dem diffusen «unwahrscheinlich» wird durch die Selbstklärung eine «Provokation». Das ist konkret und aussagekräftig und bildet den Ausgangspunkt für das weitere Vorgehen:
– Was genau provoziert der Mann?
– Wie kommt das?
– Was hat das mit ihm selbst zu tun?
– Welche Beziehungsimplikationen verbergen sich darin?

In diese Richtung versucht der Klärungshelfer die Selbstklärung weiterzuleiten:

KHelfer: «Den Schmutz holt er sich woanders, und abladen tut er ihn bei uns.»

Dies entspricht einer nächsten Stufe der Selbstklärung, dem Aktiven Zuhören in «Ich-Form» oder «Sie-Form». Der Klärungshelfer spricht zu ihm, als ob er mit ihm zusammen ein Herz und eine

Seele wäre. Dieses Maximum an Unterstützung wird hier gewährt, damit der Klient nachzuspüren und zu seinem Standpunkt zu stehen wagt.

Mann: «Ja, so könnte man das fast sagen. Darüber hab ich mir noch gar keine Gedanken gemacht, aber das Wort ist gut. Und damit erledigt. Das kommt ja sowieso. Aber ich weiß nicht – bin ich da vom Mond? – Ich fühl mich dann irgendwie scharf angemacht.»

KHelfer: «Für mich kommen Sie zum Teil vom Mond, zum Teil von der Erde. Von der Erde, da stehen wir also auf dem gleichen Boden, in dem Punkt, daß er sich zu Hause waschen will. Da verstehe ich, gefühlsmäßig, Ihre Reaktion. Vom Mond kommen Sie für mich, *wie* Sie von solchen Sachen erzählen. Es kommt mir vor, als würden Sie vom Wetter sprechen: ‹Dann ist plötzlich ein Gewitter aufgezogen, ich weiß nicht wie, und dann hat's geblitzt und gedonnert, ich wußte nicht wie›. Dabei sind Sie der Blitz und der Donner. Und Sie reden darüber, als wär's ein unbeeinflußbares Naturereignis.»

Im scharfen Kontrast zu der letzten verschmelzenden Intervention des Klärungshelfers steht hier die völlige Trennung: Der Klärungshelfer ist ein eigenständiger Mensch, der eine andere Meinung hat als der Klient und diesen mit seinem Erleben konfrontiert.

Theoretisch ausgedrückt: *Selbstklärung durch Rückmeldung (Feedback).*

Dies fordert den Klienten noch einmal heraus, sich genauer auszudrücken:

Mann: «Ja sicher. Ich würde das nicht machen, auch wenn ich in seinem Alter wäre. Das ist für mich, als wenn er mich provozieren würde. Ich weiß nicht, wie ich das sagen soll, jeder hat doch so seine Vorstellung, und ich fühl mich gerade in diesem Punkt von Gerd provoziert.»

KHelfer: «Sie fühlen sich von Gerd provoziert in allem, was in diese Richtung geht: Bei der Freundin das Leben, die Lust und hier zu Hause das Versorgungslager, Reinigungsinstitut, die Abfallanstalt und die Last.»

An dieser Stelle erfolgt Selbstklärung durch Aktives Zuhören mit «Schrotschuß»: Das Wort des Klienten «gerade in diesem Punkt» wird aktiv-zuhörend diversifiziert, damit er aus dem breiteren Angebot das Zutreffende auswählen kann.

Mann: «Ja, ganz soviel würde ich nicht zu sagen wagen. Die Geschichte, daß er bei seiner Freundin übernachtet, das muß ich ja wohl akzeptieren, aber mit meinem Inneren bin ich da nicht einverstanden. Ich akzeptiere das nur, und damit ist der Fall erledigt. Aber nun kommt er Sonntag mittags nach Hause und wäscht sich, das bringt mich auf die Palme. Wenn er die Nacht schon dort ist, dann kann er sich ja wohl auch dort waschen. Aber nein, das muß sich zu Hause abwickeln. Von meiner Erziehung her seh ich das anders. Ich hätte das nie machen mögen. Ich war schon kein Engel, um Gottes willen nicht.»
KHelfer: «Aber?»
Mann: «Aber, dies ganz bewußt, ... ich weiß nicht, ob ich das richtig sage, ich hab zu Hause auch ein eigenes Zimmer gehabt, aber ich hätte nie gewagt, mit meiner Freundin am nächsten Morgen herunterzukommen: ‹So, die Geschichte wäre erledigt.› Nein, das hätte ich nie machen mögen. Meinen Eltern gegenüber nicht. Scham. Eine gewisse Scham, könnte man sagen. Das ist das, was mich stört. An seiner Stelle würde ich nachts noch nach Hause kommen, damit ich am Morgen da bin, damit ‹der Alte› sieht, daß ich da bin. Wenn das so wäre, wäre mir alles egal.»

Erstmals tragen die vorherigen Selbstklärungs-aktivierenden Interventionen ihre Früchte. Wenn auch mühsam, so versucht der Klient doch zunehmend klarer und selbständiger, sich selber zu beforschen, und kommt zu neuen Resultaten: die Scham. Dies ist erst eine Zwischenstation, von der es nun weitergeht. Nach dem Prinzip «Sicherheit und Konfrontation = einen Schritt weiter» muß der Klärungshelfer den Klienten unterstützen, wenn er stumm, durcheinander oder unsicher ist, um ihn dann zu konfrontieren, damit er einen Schritt weitermachen kann.

Zurück zum konkreten Beispiel:

Der Klient hat sich jetzt mit den letzten Äußerungen selbstsicher ausgedrückt. Es erfolgt nun die Konfrontation vom Klärungshelfer. Er sucht die Grenzen dieses Schamgefühls zur Fassadenhaftigkeit und zur Doppelmoral. Er sagt daher drastifizierend:

KHelfer: «Ich will das mal extrem sagen: ‹Eine gewisse äußere Form muß gewahrt bleiben, von Anstand und Zucht. Wenn er wenigstens noch eine Fassade aufrechterhalten würde. Was er dahinter macht, ist Wurst.› Aber wenigstens Ihnen gegenüber eine gewisse äußere Fassade aufrechterhalten.»

Mann: «Ich weiß nicht, ob man das so sagen könnte. Weil – ich weiß nicht… Ich bin nachts auch weggeblieben. Aber so, wie er das macht, das stört mich einfach. Mein Vater hätte das nicht akzeptiert. Das hätte ich nicht machen können. Also, mir geht es rein nur um die Scham als solche, vielleicht hört sich das blöd an.»

KHelfer: «Ich laß nicht locker, bis ich Sie verstehe. Ist das recht so?»

Mann: «Ja.»

KHelfer: «Ich will das mal so sagen: ‹Sie, Hans-Jürgen (KHelfer steht auf und nimmt einen Stuhl), Sie haben in Ihrer Jugend auch nicht wie ein Mönch gelebt (zeigt auf die Sitzfläche des Stuhls), genau wie Gerd (zeigt auf einen anderen Stuhl, den er daneben stellt), aber der Unterschied dazwischen (wendet den ersten Stuhl um 180 Grad, so daß die Rückenlehne jetzt vom Mann weg steht): Sie haben's nicht jedem gezeigt (deutet auf die sichtverdeckende Rückenlehne).

Abb. 1: Materialisation von Gefühlszuständen

Mann: «Ja, das ist richtig.»

KHelfer: «So daß ein Teil, der da ist, da sein darf und nicht bestritten werden soll, nicht sichtbar ist. Aus Scham wird er verdeckt.»

Mann: «Ja, ja.»

KHelfer: «Aber Gerd – unbestritten, was er tut (Helfer geht zu dem anderen Stuhl, dessen Rückenlehne zur Wand steht und dessen Sitzfläche offen sichtbar ist), ist auch nicht wie ein Mönch, und Sie finden das auch in Ordnung.»

Mann: «Ja, ja.»

KHelfer: «...aber, daß er es dann noch zeigt (stellt den Stuhl provokativ offen vor den Mann hin): ‹Ja, so ist es. Ich steh dazu›, das geht Ihnen nicht hinunter.»

Mann: «Ja, das ist richtig.»

Da der Klärungshelfer mit der verbalen Erkundung keine weiteren inhaltlichen Erfolge in der Selbstklärung erreichen konnte, versuchte er, einen Aspekt des Selbst, die Schamhaftigkeit des Klienten, mit nonverbalen, analogen Mitteln darzustellen, mit dem Lehnstuhl, der gerade herumstand.

Diese Materialisation von Gefühlszuständen erleichtert manchmal die Selbsterkundung. Die damit erreichte Distanz zu den eigenen Gefühlszuständen bewirkt eine Entflechtung und Desidentifikation. Das ganze innere «Kuddelmuddel» kann einmal von außen betrachtet und parallel dazu innen weiter erforscht werden.

Weiter in der Sitzung:

Die Frau findet Gerds Haltung viel ehrlicher und möchte auch noch einmal so jung sein. Das andere bezeichnet sie als heuchlerisches Versteckspielen. Ihr ist nicht klar, warum ihm die Scham plötzlich so wichtig ist:

«Das ist es nicht!»

Sie will aber nichts mehr dazu sagen.

«Ich kann es nicht glauben. Mein Mann ist sonst kein schamvoller Mensch.»

Nachdem beide spontan ein Plädoyer für ihre jeweilige Moralauffassung gehalten hatten (Motto: meine ist besser, weil...), stellt der Klärungshelfer die beiden leeren Stühle – mit der Bedeutung aus der letzten Demonstration – zwischen die Klienten als Sinnbild dafür, was zwischen ihnen steht:

Abb. 2: «Das steht zwischen Ihnen!»

KHelfer: «Ich mache das mal als Beispiel dafür, was Sie trennt. Wie reagieren Sie innerlich darauf?»

Mann: «Ich weiß nicht, wie ich das sagen soll (schaut nachdenklich auf die beiden Stühle). Es ist so ähnlich wie zwei Welten, kann man sagen.»

Diese Erkenntnis verlegt den Fokus der Aufmerksamkeit von dem Sohn auf das Ehepaar und ihre Unterschiede. Es kommt heraus, daß sich der Mann vor allem an ihrem Sohn stößt, weil dieser von ihr immer bewundert und gelobt würde. Er selber aber werde nur kritisiert, und nichts könne er recht machen.

Mann: «Und dann frag ich mich manchmal wieder, was ich denn in ihren Augen wieder falsch gemacht habe. Ich hab irgendwie das Gefühl, ich bin furchtbar falsch. Sie macht immer alles richtig und ich immer falsch, sogar in meinem Beruf kritisiert sie mich. (Er erzählt zwei Beispiele und fügt an:) Du interessierst dich überhaupt nicht dafür, was ich mache. Du hast noch nie gesagt: ‹Das find ich gut, was du gemacht hast.› Du bist nie bereit, jemand anderem mal was Schönes zu sagen, aber verlangst es von mir. Es ist so nichtsachtend, was von dir kommt. Bei den Kindern hingegen, da ist das dermaßen anders: ‹Der hat seine Prüfung gemacht, der macht seinen Weg, der ist Filialleiter.› Ich find das ja auch schön, aber da merkst du es. Aber, daß ich die ganzen Arbeiten am Haus gemacht habe – das hätten wir uns sonst nie leisten können, ich werde von andern Arbeitern auch immer wieder geholt, nicht weil ich die Arbeit schlecht mache –, aber darüber hast du noch nie einmal gesprochen. Ich würde das ja ‹alles nur für andere Leute machen, damit die es sehen›, sagst du. Du hast mir in all den Jahren noch nicht einmal gesagt, daß das gut war, was ich auf die Beine gestellt habe. Niemals hast du mir das gesagt.»

An dieser Stelle hat die gesamte vorherige Selbstklärungsarbeit bewirkt, daß seine in der ersten und zweiten Stunde sichtbare Resignation wie eine Blase geplatzt ist. Was hervorkommt, ist Enttäuschung, die sich in Vorwürfen entlädt. Der Mann hat zur Sprache und zum Ausdruck seiner Empfindungen zurückgefunden. Zwar herrscht noch der «Blick zurück im Zorn» vor, dafür ist aber die Verbindung zu seinem Inneren wieder hergestellt.

Nach diesem untypischen «Ausflug» kehrt er nun etwas zur gewöhnlichen Realität zurück:

Mann: «Zu guter Letzt geht es ja auch ums Geld. Das muß man ja auch mal sagen.»
Frau: «Ja, ja, vor allem.»

Der Klärungshelfer doppelt den Mann (das heißt, der Klärungshelfer spricht neben dem Mann an dessen Stelle; siehe S. 108 ff):

«Jetzt muß ich dir mal was sagen: Wenn du nicht verstehen kannst, daß es mir beim Beruf um die Bestätigung geht, dann sag ich dir halt, es geht ums Geld.»

Diese Intervention macht der Klärungshelfer vor allem aus der Befürchtung heraus, daß der Klient in sein altes Muster zurückfallen würde, in dem ausschließlich das «Äußere» zählt. Er würde sein «Inneres» wieder zudecken, bevor er zu seinen Grundbedürfnissen gestoßen ist. Insofern also ein letzter Versuch des Klärungshelfers, das Ruder herumzureißen, da gerade diese Gefühlswelt die mögliche Verbindung zu seiner Frau bilden könnte.

Mann (zum Klärungshelfer): «Stimmt nicht ganz, es ist aber fast richtig. Es geht mir um beides. Geld gibt ja auch Bestätigung. Aber, es geht auch um die Bestätigung, die ich nun mal von meiner Frau nicht habe, und mir ist erst jetzt bei diesem Stuhl zwischen uns aufgefallen, daß wir das Problem mit dem Geld gar nicht so hätten, wenn ich Bestätigung hätte in allem.»

Das ist der Lohn der ganzen Selbstklärung. Aus dem Verbot für den Sohn, zu Hause die Zähne zu putzen, wird hier endlich das direkte «Ich möchte auch soviel Bestätigung haben von dir wie er».

KHelfer: «Ich fasse mal zusammen: Ich habe klar Ihre Welt vor Augen: Sie besteht aus Arbeit, Bestätigung, Geld, jemand sein, gebraucht werden, Weiterempfehlung, zurückgerufen werden an einen alten Arbeitsort.»
   Mann: «Ich würde da gar nicht so viele Worte machen, sondern einfach nur sagen, das Gefühl, daß man akzeptiert wird, wo auch immer.»

Die Selbstklärung ist damit zunächst abgeschlossen. Der Mann weiß jetzt genauer, was er will und was ihm fehlt, und kann dies in die ehelichen Auseinandersetzungen einbringen. Nun wäre es an der Frau zu reagieren. Es wird sich entweder herausstellen, daß auch bei ihr noch Selbstklärungsarbeit zu leisten ist, oder aber das Ganze geht in einen Dialog, in eine Auseinandersetzung über. Dann würden wir uns in dem Quadranten der Kommunikationsklärung befinden, wobei diese scharfe Abgrenzung ausschließlich auf dem Papier möglich ist. Im realen Gespräch gehen die Aspekte ineinander über und bedingen einander in einer ständigen Wechselwirkung.

4. Einige allgemeine Leitprinzipien für die Hilfe zur Selbstklärung

Empathie

Da Menschen in der dicken Luft verfahrener Beziehungssituationen vielfach nicht mehr frei atmen können, verschüchtert, zugeknöpft, verschlossen oder hinter dem sprichwörtlichen Rolladen, hinter einer Mauer, abgepanzert oder sich aggressiv, grimmig, mißtrauisch oder stumm verhalten, kommt dem Gesprächshelfer zunächst die Aufgabe zu, eine Situation zu schaffen, in der eine Klärung überhaupt möglich wird. Das ist ein Klima von Wohlwollen, Verständnis und Einfühlung, also das Gegenteil von verurteilend, bewertend, Mißtrauen und «Alles-auf-die-Goldwaage-Legend».

Wie bereits ausgeführt, sind die von Carl Rogers beschriebenen Grundhaltungen für den klientenzentrierten Gesprächspsychotherapeuten eine gute Voraussetzung dafür, daß jeder einzelne wieder *mit sich selber* in Kontakt kommt – und nicht mit seiner Abwehr. Wir haben wiederholt erlebt, wie entscheidend es ist, daß sich jeder einzelne Klient zu 98%, denn mehr ist vielleicht nicht menschenmöglich, vom Klärungshelfer verstanden fühlt. Weiterhin ist es wichtig, den einzelnen nicht nur wohlwollend zu behandeln, sondern mit beharrlichem Interesse herauszufinden, was wohl in ihm vorgeht. Diese Haltung betrifft nicht die ganze Person, sondern vor allem die jeweils zur Debatte stehenden Teilaspekte. Dabei muß der Klärungshelfer gerade bei negativ bewerteten Seiten der Persönlichkeit besonders unterstützend vorgehen, damit sie überhaupt benannt und damit auch behandelt werden können: Fluchttendenzen, Entscheidungsunfähigkeit, Sinnentleerung, Süchte, Verleugnungen, Verschämt- und Unverschämtheiten, Rachegelüste, Beleidigtsein, Verletzungen, Gier, Geiz und ähnliche. Solange das alles verurteilt wird und der Eigenzensur unterliegt, trägt es ausschließlich zur Spaltung der Innenwelt bei, aus der heraus weiteres Unheil zu erwarten ist. In der Selbstklärung wird aber die Integration angestrebt. Indem der Klärungshelfer den «verbotenen» Tendenzen geduldig nachforscht und ihre Existenz anerkennt, gibt er dem Klienten Rückendeckung und die Erlaubnis, sie aus der Versenkung aufsteigen zu lassen. Die Energie, die er vorher zum Verdrängen benötigte, wird jetzt zum Beispiel für die Auseinandersetzung mit dem Partner frei.

Eine wichtige interaktionsförderliche Haltung des Klärungshelfers ist dabei, sich immer wieder auf den einzelnen Klienten wirklich einzulassen und neugierig-interessiert für dessen Individualität, Unverwechselbarkeit und Einzigartigkeit zu sein. Der Klärungshelfer muß gleichzeitig darauf achten, nicht seine Selbständigkeit und Unabhängigkeit im Kontakt mit einzelnen Menschen und Gruppen zu verlieren. Durch diese Forderung wird die Empathie zur einfühlenden Distanz erweitert; sich einlassen, ohne das Steuer aus der Hand zu geben. Das heißt in Kontakt sein, ohne die persönlichen und situativen Unterschiede zu negieren, an den Problemen arbeitend. Das heißt aber auch, daß sich der Klärungshelfer seiner eigenen nicht linientreuen Gefühle und Strebungen bewußt sein und sie gestalten können muß: allein oder in Supervision.

Den Klienten Glauben schenken

Dieser Grundsatz bedeutet, daß es für den Klärungshelfer ein erstes Gebot ist, alles, was die Klienten ausdrücken, ernst zu nehmen, es ihnen «abzukaufen», auch wenn es noch so unwahrscheinlich, krankhaft oder gelogen tönt. Der Klärungshelfer hört ungefähr mit der folgenden Einstellung zu: «Er/sie sieht es subjektiv so oder hat sicher einen triftigen Grund dafür, es anders zu sehen oder darzustellen, als es mir oder anderen erscheint.»

Der Klärungshelfer mag Vorbehalte gegen das Vorgebrachte haben und dennoch davon ausgehen, daß selbst bei scheinbar offensichtlichen Unwahrheiten der Klient guten Grund dafür hat, es so zu behaupten. «Glauben» heißt hier also nicht, daß der Klärungshelfer es gleichfalls für sich als wahr betrachten muß, sondern das heißt, dem Klienten zu unterstellen, daß sich in seinen Äußerungen eine subjektive Wahrheit kundtut, deren Qualität es unter Umständen später herauszufinden gilt. Dies entspricht der

Aufgabe der Hilfe zur Selbstklärung: herauszufinden, wie der Klient sich, die anderen und die Welt sieht – und es erst einmal so zu akzeptieren. Eine spätere Konfrontation oder Provokation ist dadurch nicht ausgeschlossen.

Wenn ein Klient sich selbst widerspricht, zum Beispiel, indem er zunächst gesagt hat: «Ich habe sie nie geliebt, diese Ziege», dagegen später von sich gibt: «Ich habe sie halt schon sehr gerne», dann würde es an der psychischen Realität vorbeigehen, zu fragen: «Lieben Sie sie nun oder nicht?» Der Klärungshelfer läßt beides nebeneinander existieren; was sich *logisch* ausschließt, schließt sich häufig *psychologisch* ein. Gerade in der Entdeckung dieser Ambivalenz liegt ein Stück Selbstklärung.

Wie aber kann der Klärungshelfer beiden (mehreren) Klienten Glauben schenken, wenn sie einen Sachverhalt völlig unterschiedlich darstellen, was häufig vorkommt? Es ist zumeist günstig, die verschiedenen Versionen als subjektiv wahr zu akzeptieren. Beispiel:

Frau: «Dann hat er mich geschlagen.»
 Mann: «Das ist gelogen, ich habe nur die Faust gemacht.»
 KHelfer (zur Frau): «Sie haben es also erlebt und sind sicher, daß Ihr Mann Sie tätlich bedroht und sogar geschlagen hat. Sie haben die Schläge gefühlt und darunter gelitten. (Zum Mann) Und für Sie sieht die gleiche Situation ganz anders aus. Sie fühlen sich hier von Ihrer Frau zu Unrecht beschuldigt. Sie sind sich sicher, daß Sie in Ihrer Erregung nur die Faust gemacht und dabei Ihre Frau nicht berührt haben.»

Der Klärungshelfer ist demnach kein Richter, sondern ein Prozeßhelfer.

Sich mit dem Widerstand verbünden

Besonders am Anfang, wenn die Klienten weder zum Klärungshelfer noch zur ganzen Situation Vertrauen haben oder sogar unfreiwillig gekommen sind, zeigen sie sich häufig nicht zu einer Selbstklärung bereit. Sie reagieren darauf eher mit größtem Widerstand. In dieser Situation wäre es ein Fehler, den Klienten gleichsam mit Engelszungen dazu einzuladen, sich selbst zu erforschen und über seine Gefühle, Ängste, Nöte und Wünsche zu sprechen. Ein solcher – wenn auch sanfter – Druck erzeugt in der Regel noch mehr Widerstand. Außer dem Appell empfängt der Klient mit seinem Beziehungsohr: «So, wie du jetzt bist, bist du noch nicht recht!» oder: «Du solltest dich hier etwas einlassen und über deine Gefühle reden, und wenn du dich da verweigerst, dann bist du hier fehl am Platze!» Es ist dagegen häufig angebracht, sich mit dem Widerstand zu verbünden. Es steckt ebenso in der Verweigerung eine Selbstaussage, die es zu erkunden und zu akzeptieren gilt. Beispiel:

KHelfer: «So wie ich Sie verstanden habe, Herr Müller, haben Sie hier große Bedenken, persönliche Gedanken preiszugeben, da Sie befürchten, daß das ungünstige Folgen haben könnte. Stimmt das?»
Herr Müller: «Ja, genau, man weiß ja nicht, ob diese Dinge nicht herausgetragen werden und man dann ins Gespräch kommt...»
KHelfer: «Genau, Sie haben somit allen Anlaß, vorsichtig zu sein – und ich würde Sie bitten, da auch selbst auf sich aufzupassen. Wenn Sie merken, daß das Gespräch eine Richtung nimmt, die Ihnen nicht behagt, daß Sie dann sofort protestieren, ist das recht?»
Herr Müller: «Na ja, man kann ja erst mal abwarten, wie sich das hier alles entwickelt...»
KHelfer: «Ja, daß Sie einfach mal eine abwartende Position einnehmen und nach und nach überprüfen, wie weit Sie sich darauf einlassen wollen.»

Wohlgemerkt: Kein Wort davon, daß Herr Müller doch «Vertrauen haben sollte» oder ähnliches! Oder gar, daß er sich doch selber einmal fragen müßte, ob seine Haltung zu einer Verständigung beizutragen in der Lage sei. Im Gegenteil, der Klärungshelfer nimmt die Vorbehalte und den Widerstand seines Klienten sehr ernst, akzeptiert und bestätigt ihn darin, und das aus zwei Gründen:
1. Vielleicht hat der Klient völlig recht mit seinen Bedenken, und dann ist es nur gut, wenn er die Verantwortung für sich selbst übernimmt und auf sich aufpaßt;

2. Paradoxerweise wächst die Bereitschaft zur persönlichen Aussage in dem Maße, wie der Klärungshelfer den Widerstand dagegen akzeptiert.

Das Verbünden mit dem Widerstand kann gegebenenfalls so weit gehen, daß der Klärungshelfer anderen Gruppenteilnehmern widerspricht, wenn diese zum Beispiel sagen:

«Wir können hier nur vorankommen, wenn alle die Bereitschaft zur Offenheit haben! Da darf keiner mauern!»

KHelfer: «Nein, ich möchte nicht, daß irgendwer sich hier zu etwas gezwungen fühlt, was er nicht möchte! Jeder soll sein, wie es ihm entspricht und wie es ihm richtig erscheint!»

Mit Widerständen ist besonders dann zu rechnen, wenn die Klienten nicht freiwillig zu dem Termin kommen; sei es in einem Unternehmen, daß sie «von oben» dorthin befohlen wurden, sei es durch Auflagen eines Eheschutzgerichtes oder sei es bei einem Ehepaar, bei welchem der eine Partner durch Trennungsdrohung oder sonstwie «mitgeschleppt» worden ist. Auch hier sind «Engelszungen» fehl am Platze. Statt dessen gelten folgende Prinzipien:

– Die Hindernisse zum freien Gespräch sind ausdrücklich zu benennen;
– sie sind als gegeben zu akzeptieren und
– die Gefühle und Gedanken dazu sind einander mitzuteilen.

Das «einander» schließt gleichfalls den Klärungshelfer ein, soweit er davon betroffen ist. Er muß es ansprechen, es auf den Tisch legen. Dann gilt es, innerhalb dieser Grenzen den größtmöglichen Spielraum auszuloten und so eine beschränkte Freiwilligkeit zu ermöglichen.

5. Methoden und Interventionen zur Förderung der Selbstklärung

«Einfache» Fragen

Nehmen wir an, der Klärungshelfer habe einen stark verwirrten, im Selbstausdruck blockierten oder auch gänzlich schweigenden Klienten vor sich. Was kann er in einer solchen, in der Praxis relativ häufig vorkommenden Situation tun, um sein Gegenüber zu erreichen und zur Selbstklärung anzuregen? Eine «einfache» Methode ist das Fragenstellen. Eine direkt gestellte Frage kann den Klienten auffordern, sein Inneres etwas aufzudecken oder sich neue Gedanken zu machen, zum Beispiel über seine Gefühle, seine Bedürfnisse, seine Motive oder auch über seine Ansichten zum Leben und zu seiner Beziehung.

So einfach diese Methode erscheint, so schwierig ist sie auszuführen, denn die Kunst, richtig zu fragen, will erst entwickelt sein. Hierzu einige Regeln:

1. Verwenden Sie diese Methode *sparsam*! Andernfalls kann sich der Klient ausgefragt oder gar wie in einem Verhör fühlen.
2. Stellen Sie möglichst offene Fragen; das sind solche, die die Antwortkategorie nicht festlegen.

   Beispiel:

Ein Mann hat über seine Ehe berichtet, seine Frau schlägt die Augen nieder und schüttelt mit dem Kopf.

Gute Frage:

«Sie schütteln mit dem Kopf. Was geht in Ihnen vor, wenn Sie das so hören?»

Schlechte Frage:

«Sie schütteln mit dem Kopf. Heißt das, Sie sind nicht einverstanden mit den inhaltlichen Aussagen, die Ihr Mann getroffen hat – oder stören Sie sich an der Art, wie er das Ganze dargestellt hat?» (Klientin: «Wie bitte? Was meinen Sie? Können Sie die Frage bitte noch mal stellen?»)

3. Vermeiden Sie (in der Regel) Fragen, durch die Sie Ihre eigenen Vermutungen überprüfen!
   Beispiel:

«Als Sie damals aus dem Zimmer gegangen sind, wollten Sie damit erreichen, daß der Mann Schuldgefühle bekommt, oder haben Sie gedacht: ‹Ich mache das alles alleine besser...›?»

Derartige Fragen haben zumeist die Wirkung, daß der Klient anfängt, fürchterlich nachzudenken, in dem Bemühen, dem Klärungshelfer mit einer richtigen Antwort dienlich zu sein. Dadurch wird er herausgerissen aus dem Gefühlsstrom, in dem er sich aktuell befunden hat.

Weitere Beispiele für gute Fragen:

«Was geht in Ihnen jetzt vor?»
   «Was hat das für Hintergründe, wenn Sie so klar sagen: ‹Nein, das will ich nicht!›?»
   «Was möchten Sie jetzt? Sie sagen: ‹Das kommt gar nicht in Frage!› – Können Sie noch etwas mehr darüber sagen? Sie sagen, das würden Sie nie tun –, können Sie sagen, was Sie daran hindert?»
   «Wenn alles nur nach Ihnen ginge, was müßte dann heute geschehen bzw. besprochen werden?»
   «Sie sagen: ‹Das wäre ja wohl das letzte!› Was stört Sie am meisten daran?»

Für Bandler und Grinder ist das kunstgerechte Fragen der Königsweg, um die «Tilgungen» rückgängig zu machen, die in der Oberflächenstruktur einer Äußerung angerichtet sind. Sie verwenden viel Mühe darauf, daß der Therapeut eine Art «grammatisches Gefühl» entwickelt, um getilgte Aussagen zu erkennen und durch geeignetes Nachfragen zur Tiefenstruktur vorzudringen (siehe Bandler u. Grinder, 1981, S. 83 ff.).

Dies ist aber nur eine – sparsam zu verwendende – Möglichkeit. die nachfolgenden Methoden sind indirekter, aber mindestens ebenso aussichtsreich.

Aktives Zuhören

Dies ist die «klassische» Methode der Selbstklärungshilfe; bekannt aus der Klientenzentrierten Gesprächstherapie nach Carl Rogers: das einfühlende, aktive Zuhören. Es besteht darin, daß der Klärungshelfer das emotional Wichtige aus der Äußerung des Klienten herausfiltert und in seiner Sprache akzeptierend zurückspiegelt. In dem Maße, wie sich der Klient verstanden fühlt, ist er angeregt, sich weiter zu erforschen und ohne Angst hinter die eigenen Kulissen zu schauen. Da dieses einfühlende Zuhören auf der Beziehungsebene etwas Selbstbestätigendes hat (im Sinne von: es ist völlig in Ordnung, daß du so denkst und fühlst), muß der Klärungshelfer dringend darauf achten, daß er «dieselbe Menge» an Einfühlung und Anteilnahme auch dem (den) anderen Klienten zuteil werden läßt – und auf diese Weise seine Allparteilichkeit demonstriert. Das Anzeigeinstrument dafür ist der Klärungshelfer selber: Ob er wirklich jeden einzelnen verstanden hat und das auch jedem in der Zusammenfassung beweisen kann.

Die Fähigkeit, aktiv zuzuhören, ist das «A» und «O» eines Gesprächshelfers, sozusagen sein Fundament. Das heißt nicht, daß er es in schwierigen Gesprächen allzeit praktizieren sollte – im Gegenteil: man sollte es nicht strapazieren und für wichtige Augenblicke vorbehalten. Nur der Anfänger neigt dazu, immer wenn er nicht recht weiter weiß, das Aktive Zuhören als Verlegenheitslösung zu gebrauchen (und damit Zeit zu gewinnen). Obwohl man es zumeist unterlassen sollte, so muß man es doch gut können. Denn es liegt ihm eine wichtige Einstellung und Fähigkeit zugrunde:

«Ich will probieren, die Dinge mit deinen Augen zu sehen und mich in deine Welt hineinfinden, ganz egal, was ich davon halte, was ich darüber denke und fühle. In dem Maße, wie es mir gelingt, in deine phänomenale Welt einzukehren und deine inneren Reaktionen nachzuvollziehen, in dem Maße fühlst du dich verstanden und bekommst mehr und mehr Mut, auch jene Teile deiner inneren Welt anzuschauen, die du vielleicht bis jetzt für beschämend, lächerlich oder bedrohlich gehalten hast.»

Häufig benutzen wir das Aktive Zuhören nach längeren Ausführungen beider Parteien in Form einer Zusammenfassung.

Zusammenfassen

Durch das Zusammenfassen und das damit verbundene Ordnen kann der Klärungshelfer die Selbstklärung des Klienten zum Teil abkürzen.

Beispiel: Herr und Frau Horn

Nach der ersten Viertelstunde der ersten Sitzung sagt der Klärungshelfer: «Ich möchte einmal sagen, was ich bis jetzt von Ihnen und Ihrer Situation verstanden habe: Für Sie ist das Geschäft etwas ganz Wichtiges und Zentrales in Ihrem Leben, und Sie haben dieses Geschäft mit Ihrem Stiefsohn zusammen. In der fortschreitenden Wirtschaftsentwicklung, aber auch im ebenso fortschreitenden Lebensalter – Sie sind jetzt 67 Jahre alt – entsteht da eine leichte Überforderung, die Ihnen zu schaffen macht. Und in diesen Überforderungsmomenten greifen Sie dann zum Alkohol.

Dazu können Sie aber nicht stehen. Vor sich nicht, geschweige denn vor Ihrer Frau. So verstecken Sie dann die Flasche hinter den Aktenordnern und antworten Ihrer Frau ‹Nein, nein, ich habe nicht getrunken... nein, nein.› Und das bringt sie auf die Palme. Ich habe verstanden, daß Sie glauben, daß Sie der dreifache Grund sind, daß Ihre Frau auf die Palme kommt. Weil Sie erstens trinken, zweitens es nicht zugeben und verheimlichen und weil daraus drittens grundsätzlich ein Vertrauensbruch zwischen Ihnen entsteht. Ich vermute, daß Sie das Trinken selber vor sich nicht zugeben können. Ich bin mir aber nicht ganz sicher; im Moment sprechen Sie ja sehr offen darüber, so daß mir scheint, jetzt ist für Sie die Zeit da, um zu sagen, ‹Doch, so ist es, meine Situation ist so.›

Habe ich Sie da richtig verstanden?»

Neben der Selbstklärung, die durch eine solche Zusammenfassung geschieht, bewirkt sie eine *Verstärkung der therapeutischen*

Beziehung und bildet durch die Konzentration auf den roten Faden zudem ein Element der Moderation (s. Kap. III). Selbstklärung findet in solchen Zusammenfassungen vor allem statt, wenn der Klärungshelfer das innere Durcheinander des Klienten in eigener Regie aussortiert und ordnet.

Drastifizierendes Zuhören

Eine Unterart des Aktiven Zuhörens ist das Drastifizieren. Wenn ein Klient zum Beispiel sagt: «Es stört mich manchmal schon ein bißchen, wenn mein Partner trödelt», wäre eine Möglichkeit drastifizierenden Zuhörens:

«Wenn Ihr Partner also herumtrödelt und Sie warten läßt, kommen Sie allmählich innerlich in Weißglut. Sie fühlen sich dann nicht ernst genommen.»

Das Wort «Weißglut» ist aus dem «stört mich ein bißchen» entstanden und soll dem Klienten signalisieren:

«Nehmen Sie Ihre Aggressionen wahr und ernst, und spüren Sie ihnen ruhig nach. Sie sind wichtig im Zusammenleben. Wer sie abschwächt, legt sie nur auf eine lange Bank, um einmal von Ihnen mit Zins und Zinseszins eingeholt zu werden.»

Kontrasuggestion

Die Kontrasuggestion gehört ebenfalls zu den drastifizierenden Reaktionsweisen des Klärungshelfers, wobei hier eine paradoxe Absicht hinzukommt.

Konkreter ist damit ein Zuhören gemeint, das nicht nur verbalisiert, sondern eine *Wirkung* erzielen will. Diese wird nicht direkt im Befehlston geäußert; der Klärungshelfer unterstellt dem Klienten das Gegenteil dessen, wie er ihn beeinflussen möchte. Die Kontrasuggestion soll zum Widerspruch reizen, falls einer vorhanden ist.

Beispiel:

Wenn der Klärungshelfer im Gespräch ein seiner Ansicht nach wichtiges Thema entdeckt (zum Beispiel Alkoholproblem), von dem er Grund hat anzunehmen, daß einer der Beteiligten es nicht behandeln möchte – und sich das sogar bewahrheitet («Komm nicht schon wieder damit») –, kann er ihm kontrasuggestiv folgendermaßen zuhören:

«Sie möchten das Thema ‹Alkohol› also nicht nur nicht jetzt, sondern überhaupt nicht besprochen haben, weil es mit Ihrer Ehe gar keinen Zusammenhang hat, nie gehabt hat und nie haben wird. Sie trinken Alkohol, wenn überhaupt, dann nur mäßig und nicht übertrieben. Wie man eben trinkt, wenn man Durst hat. Das ist eigentlich gar kein Problem, weder für Sie noch für Ihre Frau.»

Das Ganze wird ohne ironischen Unterton oder hämisches Lächeln auf den Stockzähnen gesagt.

Auf die Ebene der konkreten Erfahrung wechseln

Dieses «Es stört mich manchmal schon ein bißchen, wenn . . .», worauf der Klärungshelfer zum Beispiel drastifizierend reagieren kann, kommt gar nicht so selten vor. Es gehört zu der Palette jener vagen und indirekten Aussagen, mit denen eine persönliche, eigenverantwortliche Stellungnahme vermieden werden kann, der Sprecher sozusagen keine «Angriffsfläche» bietet. «Gewisse Sachen», «manchmal schon», «es sind so Gefühle da» oder andere unkonkrete, allgemeine Aussagen stellen Aufforderungen an den Gesprächshelfer dar, auf die Ebene der konkreten Erfahrung überzuwechseln. Konkretisieren könnte zum Beispiel durch direktes Nachfragen des Klärungshelfers erfolgen: «Wissen Sie ein Beispiel?»; «Können Sie das mal konkreter sagen?» Ein Ebenenwechsel vom Allgemeinen zum Konkreten ist dadurch allerdings oft noch nicht gewährleistet. Meist folgt auf eine solche Aufforderung ein Widerstand, die Ebene zu wechseln oder so «trivial» werden zu müssen:

«Ja, es gibt viele Beispiele, ich weiß jetzt gerade nicht, welches ich nehmen soll. So was kommt täglich vor, und es sind meistens nur kleine Beispiele, die eigentlich nicht der Rede wert sind. Es kommt mir jetzt gerade keines in den Sinn.»

Eine oft effektivere Methode ist hier das «Ins-Blaue-hinein-Vermuten». Wenn eine Klientin zum Beispiel äußert, «Gewisse Verhaltensweisen können einem schon gegen den Strich gehen», könnte der Klärungshelfer konkretisierend reagieren, indem er folgende Behauptung aufstellt: «Es geht Ihnen also zum Beispiel gegen den Strich, wenn seine Socken auf dem Eßtisch liegen.» Höchstwahrscheinlich kommt darauf ein «Nein, nein, das tut er nicht, aber zum Beispiel wenn er...», und dann erklärt die Klientin eine andere konkrete Begebenheit, anhand der dann ihre Gefühlslage erkundet werden kann.

Im Gegensatz zum einfachen Nachfragen übernimmt also das «Ins-Blaue-Vermuten» den Sprung ins kalte Wasser der Alltagstrivialität und ist damit ein Abkürzungsverfahren.

Die Botschaft des Körpers ermitteln

Die direkteste Leitung zum Selbst des Klienten stellen seine Mimik und Gestik dar, sie entziehen sich meist seiner bewußten Kontrolle und sprechen mit. Ein Seufzer, ein Lachen, ein Mit-den-Fingern-Spielen, eine abrupte Änderung der Sitzhaltung verraten oft mehr, als das scheinbar eindeutige explizite Anliegen. Das Ansprechen nonverbaler Kommunikation soll dabei nicht im Sinne des enthüllenden «Ich weiß, was in dir vorgeht» oder «Jetzt habe ich dich ertappt» geschehen, sondern eher in der Art von «Laß uns zusammen herausfinden, wie das zur Klärung deiner inneren und äußeren Situation beiträgt». Dabei bleibt der Klient letztlich Fachmann seiner selbst.

Beispiele möglicher Fragen:

«Wenn Ihr Seufzer sprechen könnte, was würde er jetzt sagen?»
«Merken Sie, daß Sie lachen? Ist Ihnen zum Lachen zumute? Was macht Sie lachen?»
«In welchen Situationen spielen Sie jeweils mit Ihren Fingern?»
«Die Geste, die Sie jetzt mit Ihren Händen gemacht haben, wirkt

auf mich, als wollten Sie damit sagen: ‹Laß mich in Ruhe, bleib mir vom Hals.› Hat das etwas? Oder ist das völlig daneben?»

Während in therapeutischen Situationen das Aufgreifen von Körpersignalen üblich ist und einfach dazugehört, wird es in beruflichen Situationen als ein «Übergriff» empfunden. Der Klärungshelfer muß wissen, daß er ein Hoheitsgebiet der Intimität betritt, und er sollte dies nur mit einem «Erlaubnisschein» tun. In einer Eheberatung können die Partner anfangs ebenso sehr erschreckt reagieren, wenn auf ihre Körpersignale eingegangen wird.

Beispiel:

KHelfer: «Sie haben Ihre Hand eben ganz stark auf den Mund gepreßt…»

Klient: «Oh, Entschuldigung!» (nimmt sofort die Hand vom Mund).

Der Gesprächshelfer sollte in diesem Fall sogleich klarstellen, daß es ihm nicht darum geht, «schlechte Manieren» zu kritisieren, sondern daß er in solchen Gesten willkommene Boten der inneren Wahrheit sieht:

KHelfer: «Nein, nein, ich meine damit: es ist gut, daß Sie Ihre Hand da haben, denn vielleicht hat es für Sie etwas zu bedeuten, und dann wären wir einen Schritt weiter. Ich meine nicht, daß Sie das lassen sollten – im Gegenteil. Vielleicht können Sie noch einmal Ihre Hand vor den Mund legen und da einmal hinspüren, wie sich das anfühlt und was es ausdrücken könnte.»

Verbale Hinweise aufgreifen

Auch die verbale Kommunikation stellt eine reiche Fundgrube weiterführender Hinweise zur Selbstklärung dar. Es gibt zum Beispiel verschiedene, häufig gebrauchte kleine Worte, die das Selbst für Sekundenbruchteile enthüllen: «an sich, ja», «eigentlich, doch», «im Prinzip» usw.

Beispiele:

«Eigentlich haben wir es schön zusammen.»
 «Im Prinzip bin ich dafür.»
 «Das müßte er ja wissen.»
 «An sich meint sie es gut.»

Oft deuten diese kleinen Wörter an, daß direkt das Gegenteil des Gesagten subjektiv wahr ist, oder daß es doch mindestens noch eine zweite weniger attraktive, weniger linientreue oder weniger gern gesehene Seite gibt. Auf diese Ambivalenzen achtet der Selbstklärungshelfer besonders, da sich ihre Verleugnung sowohl selbst- als auch beziehungsschädigend auswirkt. Manchmal sind es handfeste verleugnete Gefühle, die in solchen Worten durchscheinen. Je nach Tonfall scheint beim Satz «Das müßte er ja wissen» ein enttäuschtes «... aber ich kann es ihm hundertmal sagen, und ich fühle mich nicht gehört» hindurch, oder ein aggressives «... aber du interessierst dich ja nur für dich».

«Ich will nicht gerade sagen, daß mich das aggressiv macht, aber lange geht das so nicht mehr weiter.» Diese Formulierung deutet an, daß sich die Selbstklärung entweder etwas genauer mit dem abgelehnten Inhalt beschäftigen könnte oder mit der Art der Ablehnung. Hier zum Beispiel:
– Wie steht der Sprecher zu seiner Aggression?
– Wie spürt er sie?
– Welche Mittel zu ihrer Äußerung hat er zur Verfügung?
– Welche Selbstzensur legt er sich auf?

Beispiel einer Selbstklärungsintervention:

«Was *könnte* Sie genau aggressiv machen?»

Andere kleine Hinweise zur Selbstklärung:

«Aber»: «Ich liebe ihn ja, *aber* er hat ganz andere Lebensprinzipien als ich» deutet auf eine Spaltung im sprechenden Individuum hin, die in der Selbstklärung weiterverfolgt werden kann und wenn möglich, integriert wird. Eventuell geht die Sprecherin dieses Satzes mit Unterschieden zwischen Menschen so um, daß sie diese nicht wertschätzend akzeptieren kann. Die Spaltung wäre dabei: Entweder ist jemand gleich oder doch ähnlich wie ich, und dann kann ich ihn lieben, *oder* er ist ganz anders, und dann ist er mir suspekt, verdächtig, gefährlich und nicht liebenswürdig.

«Das kommt von ihrer Erziehung her.»
Das ist ein Ausspruch, der relativ rasch und gern zur Klärung von scheinbar Unerklärlichem gebraucht wird. Was meint der Sprecher damit?
– Daß sich das nicht ändern läßt?
– Daß er selber seine Hände in Unschuld wäscht?
– Daß es sich nicht lohnt, diesen Punkt genauer anzuschauen?
– Daß er etwas vom lebensgeschichtlichen Hintergrund seines Partners verstanden hat?

Auch kleine *Versprecher* können als Direktleitungen zu den eigentlichen Ansichten, geheimen Hoffnungen und Befürchtungen des Klienten führen.
Herr Horn sagte auf den Vorschlag des Klärungshelfers, man könne doch mal so eine alte Begebenheit, die seine Frau immer noch belaste, hervorkommen lassen und genauer anschauen:
«Ich weiß nicht, welchen psychologischen Hinterhalt das hat.» (3. Sitzung.) Er wollte eigentlich sagen «psychologischen Hintergrund». Der innere Klartext ließe sich in direkter Rede etwa so ausdrücken:

«Ich weiß nicht, was Sie mit diesem Vorschlag bezwecken, aber er bedroht mich. Wenn ich hingegen wüßte, in welchem Gesamtzusammenhang das steht und was Ihre fachlichen Überlegungen sind, könnte ich mich eventuell darauf einlassen.»

Was ebenfalls zu Selbstklärung herausfordert, sind Du-Botschaften, Vorwürfe, Analysen und Interpretationen, also all jene Verhaltensweisen, bei denen sehr stark der Scheinwerfer nach außen gerichtet ist und so zur Selbstklärung die «Taschenlampe nach innen» noch fehlt. Es kommt des häufigeren vor, daß sich Klienten im Laufe einer Sitzung in einem gegenseitigen Schlagabtausch beschimpfen. Beispiel:

Frau K.: «Du achtest überhaupt nicht mehr auf mich! Du bestimmst in meiner Abwesenheit einfach selbstherrlich über meine Angelegenheiten!»

Herr K.: «Aha, ich achte also nicht auf dich! Und was tust du? Du kommst und gehst, wann du willst, und forderst und forderst immer nur!»

Was kann der Klärungshelfer tun, um aus solchen zumeist beziehungsschädigenden Du-Botschaften eine kommunikationsförderliche Selbstaussage zu machen? Eine Möglichkeit wäre, die Selbstoffenbarung, die sich aus all diesen Du-Botschaften herausschälen läßt, zur Selbstklärung zu nutzen. Je nach Gesamtsituation und begleitenden nonverbalen Signalen können solche Äußerungen über den anderen in folgende Ich-Botschaften übersetzt werden:

«Ich fühle mich nicht genügend beachtet.»
«Ich weiß nicht, wie ich mich dir gegenüber behaupten kann.»
«Ich brauche mehr Verständnis von dir. Vielleicht hast du das ja, aber ich merke es nicht.»
«Ich kann mich nicht gut schützen vor dir. Wahrscheinlich bedeuten mir Sachen mehr als dir.»
«Ich habe Angst vor dir, besonders, wenn du dann zu radikalen Lösungen neigst und keine Geduld mehr hast.»

Schlüsselsätze als Ausgangspunkt der Selbstklärung

Gelingt es dem Klienten im Laufe einer Sitzung, selber zu solch treffenden Ich-Aussagen zu gelangen, so können diese Selbstoffenbarungen zu Schlüsselsätzen der Selbstklärung werden. Schlüsselsätze sind Aussagen, die jemand über sich und seine innere momentane oder grundsätzliche Wahrheit macht. Dem Zuhörer geben sie ein Aha-Erlebnis und schließen damit bisher unerklärliche Erlebens- und Verhaltensweisen auf. Sie sind oft sehr einfach aufgebaut.

Beispiele:

«Ich muß immer wissen, was auf mich zukommt.»
«Wenn man mich löchert und in mich eindrängt, dann werde ich ungemütlich.»

«Ich kann einfach nicht ab, wenn immer wieder diese alten Geschichten aufgewärmt werden.»

«Ich möchte es doch immer nur allen recht machen!»

Solche Schlüsselsätze bilden zum einen das diagnostische Rohmaterial, aus dem der Klärungshelfer sich ein Bild von der Persönlichkeit seiner Klienten zusammensetzt (siehe Kapitel Persönlichkeitsklärung). Zum anderen können sie auch als Ausgangspunkt für eine vertiefte Selbstklärung genommen werden. Die Selbstklärungshilfe vollzieht sich in zwei Schritten:

1. Akzeptierendes Aufnehmen der Selbstaussage und
2. Aufforderung zur vertiefenden Erkundung.

Greifen wir zur Verdeutlichung noch einmal unser drittes Beispiel auf. Da kam es zu folgendem Schlüsselsatz:

Klient: «Ich kann es einfach nicht ab, wenn immer wieder die alten Geschichten aufgewärmt werden.»

KHelfer: «Wenn Ihre Frau Dinge, die für Sie eigentlich längst abgeschlossen sind, wieder und wieder hervorholt, dann sträubt sich alles in Ihnen?» (Punkt 1: Akzeptierendes Aufnehmen)

Klient: «Genau!»

KHelfer: «Was genau passiert dann bei Ihnen? – Können Sie ein Beispiel sagen?» (Punkt 2: Aufforderung zu vertiefender Selbsterforschung)

Klient: «Ja, das ist immer an der Stelle, wo meine Frau die Geschichte mit unserem alten Wagen herauskramt, da verschließt sich in mir alles. Das kenne ich dann von mir gut, daß ich mich einfach unerreichbar mache und innerlich längst woanders bin. – Als wir nämlich das erste Mal darüber sprachen, haben wir *gemeinsam* beschlossen, den Wagen zu verkaufen. Dann aber ist alles anders gekommen...»

Dialog der Ambivalenzen

Eine besonders häufige Ursache des inneren Durcheinanders sind die «Zwei Seelen, ach, in meiner Brust», die so miteinander verflochten im Clinch liegen, daß sie unsortiert nach außen kommen:

Abgebrochene Sätze, logische und psychologische Widersprüche, Entscheidungsunfähigkeit, Konfusionen.

Beispiel:

Ein Abteilungsleiter wurde von einem seiner Mitarbeiter gebeten, ihm eine Genehmigung zum Betreten der Büroräume am Wochenende zu geben. Ungestört von Telefonaten und sonstigen kollegialen Kontakten könne er dann in Ruhe etwas wegschaffen. Der Abteilungsleiter hatte vage und unwirsch reagiert.

KHelfer (zum Abteilungsleiter): «Was geht in Ihnen vor, wenn diese Bitte an Sie herangetragen wird?»

Abteilungsleiter: (stößt einen knurrigen Laut aus).

KHelfer: «Ja, was bedeutet dieses... (macht den Ton nach)?»

Abteilungsleiter: «Also, man will ihn ja nicht demotivieren, und das ist ja auch gut und schön und richtig, wenn er sich da was überlegt und selber auf eine Lösung kommt, nicht? Aber ich meine, nun am Wochenende –, wenn nun alle so am Wochenende kommen würden... Ich meine, das ist auch nicht das erste Mal, daß er mit solchen Extrawürsten kommt, da muß man sich also auch fragen, ob da in der Familie alles in Ordnung ist, nicht? – Ich weiß wirklich nicht, was ich dazu sagen soll!»

KHelfer: «Es scheint mir, da sind zwei Seelen in Ihrer Brust: Die eine sagt: keine Extrawürste –, die andere Seele sagt: es ist ja gut, wenn Mitarbeiter sich eigene Lösungen überlegen, die ihnen zu entsprechen scheinen; dies sollte ich als Vorgesetzter doch unterstützen!»

Abteilungsleiter: «Ja, so ungefähr: Sei nicht so stur!»

KHelfer: «Sagen Sie zu sich selbst, mit dieser Seele?»

Abteilungsleiter: «Ja, genau, man soll ja auch nicht so ein Prinzipienreiter sein!»

KHelfer: «Gut, ich möchte Ihnen einen Vorschlag machen: Hier sind zwei Stühle, je ein Stuhl für die beiden Seelen. Der eine Stuhl heißt: Keine Extrawurst! Der andere Stuhl heißt: Sei nicht so ein sturer Prinzipienreiter! Ich möchte vorschlagen, daß Sie diese beiden Seiten mal in einen Dialog treten lassen.»

In dem nun folgenden Dialog geraten die beiden Seelen, unterstützt jeweils vom Klärungshelfer als Alter ego, richtiggehend aneinander. So sagt die eine: «Du hast ja nur Angst, eine Ablehnung auszusprechen!» Die andere zur einen: «Du bist doch wirklich ein sturer Bock! Nur, weil wir das nie so gemacht haben, geht dir der

Vorschlag gegen den Strich! Was hast du eigentlich wirklich dagegen?» ...

Mit Hilfe eines solchen inneren Dialoges gelingt es dem Klienten meist, die verschiedenen Seelen zu integrieren und seine Entscheidung zu treffen – und das heißt dann auch:

– nach außen hin klar und eindeutig zu reagieren.

Der Klärungshelfer hebt zum Schluß das Geschehen auf eine allgemeine theoretische Ebene:

«Dies ist eine psychologische Gesetzmäßigkeit: Wenn jemand in uns ein solches inneres Durcheinander auslöst, dann sind wir auf ihn nicht besonders gut zu sprechen, ja, wir neigen dazu, ihn sogar zu pathologisieren: So waren Sie am Anfang schon bei der Frage, ob bei dem Mann überhaupt alles in Ordnung ist, ob nicht in der Familie etwas gestört sei!»

Abteilungsleiter: «Ja, und mir ist vor allem auch klargeworden, daß dieser Mann mich immer wieder in solche Verlegenheit bringt – der hat öfter solche Vorschläge, wo ich erst mal sprachlos bin!»

Symptome als Ausgangspunkt der Selbstklärung

Wenn Klienten Kopfweh, Brustschmerzen oder sonstige Beschwerden äußern bzw. direkte Körpersymptome wie zum Beispiel Händezittern zu beobachten sind, so kann dies als Ausgangspunkt der Selbstklärung dienen. Einer solchen Erfahrung kann dabei folgendes Prinzip zugrunde liegen:

Wenn ein Mensch nicht hat, was er braucht, und nicht in der Lage ist, es sich zu verschaffen – weil ihm entweder die bewußte Wahrnehmung eines Grundbedürfnisses nicht möglich ist oder er die Mittel zu dessen Befriedigung nicht zur Verfügung hat –, verschafft sich der Körper durch das Symptom direkt das, was er braucht oder einen Ersatz dafür. Im ungünstigen Fall kommt es dabei zu einer psychosomatischen Erkrankung oder zur Suchtbildung. Die natürlichen Grenzen und Bedürfnisse werden mit Alkohol, Nikotin, Tabletten, Drogen, Arbeitswut, TV usw. übersprungen und die Grundbedürfnisse scheinbefriedigt.

In der Selbstklärung gilt es, diese in den Symptomen «eingefrorenen» Botschaften wieder zum Fließen zu bringen, den darin enthaltenen Kommunikationsgehalt aufzuspüren, das heißt zum Beispiel von den Kopfschmerzen zurück zum:

«Ich habe Angst.»
  «Ich fühle mich hilflos.»
  «Ich fühle mich abhängig.»
  «Ich brauche Harmonie.»
  «Ich bin in Ordnung.» Usw.

Diese vertiefte Selbstklärung gilt allerdings nur für therapeutische und beraterische Kontexte. In solchen Zusammenhängen ist es legitim und entspricht auch unserem Auftrag, alle mit den körperlichen Symptomen oder der Sucht zusammenhängenden Ereignisse, Tatsachen, Gefühle, Einstellungen immer wieder aus neuer Sicht anzusprechen, zu erfragen, zu «sammeln» und dabei besonders hellhörig auf unbefriedigte Grundbedürfnisse zu achten:

«In welcher Situation ist Ihre ‹Faust im Bauch›, wie Sie sie nennen, zum ersten Mal aufgetaucht? – Sagen Sie es mir bitte sofort, wenn Sie hier in der Sitzung Ihr Symptom spüren. – Was denken Sie selber darüber, was Ihnen hiermit der Körper sagen will?»
  «Wie ist das für Sie, wenn Sie nicht Alkohol trinken können? Was spüren Sie nach einem Bier? Wie fühlen Sie sich nach den fünf Bieren? Schildern Sie mir bitte genau, was äußerlich und innerlich alles vor sich geht.»
  «Wann spüren Sie Ihre Brustschmerzen? Wann mehr, wann weniger?»

Im Prinzip geht es darum,
– das Symptom oder die Sucht in ihren Erscheinungen genau kennenzulernen,
– Zusammenhänge zu anderen äußeren oder inneren Ereignissen herzustellen und
– die Theorie des Klienten über sein Symptom kennenzulernen (was er selber darüber denkt).

Bildersprache, Analogien und Metaphern

Um das allgemeine Ziel der Selbstklärung, die «innere Landschaft» des Klienten zu entdecken und zu erkunden – aus der heraus dieser handelt, wie er es eben tut –, muß sich der Klärungshelfer auf verschiedene Wege und Schleichwege begeben. Besonders ergiebig ist es für ihn dabei, sich in die Bilder, Beispiele und Analogien, die der Klient selber bringt, hineinzubegeben und selber darin zu denken und weiterzugehen. Wenn ein Klient zum Beispiel häufiger Begriffe aus dem militärischen Bereich für die Beschreibung von Interaktionen benutzt, wie beispielsweise

«torpedieren»,

«ich fühle mich angeschossen» und

«Hinterhalt»

kann der Klärungshelfer wie folgt reagieren:

«Sie benutzen viele kriegerische Ausdrücke. – Fühlen Sie sich fast so wie im Krieg, wenn Sie an Ihre Ehe (Team, Arbeitsgruppe, Abteilung) denken?»

Oder wenn ein anderer Klient über seine Bauchschmerzen als «Faust im Bauch» redet, dann kann man mit dem Klienten zusammen erkunden, was die Faust bedeutet: Trotz? Ohnmacht? Wut? Gegen wen? – Der Klärungshelfer könnte zum Beispiel auffordern: «Machen Sie mal eine Faust. Wie fühlt sich das an? – Gegen wen könnte und sollte sie sich richten? Wer fällt Ihnen da ein?»

Dieses Symptom der «Faust im Bauch» wurde von einem Klienten als Abfallprodukt des inneren Umwandlungsprozesses von «Essig zu Zucker» beschrieben – ein treffendes und drastisches Bild zur Aggressionshemmung und Ausdruck seiner Unfähigkeit, Konflikte anzugehen. Tatsächlich wurde daraus ein ständiges süßsaures Lächeln.

Weitere analoge Selbstausdrucksmittel sind Zeichnungen und materielle Darstellungen von Gefühlszuständen.

Zeichnungen:
Frau Leidenberg zum Beispiel fand nach mehreren Sitzungen vom Schweigen und Tränen-hinunter-Schlucken zu ihrem Selbstausdruck in Form von Zeichnungen.

In einem zweiten Schritt geht es dann darum, das Bildliche sprachlich zu untermauern:

Die unbewußten Inhalte werden auf die bewußte Ebene geholt und einer verbalen Kommunikation zugänglich gemacht.

Abb. 3: Das Bild von Frau Leidenberg

Hier etwa im folgenden Sinne (3. Sitzung):

Frau: «Die beiden Blumen sind mein Mann und ich. Stellt man sie einzeln in eine Vase, so blühen sie herrlich auf. Zusammen hingegen in einer Vase geht es nicht. Sie werden schlaff und verwelken. So ist das bei uns beiden. Man darf uns nicht zusammen in eine Vase tun. Wenn wir uns trennen würden, könnte ich wieder aufblühen – und mein Mann sicher auch. Wir lähmen uns einfach gegenseitig oder verderben uns das Blumenwasser.»

Eine weitere Methode des Klärungshelfers, um Gefühle und seelische Zustände in bildhafte und greifbare Analogien zu übersetzen, ist die Materialisation von Gefühlszuständen. Dabei werden die verschiedensten Materialien benutzt, die entweder sowieso im Sitzungszimmer herumliegen oder eigens für diesen Zweck vorrätig gehalten werden: Schnüre, Knoten, Tücher, Pflanzen, Tisch und Stuhl, Bücher, Tonbandkassetten, Miniaturfiguren, Plüschtiere, Steine usw.

Die Aufforderung des Klärungshelfers zur Selbstklärung lautet:

«Schauen Sie sich einmal um. Gibt es irgend etwas im Raum, das Ihr unbeschreibliches Gefühl repräsentieren kann? Einen Gegenstand, anhand dessen Sie mir erklären, wie dieses spezielle Gefühl ist. Einen Gegenstand, der irgend etwas damit zu tun hat. Schauen Sie sich gut um, und lassen Sie sich Zeit.»

Eine bildliche Darstellung kann dem Klärungshelfer ebenfalls dienen, eigene therapeutische Aussagen sichtbar oder begreifbar zu machen. Frau Heisenthaler will zum Beispiel in der 2. Therapiestunde immer wieder wissen, warum ihr Mann trinkt, anschließend Geld verspielt und Vorsätze macht, die er dann nicht einhält. Da die Frau die bisherigen Erklärungen ihres Mannes oder des Klärungshelfers nicht befriedigend verstehen konnte, bedient sich der Klärungshelfer des Bildes vom *«Ober-Mann»* und *«Unter-Mann»*. Die dahinterliegende Theorie entspringt Fritz Perls' *«Top-dog»* und *«Under-dog»*. Als Bildmaterial benutzt der Klärungshelfer zwei Tonbandkassetten, die neben ihm liegen. Eine legt er hin, und die andere stellt er senkrecht darauf.

KHelfer: «Sie kommen mir vor wie das da (spricht zum Mann und zeigt auf die beiden Kassetten). Sie bestehen aus zwei Teilen. Ein Teil in Ihnen ist aufrecht, willig, voll guter Vorsätze, ist ein guter Geschäftsmann, vorsorgender, fürsorgender, gutwilliger Partner. Dieser sagt immer wieder: ‹Ich will nicht mehr trinken, das muß aufhören.› Er ist logisch und einsichtig und kann vernünftig und aufrichtig handeln.

Dann ist ein zweiter Teil in Ihnen: der Untere. Man sieht ihn ganz schlecht, obwohl er mindestens gleich groß ist. Man sieht ihn auch hier in der Sitzung weniger gut. Und man könnte denken, der spielt keine Rolle. Der andere ist aufrecht und sichtbar, aber der untere spielt kaum eine Rolle, könnte man denken. Dieser trinkt und spielt. Er ‹verrutscht› immer wieder. Tatsache ist aber, daß der Untere bestimmt, wohin sich das Ganze bewegt (Der Klärungshelfer bewegt das ‹Gefährt› nach allen Seiten.). Er ist der Entscheidende. Von ihm hängt alles ab. Letztlich gewinnt er immer. Und wenn er erst mal aufsteht – er muß sich nur ein bißchen bewegen – so kippt schon der aufrechte Obere um, mit seinen ganzen Vorsätzen, mit seiner Einsichtigkeit. Es kommt also auf den Unteren an. Ihn müssen wir hier in der Sitzung erreichen können. Was ich nun nicht will hier in der Sitzung, ist mit dem Oberen zu reden. Ich zweifle keinen Moment, daß Sie jetzt, wo Sie hier sind, gute Vorsätze haben, nur das Beste wollen und nicht mehr trinken möchten. Aber das nützt nichts. Wir müssen uns mehr mit dem Unteren befassen.»

Frau (lacht belustigt): «Da müssen Sie aber mit in die Spielkasinos gehen.»

Dieser Ausspruch zeigt dem Klärungshelfer, daß die Frau das Bild akzeptiert hat, da ihr Vorschlag bereits aufgrund des Hineindenkens in das Bild zustande gekommen ist. Während der ganzen Zeit des Erklärens dieser inneren Funktionsweise hört der Mann aufmerksam zu und unterbricht die bildliche Darstellung nicht, obwohl er sonst nicht zögert, dem Klärungshelfer ins Wort zu fallen und ihn zu korrigieren.

Adressatenzentriert ist ein Bild, wenn es speziell für einen bestimmten Zuhörer kreiert wird. Ein Schreiner zum Beispiel wird durch ein Bild aus der Holzbearbeitung angesprochen, eine Hausfrau durch eines aus dem Haushaltsalltag.

Im Projekt gab es zum Beispiel einen Import-Export-Kaufmann, dessen Welt, wie er selbst schilderte, zu einem großen Teil aus Aktenstößen und Aktenordnern bestand. Die Papierstöße für die gegenwärtigen Geschäfte, die Ordner im Archiv für die vergangenen. So lag es auf der Hand, die Wirkungsweise von «unerledigten Geschäften» (im Sinne der Gestalttherapie) mit Rechnungen zu vergleichen, die zwar im Archiv der abgelegten Akten schlummern – also vergangen sind –, aber noch nicht ganz beglichen sind. Darin steckt bereits der Appell, daß er sie eben wieder hervornehmen muß, um vor weiteren Mahnungen verschont zu bleiben. In der gleichen Sitzung wurde der Frau der Zusammenhang zwischen Selbstwert und Kommunikation mit dem Bild eines Topfes erklärt. Den Anlaß und die Grundinformationen dazu gab sie selber. In der dritten Sitzung sagte die Frau plötzlich ohne sichtlichen Zusammenhang erstaunt:

Frau: «Ich muß sagen, seitdem wir hierher gekommen sind – das sind schon fast 4 Wochen –, haben wir komischerweise alle beide diese negativen Probleme nicht auf dem Tisch gehabt. Wie das möglich ist...»

KHelfer (unterbricht): «Schon komisch...»

Frau: «...wie das möglich ist, wie das geklappt hat, das weiß ich selbst nicht. Ich habe so eine innere Ruhe. Ich bin zufrieden, ich kann mich mehr, ohne daß ich so furchtbar viel kämpfen muß mit mir, im Griff haben. Ich bin so nicht von Haus aus. Ich hab ja Zeiten gehabt, da ist er an mir vorbeigegangen und da konnte ich ihn nicht riechen. ‹Stinkt schon wieder› – ‹Oh, und dieser Geruch› – er raucht ja auch stark, und wenn noch Alkohol dabei ist – und da ging er an mir vorbei, da wird mir übel. Ich hab's nicht immer gesagt: ‹Ach, du stinkst!›, ich hab nur so gemacht (verzerrt das Gesicht), das genügt ja schon. Der Körper spricht ja, nee?

Und meine Mimik, die hat den Streit ausgelöst, indem ich sag: ‹Du stinkst schon.› Ich meine, er riecht jetzt nicht so stark nach Alkohol – abends trinkt er sein Bier, und dann trinkt er mal 'nen Cognac. Das ist ja normal, das toleriert man auch. Ich hab gestern auch zwei mitgetrunken. Das Rauchen ist ja auch stark, dieser Mief ist ja trotzdem da, aber ich hab mich im Moment, Gott sei Dank, so im Griff, daß ich das so nicht in mich aufnehmen will – als wenn ich darüber hinweg rieche. Ich weiß nicht (lacht), die Nase kann man ja nicht zumachen. Aber von innen heraus hab ich das nicht so, daß ich schon von vornherein sage: ‹O Gott, das stinkt, das ekelt mich.› Ich weiß nicht, was es ist. Und das hab ich eigentlich erst, seit ich hier gewesen bin, hergekommen bin.»

KHelfer: «Sie wissen's nicht? Ich weiß es. Sie sind wie ein Gefäß, ein Topf, und die Nase ist zuunterst.»

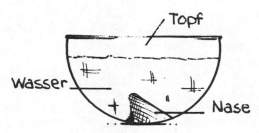

Abb. 4: Die «Nase im Topf»

Mann: «Wo ist die Nase?»

KHelfer: «Die Nase ist zuunterst. Und wenn Wasser drin ist – und Wasser ist in Ihrem Fall: Beachtetwerden, Gehörtwerden, einen Antwortpartner haben, sich auseinandersetzen über etwas –, dann füllt sich das Wasser im Topf. Je mehr Wasser da ist, desto weniger riechen Sie. (Frau: Hm [bestätigend]). Dann können Sie mehr darüber hinwegschauen, darüber hinwegriechen. Aber wenn das dann so versickert – das versickert so mit der Zeit, wenn da nicht neues Wasser reinkommt –, dann ist der Topf leer (Frau: Hmm, hmm [bestätigend]). Dann haben Sie überempfindliche Augen, Nase und Brust-

schmerzen (Frau: Hm, hm). Was wir hier machen, ist kräftig nach-
schütten. Sie müssen sich hier beide zusammen auseinandersetzen. Sie müssen nicht nur, sondern es fällt Ihnen hier auch leichter.»

Frau: «Hm, mm.»

Mann: «Hm, mm.»

KHelfer: «Und so trete ich zum Beispiel hinter Sie oder hinter Sie,
und Sie (zur Frau) fühlen sich verstanden von mir und von ihm, und
das alles bewirkt, daß dieser Topf sich füllt. Sie sind innerlich weniger leer, verhungert – einsam, kann man eigentlich sagen. Und das
tut gut. Das tut jedem Menschen gut.»

Mann: «Und wo kriegen wir in Zukunft das Wasser her?»

Frau (unterbricht): «Und ich hab auch nicht mehr geweint die
ganze Zeit.»

KHelfer: «Wo kriegen Sie das Wasser her? Das finde ich eine gute
Frage. Wichtig, wichtig. Der Hauptwasserspender sind Sie (zum
Mann), wenn Sie Ihrer Frau zuhören können, wenn Sie diese Gespräche haben, auch mit dem Humor, mit Ihrem Witz. Damit schütten Sie das Wasser nach.»

V Kommunikationsklärung

1. Einleitung

Bei der Selbstklärung hatten wir es mit dem *einzelnen* Menschen zu tun, der darum ringt, sein Inneres zur Sprache zu bringen und dabei zuweilen einer geduldigen, kundigen und einfühlsamen Hebamme bedarf, um sich über sich selbst klarzuwerden. In dem folgenden Kapitel geht es um die Förderung des Kontaktes und Dialoges zwischen (mindestens) zwei Menschen. Der Klärungshelfer wird zum *Anwalt des Zwischenmenschlichen.* Er hat dafür zu sorgen, daß der Kontaktfaden, sofern er gerissen ist, erst einmal wieder gespannt wird und nicht erneut reißt, und daß über diese Verbindung schwierige Inhalte besprochen werden können. Es geht weiterhin darum, den Klienten über den Tag hinaus Gesprächsweisen zu vermitteln, die ihnen helfen, den Kontaktfaden immer wieder selbst neu zu knüpfen und zu verstärken.

Dieses Aufgabenspektrum erfordert, in diesem Quadranten mehrere Funktionen des Klärungshelfers zu unterscheiden.

Der Kontakt zwischen den Klienten ist mehr oder minder gestört, die Kontaktbrücke trägt nicht mehr soviel, schon gar nicht «schwerere Brocken». Um die Brücke wieder tragfähig zu machen, muß eine Notbrücke über den Klärungshelfer errichtet werden:

In der Anfangsphase spricht jeweils ein Klient zum Klärungshelfer, fühlt sich akzeptiert und verstanden – der andere hört mit und ist von daher gleichzeitig Empfänger der Nachricht. Es wird eine funktionierende Ersatzleitung benutzt, an die der Empfänger, zu welchem die Direktleitung unterbrochen ist, angeschlossen wird. In dieser vorübergehenden Umwegschaltung liegt ein einfaches Mittel der Verständigungshilfe. Der Klärungshelfer bietet das, was der Sprechende jetzt dringend braucht, der Kontrahent aber selbst nicht aufzubringen in der Lage ist:

die Fähigkeit, die *Position des anderen mit liebevoller Gründlichkeit zu studieren* – wie befremdend, abstrus, aggressiv oder ungerecht sie auch klingen mag. Der so ermöglichte Kommunika-

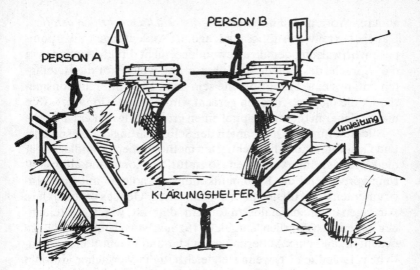

Abb. 5: Die Umwegschaltung über den Klärungshelfer

tionsfunke springt in der Regel auf die Klienten über, und die direkte Brücke zwischen ihnen wird mit der Zeit wieder tragfähig.

Der Kommunikationshelfer muß darauf achten, daß er zu jedem der Klienten gleichermaßen eine solche Leitung herstellt; seine «Neutralität» besteht dabei in wechselnder Parteilichkeit, in Allparteilichkeit. Die Allparteilichkeit steht im Gegensatz zu der neutralen Schiedsrichterrolle, die den Klienten jene emotionale Unterstützung verweigern würde, derer sie besonders bei schwierigen und schmerzlichen Inhalten dringend bedürfen.
Kommunikationshilfe bedeutet weiterhin, klare Aussagen im dialogischen Hin und Her zu fördern. Dabei ist die klassische Rolle des Kommunkationshelfers in diesem Quadranten die eines Dolmetschers. Es geht darum, eine Sprache zu finden, die einerseits dem Gemeinten entspricht, andererseits aber ebenso geeignet ist, sie beim Empfänger in den «richtigen Hals» gelangen zu lassen. Das Ziel dabei ist immer das gleiche: daß die Partner oder Kontrahenten einander besser verstehen, als dies auf der «Sprechblasenebene» möglich ist. Der Gesprächshelfer sorgt dafür, daß hinter dem Gesagten das Gemeinte entdeckt werden kann, mit

99

anderen Worten: *daß sie einander ernst und nicht wörtlich nehmen.* Dabei ist es teilweise nötig, allzu zaghafte Andeutungen, allzu pompöse Wortwalzen oder allzu gewundene, nicht direkte Aussagen in die «Sprache des Herzens» zu übersetzen, welche für die Beteiligten anfangs eine Fremdsprache sein mag. Eine Interventionsmethode, die diesem Anliegen gerecht wird, ist das *«Doppeln».* (Sie nimmt daher in diesem Kapitel einen größeren Raum ein.)

Bildeten für den Quadranten der Selbstklärung die Gesprächs- und Gestalttherapie die wichtigsten methodischen Grundlagen für die klärenden Interventionen, so ist für die Kommunikationsklärung vorwiegend die Kommunikationspsychologie mit ihren Instrumenten und Hilfstechniken maßgeblich. Geht es darum, klare Aussagen in einem Dialog zu fördern, dann ist, wie in «Miteinander reden» ausführlich dargelegt (Schulz von Thun, 1981), zu beachten, daß eine Äußerung dann klar und in emotionaler Hinsicht verständlich ist, wenn sie gleichzeitig in vierfacher Hinsicht deutlich ist: hinsichtlich des Sachinhaltes, der Selbstoffenbarung, der Beziehungsaussage und des Appells:

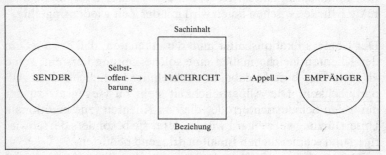

Die vier Seiten der Nachricht – ein psychologisches Modell der zwischenmenschlichen Kommunikation (Schulz von Thun, 1981)

Der Gesprächshelfer versteht sich somit als «Hebamme klarer Quadrate», indem er ein Gefühl für die unklare Quadratur einer Mitteilung entwickelt und nicht nur das Gesagte hört, sondern auch das Ungesagte vermißt. Dieses Vier-Seiten-Modell bildet den theoretischen Hintergrund für eine Vielzahl von Interventionen. Wir kommen unter dem Stichwort *«Quadrieren»* darauf zurück.

Neben den drei Funktionen, seinen Klienten eine Notbrücke zu schaffen, ihnen allparteilicher Anwalt und Übersetzer zu sein, übernimmt der Klärungshelfer viertens die Rolle eines Kommunikationstrainers. Das Anliegen der Kommunikationshilfe ist immer ein doppeltes:

1. mit dem anstehenden Problem ein Stück weiterzukommen und
2. im Hinblick auf Kontakt- und Dialogfähigkeit überhaupt weiterzukommen.

Mit Blick auf das Zweitgenannte ermittelt der Klärungshelfer die speziellen, wiederkehrenden Kommunikationsbehinderungen der einzelnen Kontrahenten und leitet sie dazu an, sofern ihm dazu der Auftrag erteilt worden ist, sich in ihren kommunikativen Fähigkeiten zu erweitern und zu entwickeln.

Viele Klienten müssen erst einmal erfahren, worin ihr typischer Kommunikationsstil besteht: Bin ich zum Beispiel jemand, der auf harte Vorwürfe des Partners betroffen schweigt und den Kontakt abbricht, oder aber bleibe ich keine Antwort schuldig und schlage sofort zurück, bis der andere, vom lautstarken Schwall meiner Empörungsrede betäubt, schließlich verstummt? Neige ich dazu, auf eine kurz gestellte präzise Frage weit auszuholen und kleine Referate zu halten, bis ich schließlich das eigentliche Anliegen meines Gegenübers aus dem Auge verliere? – Spreche ich viel mit den Augen, und sagen meine Blicke mehr als meine Worte, oder verhält es sich gerade umgekehrt, daß mir Gesten und Gesichtsausdruck meines Partners völlig entgehen, während ich jedes ausgesprochene Wort auf die Goldwaage lege?

Je nach individuellem Kommunikationsstil (vgl. Schulz von Thun, 1988) können kleine Übungen so ausgewählt werden, daß sie dem üblichen Muster des Betreffenden entgegenstehen und sein Repertoire erweitern. Zum Beispiel bekommt jemand, der zwar gut zuhören, aber seine Wünsche nicht rechtzeitig äußern kann, die Aufgabe, möglichst viele in ihm aufsteigende Wünsche – auch die unrealistischen und unerfüllbaren – zu äußern, ohne dabei an sich und den Partner den Anspruch zu stellen, daß dies vorerst irgendeine Wirkung erzielen sollte. Oder ein Ehemann, der nur friedlich und höflich («fried-höflich») reagieren konnte, dabei aber seinen Ärger wie eine «Faust im Magen» spürte, bekam die Aufgabe, seiner Frau fünf Sätze zu sagen, die jeweils begannen: «Ich nehme dir übel, daß...»

Es folgen einzelne Interventionen, welche der Klärungshelfer einsetzen kann, um die Klienten wieder in Kontakt miteinander zu bringen und die gefundenen Kommunikationsstörungen zu beheben. Jeder Intervention liegt dabei eine implizite Kommunikationsdiagnose zugrunde, durch welche ein kommunikativer Ist-Zustand mit einem Soll-Zustand verglichen wird. Das heißt: Jede Intervention folgt einem komplexen Schlüsselreiz, daß etwas nicht so läuft, wie es laufen könnte oder sollte. Anhand realer Beispiele soll dies im folgenden Interventionskapitel verdeutlicht werden.

2. Interventionsmethoden

Wie kann der Gesprächshelfer seine vier Hauptfunktionen (Notbrücke, allparteilicher Anwalt, Dolmetscher und Kommunikationstrainer) im Rahmen einer Kommunikationsklärung wahrnehmen?

Das hier folgende, eklektisch zusammengesetzte Methodenrepertoire unseres Klärungshelfers stellt die wesentlichen, mehr oder weniger direkten Einstiegsmöglichkeiten in die genannten Hauptaufgaben dar.

Zur Aussage auffordern

Am Anfang einer ersten Sitzung mit einem Paar, von dem der Klärungshelfer noch nichts weiß, erklärt die Frau, ihr Partner und sie bräuchten jetzt beide Hilfe, sie hätten jedoch zuwenig Geld für private Beratung. Unser Beratungsangebot, bei dem die Erstsitzung kostenlos ist, bietet sich somit für sie an.

Der Mann erklärt, er wisse von alldem nichts. Daraufhin fordert der Klärungshelfer die Frau zur Aussage auf:

«Gut, dann ist der Ball wieder bei Ihnen, Frau Kleidermann. Können Sie vielleicht etwas schildern, was Sie dazu gebracht hat, daß Sie nun hier zusammen mit Ihrem Mann sitzen?»

Diese Art der Aufforderung, man könnte sie «Startzündung» nennen, ist vor allem in Anfangssituationen zu finden: am Anfang einer Beratung, am Anfang einer einzelnen Sitzung, am Anfang eines neuen Themas.

Solche Startfragen sind zumeist als Einstieg in ein Gespräch notwendig. Eigentlich weiß der Klient, warum er kommt, was er besprechen möchte, was er verändern will oder zumindest worunter er leidet. Es bedarf trotzdem fast immer dieser *rituellen Eröffnung des Gespräches*. Für jeden einzelnen muß die Frage neu gestellt werden. Innerhalb der Sitzungen sieht die Aufforderung zum Ausdruck etwas anders aus:

«Können Sie etwas mehr darüber erzählen? Wie kamen Sie auf die Idee? Was hatten Sie für Gefühle dabei?» usw.

Dies hat zum Ziel, die oft kargen Aussagen des Klienten zu bereichern.

In der gleichen Sitzung wie im vorigen Beispiel schluckt die Frau immer mehr und weint schließlich beim Reden. Der Klärungshelfer läßt daraufhin vom Inhalt ab und fragt nach einem längeren Gespräch nach der Bedeutung des Weinens allgemein und speziell in ihrer Beziehung:

«Was macht Sie so verzweifelt? Was drücken die Tränen aus? Was sagen sie Ihnen? Was bräuchten Sie?»

Die Aufforderung zur quadratischen Kommunikation erfolgt in Situationen des Mißverständnisses, der Unklarheiten und Unsicherheiten, um aus Tatsachen und nonverbalem Verhalten wieder einen (gesprochenen) Kommunikationsfluß werden zu lassen. Charakteristische Fragen für die einzelnen Nachrichtenquadratseiten sind:

Für den Selbstoffenbarungsaspekt:

«Wie ging es Ihnen damals? Wie kamen Sie dazu?»

Für den Beziehungsaspekt:

«Wie fühlen Sie sich von Ihrem Partner behandelt? Wie war damals Ihre Beziehung? Wie standen Sie zu Ihrem Partner?»

Für den Appellaspekt:

«Was wollten Sie damit erreichen? Was bräuchten Sie? Wie war die Wirkung? Und waren Sie zufrieden damit?»

Für den Sachaspekt:

«Wie kam es dazu? Wie verlief es konkret? Wie war der Ablauf der Dinge genau? Welche Grundsituation und Randaspekte spielten eine Rolle?»

Obwohl all diese Fragen ebenso unter dem Selbstklärungsaspekt behandelt werden, geht es hier verstärkt um das kommunikative Ziel. Der Klient muß lernen, gerade in schwierigen Situationen alles, was ihm klar ist, in Worte zu kleiden und sich auszudrücken. Er kann nicht davon ausgehen, daß alles, was ihm klar ist, auch seinem Partner deutlich ist.

Zur Reaktion auffordern

Wenn sich ein Partner dem Klärungshelfer gegenüber «ein Stück weiter» ausgedrückt hat, reagiert der andere Partner manchmal spontan darauf, da er alles mitgehört hat. Ist dies nicht der Fall, fordert ihn der Klärungshelfer zur Reaktion auf:

«Wie reagieren Sie darauf?»
  «Was löst das bei Ihnen aus?»
  «Wußten Sie das schon?»
  «Was sagen Sie dazu?»
  «Ist das neu für Sie? Oder ist das altbekannt?»
  «Glauben Sie das?»

Der Klärungshelfer wirft den ihm vom einen Partner zugeworfenen Kontaktfaden dem anderen Partner zu. Diese Umwegschaltung ist die Vorbereitung zu einer direkten Kommunikation und bildet möglicherweise seit langem zum ersten Mal wieder einen geschlossenen Kommunikationskreis, bestehend aus Aussagen, Zuhören und Reagieren. Das Zuhören fällt dabei als vorerst schwierigste Kommunikationsfunktion dem Klärungshelfer zu und festigt zugleich die therapeutische Beziehung zu den Klienten wie auch die Stabilität der Notbrücke: Aussage und Reaktion werden an ihn gerichtet, der anwesende Lebens- oder Arbeitspartner mit «er» oder «sie» benannt.

Die Gefahr dieser Zentralstellung ist, daß der Klärungshelfer nicht bloß Notbrücke, sondern auch Briefträger oder Abfallgrube wird und bleibt.

Gefahr 1: Briefträger

Auf Wunsch einer Klientin sollte der Klärungshelfer ihrem Partner einmal sagen, was sie selbst nicht direkt zustande brachte:

«Sagen Sie meinem Mann einmal, daß ich am Ende bin, daß er doch so nicht mit einer Frau umspringen kann, daß es einfach objektive Grenzen gibt.»

Zu gerne versuchen einzelne Klienten (meist der in der Beziehung jeweils schwächere Partner), den Klärungshelfer vor ihren Wagen zu spannen, den selbst zu ziehen sie sich außerstande sehen. Häufig setzen sie dabei auf die Wirkung eines unabhängigen stärkeren Dritten, was sich dann zum Beispiel so anhören kann:

Mann: «Mir nimmt sie es ja nicht ab, aber es wäre gut, wenn ihr einmal ein Außenstehender, ein objektiver Mensch sagt, daß sie auf dem Holzweg ist...»

Gefahr 2: Abfallgrube

Wenn der Klärungshelfer die an ihn gerichteten Klagen über den Partner verständnisvoll aufnimmt und nicht zur Reaktion an den Betroffenen weitergibt, wird er zur Abfallgrube. Das schadet nicht nur seiner Psychohygiene, sondern erleichtert die Klienten nur momentan und läßt die Möglichkeit der direkten Kommunikation ungenutzt. Statt daß *sie* aufeinander hören, hört nur der Klärungshelfer zu; statt daß die Partner einander verstehen lernen, versteht sie nur ihr Klärungshelfer; statt daß sie aufeinander reagieren, läßt er sich überschwemmen und ist hinterher erschlagen.

Den direkten Kontakt wiederherstellen

«Eigentlich möchte ich viel lieber in der Freizeit einmal mit meiner Freundin alleine einen Stadtbummel machen, statt immer mit dir zusammen auszugehen»,

murmelt eine sehr verhaltene Klientin nach mühsamem und beharrlichem Nachfragen des Klärungshelfer, was sie denn eigentlich in ihrer Beziehung für sich verändern wolle. Während ihrer Aussage blickt sie nach unten, spielt verlegen mit den Händen und wird immer leiser. Der Klärungshelfer kann nun eine «Direktschaltung» herstellen, indem er die Sprechende auffordert, das eben Gesagte noch einmal zu wiederholen und dabei an den Partner zu richten.

«Sagen Sie das mal Ihrem Partner direkt ins Gesicht»

wäre die ausführlichste Aufforderung. Meist sind Kurzformen gebräuchlicher:

«Sagen Sie das mal ihm/ihr!»
Oder einfach ein nonverbales, den Weg weisendes Handzeichen.

Ein weiteres Beispiel (aus einer Erstsitzung):
Ein unverheiratetes Paar (mittleren Alters) kommt zur Klärungshilfe, weil der Mann «eifersuchtskrank» sei und seine erst vor kurzem geschiedene Freundin zu stark einenge.

Frau: «Ich möchte das mal kurz schildern. Er hat Schlüssel nachmachen lassen – da waren wir erst kurz befreundet. Also (empört), daß er auf die Idee kommt und sich Schlüssel nachmachen läßt, das finde ich – so etwas ist mir noch nie passiert!»
KHelfer: «Sagen Sie ihm das mal direkt.»
Frau: «Das habe ich ihm schon oft gesagt. (Der Mann schaut weg.) Das ist ein Ding der Unmöglichkeit! Und da muß er sich dabei etwas gedacht haben. Ich würde jemanden noch so sehr mögen, ich würde nie auf solche Ideen kommen.»

Da die Frau weiterhin zum Klärungshelfer spricht, wiederholt dieser seine Intervention nonverbal mit einem Handzeichen, damit die Frau wieder direkter zu ihrem Partner spreche.

Frau (direkt zu ihrem Partner): «Es ist für mich eine große Enttäuschung, wie kann ich je wieder Vertrauen zu dir haben? Also höre zu, du hast mein Vertrauen mißbraucht.»

Diese *Direkt-Kontakt-Methode* geht in ihrer Art direkt – oft zu direkt – aufs Ziel zu und kann damit Widerstände auslösen. Der Klient fühlt sich zuweilen wie in der Schule behandelt. Oft sind es aber auch die Gefühle seinem Partner gegenüber, die es ihm verbieten, ihn direkt anzusprechen oder anzuschauen, was subjektiv einer Entschuldigung oder einem Zugeständnis gleichkäme. Die Klienten befürchten z. B., in Situationen friedlich auftreten zu müssen, in denen sie nicht in dieser Stimmung sind. Kämpfe kennen sie nur stumm oder «blutig, mit Messern», nicht aber direkt und kommunikativ.

Um lange Erklärungen zu umgehen, greift der Gesprächshelfer häufig zur Methode des Doppelns.

Doppeln

Immer wieder werden Sie bei schwierigen Gesprächen das Gefühl bekommen:

«So wird das nie etwas! So, wie die jetzt miteinander reden, werden sie einander nie erreichen!» –

In solchen Situationen wäre es wenig hilfreich, dieses Gefühl den Klienten seufzend mitzuteilen. Statt dessen besteht die Möglichkeit, direkt etwas zu unternehmen, um dem Dialog eine Chance zu geben: das sogenannte Doppeln.

Beispiel: Ehepaar Horn
Ein Rentnerehepaar mit verheirateten Kindern zermürbt sich den Alltag mit ewigen Auseinandersetzungen über negative Punkte.

Er trinkt heimlich, leugnet es aber ab, zieht sich zurück. Sie leidet an Kontakthunger, spioniert ihm nach und streicht ihm «immer wieder die letzten neunundzwanzigeinhalb Jahre vorwurfsvoll aufs Brot». Gegen Mitte der Sitzung, als der Mann seiner Frau beweisen möchte, daß er sie «immer verstehe», verfällt er in einen langen Monolog, in dem er ohne zu merken von seinem Vorhaben abweicht und seine ganze Situation mit einer Mischung aus Vorwürfen, Schuldbeteuerungen, chronologischen Erklärungen und eigenen Motiven rechtfertigt. Um diese unfruchtbare Kommunikation zu stoppen, seinen Inhalt und die Stimmung («Stunde der Wahrheit») dennoch zu nutzen, sagt der Klärungshelfer:

«Ich will mal etwas sagen für Sie. Darf ich das?»
Mann: «Ja, sicher.»
KHelfer: «Und Sie sagen dann, ob das richtig ist.»
Mann (nickt): «Hm.»
KHelfer (doppelt Herrn Horn und spricht zu Frau Horn): «Weißt du, Gerda, was mich am meisten hilflos macht, ist, wenn du jeweils wissen willst, <u>warum</u> ich eine Flasche gekauft habe. Das weiß ich selbst auch nicht. Und ich verstehe dich, daß das für dich so wichtig zu wissen ist, <u>warum</u> ich das tue, weil du dann etwas dagegen unternehmen könntest. Aber das hat mit dir gar nichts zu tun. Du bist dabei nur noch ein verschlimmernder Faktor. Je mehr du mich <u>warum</u> fragst, desto mehr schweige ich, desto weniger Kontakt ist zwischen uns – desto weniger Vertrauen ist zwischen uns.»
Herr Horn ergänzt nickend: «Desto mehr kapsele ich mich ab.»
KHelfer: «Desto mehr kapsele ich mich ab. – Stimmt das, was ich jetzt gesagt habe?»
Herr Horn: «Ja, ja, das könnte ein großer Teil dessen sein.»

An Allgemeingültigem demonstriert dieses Beispiel folgendes über das Doppeln:

Äußere Form
Die äußere Form dieser Technik besteht aus drei Schritten:
– Erlaubnis einholen,
– für den Klienten sprechen und
– seine Zustimmung oder Korrektur erfragen.

1. Der Klärungshelfer holt sich die Erlaubnis des Klienten zum Doppeln:
   «Darf ich neben Sie kommen und etwas für Sie zu Ihrem Partner sagen, und Sie sagen anschließend, ob das stimmt?»
   Der Klärungshelfer bietet dem Klienten von sich aus an, etwas für diesen auszusprechen. Zuweilen fragt er ihn ebenso, ob er seinen Partner in Du-Form und mit seinem Vornamen ansprechen dürfe, so wie er es selbst zu tun pflegt (um diesem Herz und Ohren zu öffnen).

2. Der Klärungshelfer spricht für einen Klienten. Er verläßt dazu seinen Stuhl, hockt oder kniet sich schräg neben oder hinter den Klienten, so daß seine Kopfhöhe tiefer ist als die des Klienten. Aus dieser Position heraus sagt er mit Blick auf den Partner, dessen Vornamen er zur expliziten Adressierung seiner Aussage nennt, etwas für den gedoppelten Klienten, z. B.:
   «Weißt du, Beni, im Grunde genommen weiß ich schon, wie es dir geht..., aber ich bin stolz auf den Fortschritt, den ich gemacht habe, und da gehe ich keinen Millimeter zurück» usw.

3. Der Klärungshelfer fragt den Klienten, ob er zutreffend für ihn gesprochen habe:
   «Stimmt das so für Sie?»
   Wenn es nicht ganz stimmt, ergänzt, korrigiert oder formuliert der Klient es neu. Wenn es richtig war, bittet der Klärungshelfer den Klienten unter Umständen, das Gesagte mit eigenen Worten selber seinem Partner zu sagen. Überwiegend kann dieser aber auch sofort reagieren.

Unterschied zum aktiven Zuhören

Das Doppeln ist in seiner Art dem aktiven Zuhören und der Grundtechnik der Gesprächstherapie nahe verwandt. Es geht jedoch beim Doppeln nicht nur um die Verbalisierung emotionaler Erlebnisinhalte, sondern gleichfalls um die Ergänzung, Klärung und Drastifizierung von Sache, Selbstaussage, Beziehung und Appell. Im Unterschied zum aktiven Zuhören, das in der «Du- (resp. Sie-)Sprache» gehalten ist («Du bist traurig», «Sie fühlen sich nicht wohl dabei»), spricht das Doppeln anstelle des Klienten die

«Ich-Du-Sprache» und ist damit bereits sprachlich *dialoghaft* angelegt, spricht den anderen Partner direkt an.

Um diesen dialogischen Aspekt zu verstärken und beim Partner Ohren und Herz zu öffnen, nennt der Klärungshelfer – wie erwähnt – am Anfang einer gedoppelten Sequenz den angesprochenen Partner mit seinem Rufnamen: «Weiß du, Gerda...» oder «Richard, ich will dir mal was Wichtiges sagen...» (Daß der eigene Name ein «Sesam-öffne-dich-Wort» ist, kann man selber ausprobieren.)

Vier Seiten der Nachricht

Indem der Klärungshelfer intuitiv das Gesagte daraufhin abprüft, ob es im Hinblick auf alle vier Seiten der Nachricht (Sachinhalt, Selbstoffenbarung, Appell, Beziehung) verständlich und deutlich war, kann er beim Doppeln zur vollständigen Quadratur beitragen, indem er die jeweils fehlende Seite (oder die, die nur schwach angeklungen ist) «nachliefert» oder verdeutlicht. – Illustration der vier Seiten am Eingangsbeispiel:

Sachinhalt: Herr Horn kauft eine Flasche, Frau Horn fragt ihn, warum.

Selbstoffenbarung: «Ich bin hilflos», «Deine Frage kann ich mir auch nicht beantworten», «Ich kapsele mich ab».

Beziehung: «Je mehr du mich warum fragst, desto weniger Kontakt ist zwischen uns und desto weniger Vertrauen», «Du bist ein verschlimmernder Faktor».

Appell: «Bitte frage nicht warum.»

Auswahl im Hinblick auf Wirkung und Prägnanz

Doppeln ist ein Übersetzungsvorgang, der aus verworrenen, indirekten und unklaren Sach- und Beziehungsaussagen eine klare Aussage macht, die möglichst wenig Beziehungsstachel enthält, das heißt, für den Angesprochenen so annehmbar wie möglich wird. Dieser Übersetzungsvorgang soll mit folgender Gegenüberstellung verdeutlicht werden.

Herr Horn spricht zu seiner Frau (1. Sitzung):

«Wenn ich eine Kritik habe, dann willst du diese Kritik nicht annehmen. Wenn ich dir irgend etwas sage, was nicht in deinen Kopf hineinpaßt, dann wirst du mucksch, oder du drehst dich um und gehst weg.

Und wenn du dann weggehst, dann bist du traurig darüber, daß du meinst, ich hätte dich nicht verstanden. Daraus resultiert, daß ich – schweige, um dir nicht weh zu tun. Und ich habe absolut keinen Willen – ich hab ihn noch nie gehabt, dir weh zu tun, dich unglücklich zu machen. – Wenn ich so etwas getan habe, dann resultiert das meistens aus irgendwelchen Situationen, über die ich auch nicht Bescheid weiß – aus dem Inneren heraus.

Äh.

Du sagst zum Beispiel: Du warst doch jetzt nüchtern. Warum gehst du jetzt hin und kaufst dir 'ne Flasche. Das ist ein Moment, den ich dir nie erklären kann.

Man tut so etwas nicht mit besoffenem Kopf und holt sich 'ne Flasche, sondern man geht doch meistens – oder immer – in nüchternem Zustand in einen Laden und kauft sich 'ne Flasche, und steckt sich die in die Tasche und geht damit nach Hause, um zu Hause, jetzt, ohne daß du das merkst, was zu trinken.

Ich weiß das aus der Erfahrung heraus – und ich bin auch längst einsichtig, daß das großer Quatsch ist, ausgesprochener Quatsch. – Nur – ich weiß nicht, wie das kommt. – Da muß hier im Gehirn irgendwo so 'n Rädchen aushaken oder – oder irgend etwas, daß ich rückfällig werde.»

Aus dieser Erklärung wählt der Klärungshelfer einiges aus und doppelt Herrn Horn folgendermaßen:

«Weißt du – Gerda –, was mich am meisten hilflos macht, ist, wenn du jeweils wissen willst, warum ich eine Flasche gekauft habe. Das weiß ich selber auch nicht. Und ich verstehe dich, daß für dich so wichtig ist zu wissen, warum ich das tue: Weil du dann etwas dagegen unternehmen könntest. Aber das hat mit dir gar nichts zu tun. Du bist dabei nur noch ein verschlimmernder Faktor. Je mehr du mich ‹Warum› fragst, desto mehr schweige ich, desto weniger Kontakt ist zwischen uns – desto weniger Vertrauen ist zwischen uns.»

Diese Gegenüberstellung zeigt, daß beim Doppeln aus dem ursprünglichen Material des Klienten gewisse Dinge ausgewählt und ausgelassen wurden. Unter den Tisch fällt, was Geröll ist oder einen Widerhaken hat.

Geröll:

Klischees, Meinungen, Gegenargumente, Nebensächlichkeiten. Im vorherigen Beispiel:

«Ich bin auch längst einsichtig, daß das großer Quatsch ist.»
«Man tut so etwas nicht im besoffenen Kopf und holt sich 'ne Flasche.»
«Steckt sich die in die Tasche und geht damit nach Hause.»

Widerhaken:
Eine Aussage hat einen Widerhaken, wenn sie beim Empfänger Gegenrede oder Opposition aktiviert, meistens bereits von der Form her, zuweilen vom Inhalt her, der dem anderen nicht mit einem grundlegenden Wohlwollen begegnet. Im vorigen Beispiel:

«Dann willst du diese Kritik nicht annehmen.»
«... was nicht in deinen Kopf hineinpaßt.»

Dies bedeutet nicht, daß ausschließlich Harmonisierendes, echte Konflikte Überdeckendes gefördert werden soll. *Klarheit geht vor positivem Ergebnis.*

Gesamtwirkung des Doppelns

Wie sich gezeigt hat, war das Doppeln ein Erlebnis, an das sich alle Klienten auch nach längerer Zeit noch erinnern konnten und das das Vertrauen zum Klärungshelfer am nachhaltigsten gestärkt hat (Frericks, 1983, S. 205 ff.; Koliha, 1982, S. 195 ff.).

Beim Doppeln geht es nicht darum, durch «wildes Herumvermuten» ein Gespräch anzuregen oder gar die Klienten gegeneinander aufzuhetzen. Der Klärungshelfer weiß immer genau, was er doppeln will und in welche Richtung er die Vorgänge beeinflussen will. Vereinfachend könnte dies wie folgt benannt werden: Soviel Erleichterung von negativen Gefühlen für den Gedoppelten wie möglich bei gleichzeitiger Signalisierung positiver Beziehungsbereitschaft dem Partner gegenüber.

Hinzu kommt, daß es in einem systemischen Rahmen stattfindet, das heißt,
– keine Opfer- und Täterfixierungen, sondern Feststellung der Wechselwirkungen;

- keine Schuldzuweisungen, sondern Mitbeteiligung.
- Der Doppler betont zudem den Blick in eine mögliche positive Zukunft, statt den Blick zurück im Zorn.
- Statt der angedrohten Konsequenzen («Dich werde ich nie mehr...»), betont er das Gefühl, das er dahinter vermutet oder zu erkennen glaubt («Ich bin so tief enttäuscht, daß ich jetzt sogar überzeugt bin, ich könnte in aller Zukunft nie mehr... wobei mir natürlich klar ist, daß ich nicht wirklich weiß, wie es in drei Wochen um mich steht.»).

Das Doppeln ist, ähnlich der Hypnose nach Milton Erickson, eine Mischung aus Ehrlichkeit und «Wirkungsschlitzohrigkeit». Anders ausgedrückt:

Ein wenig Widerstand provozierendes Sprechen, dessen Inhalt einen Schritt weitergeht, als der betreffende Klient in der Situation es könnte. Einen Schritt weiter in zweifacher Hinsicht:

Einen Schritt weiter in das Königreich des gedoppelten Klienten. Es ermöglicht schwache, «böse», nicht linientreue und «unehrenhafte» Motive aufzudecken und zu benennen, zum Beispiel «Ich bin voller Rache gegen dich» oder «Ich wollte dich hintergehen, weil ich mich nicht stark genug fühlte, mich direkt zu vertreten».

Und einen Schritt näher zum anderen hin. Nicht nur die klare und kompromißlose Selbstoffenbarung – wie eben beschrieben – sondern auch das im Doppeln oft zum Ausdruck kommende großzügige Wohlwollen dem Partner gegenüber bewirkt einen Abbau der Schranken zwischen ihnen: Ihm werden letztlich gute Motive unterstellt, was wie ein Flammenwerfer gegen sein Widerstandseis wirkt.

Boshaft könnte man über das Doppeln sagen, daß durch das Aneinanderreihen von so vielen Aussagen in einem gedoppelten Text nach dem Schrotschußprinzip mindestens eine Aussage dann irgendwie schon ins Schwarze treffen wird. Oder vielleicht noch zutreffender, das Doppeln sei ein bunter Blumenstrauß, aus dem sich der Angesprochene nach Belieben eine Blume herauspflückt und auf sie so reagiert, als wäre sie der ganze Strauß.

Beide Vergleiche stimmen zum Teil. Beim Schrotschuß stimmt, daß das Doppeln aus vielen kleinen, wirkungsvollen Aussagen besteht, die alle in eine Richtung zielen, nämlich Wiederherstellen von gutem Kontakt. Vom Blumenstrauß stimmt, daß sowohl der Gedoppelte wie der Angesprochene sich aus der Fülle jeweils eine oder mehrere Aussagen herauspflücken wird, wahrscheinlich nicht die gleichen, so daß es, übertrieben gesagt, auf einem Mißverständnis beruhen könnte, wenn sich die Klienten anschließend gut verstehen.

Beispiel (anhand einer Klientenaussage aus der 1. Sitzung des Paares Umbert-Heisenthaler):

Der Klient sagt:

«Ich frage mich, was das Ganze soll mit so einer Frau, die mir nicht das geringste, nichts, aber auch nicht das geringste gibt.

Ich bin erst 41, ziemlich vital, fühle mich wohl und bin sportlich gesund. Ich weiß nicht, wie die Regel ist, aber bei einem Mann im besten Mannesalter – ist das ausreichend: viermal im halben Jahr?»

Falsch gedoppelt:
Liebe Nina – sexuell komme ich nicht auf meine Rechnung, das willst du ja so. Es ist ja auch nicht möglich, mit so einer frigiden Frau, wie du es bist. Du genießt es ja richtig, mich abzulehnen, das ist deine Rache. Ich habe da keine Hoffnung mehr. Entweder du besserst dich, oder es ist aus mit uns. Es interessiert mich, wie du dich jetzt da wieder herausreden willst!

Richtig gedoppelt:
Weißt du, Nina, sexuell komme ich nicht auf meine Rechnung, du ja wahrscheinlich auch nicht. Ich denke immer, es liegt an dir, daß du so kalt bist. Ich bin da ganz verzweifelt und sehe oft keine Hoffnung mehr, dabei ging es ja anfangs gut. Ich vermisse nicht nur die Sexualität mit dir, davon rede ich zwar meistens, weil man das als Mann so direkt spürt, es ist auch die Zärtlichkeit. – Was denkst du dazu?

Im falsch gedoppelten Text stimmt zwar die Übersetzung der Unzufriedenheit und das explizite Benennen des Themenbereiches «Sexualität». Er unterschiebt aber dem Partner eine schlechte Absicht und läßt für die Zukunft keine Besserungswahrscheinlichkeit offen. «Zu guter Letzt» wird seine resignative Forderung in eine ultimative Drohung übersetzt. Man versetze sich einmal in die angesprochene Partnerin:

«Ich bin anscheinend schlecht und frigide, mit mir ist es nicht auszuhalten, und wenn es noch eine Hoffnung geben soll, dann nur unter der Bedingung, daß ich sofort wieder funktioniere.»

Der richtig gedoppelte Text versucht «die Quadratur des Kreises». Der Kreis: das Aussprechen der Enttäuschung, Hoffnungslosigkeit, Resignation und «Du bist schuld an unserer Misere».

Das Quadrat: Leise Hoffnung, Dialogbereitschaft, «Wir sind beide Opfer unserer Misere».

Logisch gesehen kann man nicht zugleich hoffnungslos sein und doch noch Hoffnung haben; psychologisch gesehen wohl. Es ist ein Paradox, daß das Aussprechen der Hoffnungslosigkeit noch eine letzte – oder soll man sagen: wieder eine erste – Hoffnung enthält. (Ähnlich verhält es sich mit der Aussage: «Zu dir kann ich nicht richtig offen sein» – sie ist sehr offen.)

Es gibt weitere «Kleinigkeiten», die die Gesprächsbereitschaft der Frau, obwohl negative Gefühle ihr gegenüber ausgedrückt werden, fördern helfen: «Du bist schuld» wird zu «Es liegt an dir» abgeschwächt, und aus «So ist es» wird «Ich denke immer, es sei so».

Allgemein gesagt: Absolute, monokausale und festschreibende Aussagen werden subjektiviert, relativiert und zirkulär dargestellt (s. Kap. VII).

Weitere Elemente der Umformung:

Die statistische Häufigkeit des Geschlechtsverkehrs wird in einen zwischenmenschlichen Prozeß «aufgeweicht», mit dem Umfeld «Zärtlichkeit statt Nur-Orgasmus». Damit wird die Sexualität umgedeutet und in einen neuen Rahmen gestellt: Von der Bedingung einer guten Beziehung wird sie zu deren Ausdruck. Der Appell dahinter:

«Laß uns in einem guten Klima über unsere Beziehung sprechen: Ich sage dir, wie ich es sehe und erlebe, und ich möchte dir zuhören, wie du es erlebst. Wir sind die beiden einzigen, die sich darüber kompetent und nutzbringend unterhalten können. Ob es hinterher besser wird und etwas nützt, weiß ich nicht, auf jeden Fall wird es klarer. Das könnte eine neue Grundlage für unsere Beziehung sein.»

Grundfähigkeiten zum Doppeln

Der Klärungshelfer bedarf zum Doppeln folgender Fähigkeiten:
– er hat ein Gefühl für Unvollständigkeit,
– er kann zwischen den Zeilen lesen und aus dem Ton heraushören,
– er ergänzt das Vermißte und
– er vermag das Angedeutete zu drastifizieren.

Ein Gefühl für Unvollständigkeit:

Auf der einfachsten Ebene betrifft es die Unvollständigkeit im grammatikalischen Sinne: Unvollständige und abgebrochene Sätze, wie

«Ich könnte dich...»

«Ich fühle mich dann wirklich – ich weiß nicht»,

«Man muß doch... letzten Freitag bin ich mit einem Hund auf der Straße gewesen.»

Eine weitere Ebene der Unvollständigkeit betrifft das nonverbale Verhalten des Klienten. Besonders ergiebig sind die vom Klärungshelfer wahrgenommenen Diskrepanzen zwischen verbaler Äußerung und nonverbalem Verhalten.

Zum Beispiel beobachtet er bei einem älteren Ehepaar (Horn, 2. Sitzung) folgendes: Während der Mann viel und lange spricht, schaut sich die Frau immer wieder ihre Fingernägel an und berührt sie mit der anderen Hand unauffällig. Der Klärungshelfer vermutet, sie tut dies je häufiger, desto weniger sie einverstanden mit dem ist, was der Mann gerade sagt.

Der Klärungshelfer sagt:

«Ich habe schon zwei-, dreimal beobachtet, daß Sie gerne so machen (er demonstriert das Reiben der Fingernägel). Ich vermute, daß das dann bedeutet: ‹Ja, ich hätte etwas zu sagen, aber der andere ist ja dran, ich muß jetzt meine Energie, die ich zum Handeln (er demonstriert mit seinen Händen zupackende Bewegungen) habe, in mich hineinschaffen und zurückhalten.›»

Statt dessen hätte er die Frau auch doppeln und etwa folgendes sagen können:

«Ich muß dich mal unterbrechen, Stefan. Wenn du so viel und lange sprichst wie jetzt, komme ich nicht mehr dazwischen. Anfangs höre ich dir zwar noch zu, aber mit der Zeit staut sich immer mehr an, was ich dir antworten möchte, aber du redest immer noch weiter. Aber ich komme nicht dazwischen, ich kann dich nicht unterbrechen. Ich versuche dann, das Ganze für mich zu behalten, statt es zu sagen. Das tötet natürlich auch unser Gespräch ab, nicht nur dein vieles Reden. Wenn du in Zukunft siehst, daß ich so mache, und du gerade an einem Gespräch mit mir interessiert bist, kannst du mich ruhig fragen: ‹Was schluckst du jetzt hinunter und verarbeitest es in dich hinein?›»

Eine dritte Stufe des Gefühles für Unvollständigkeit bezieht sich direkt aufs Inhaltliche und entbehrt eines formalen Anlasses. Die dazugehörige Frage des Klärungshelfers an sich selber lautet: «Verstehe ich voll und ganz, was der Klient ausdrückt?» Dahinter steht der Grundsatz:

Erst wenn der Klärungshelfer nachvollziehen kann, was inhaltlich, zwischenmenschlich gelaufen und wie es innerlich dazu gekommen ist, erst dann wird er therapeutisch handlungsfähig.

Als Abfallprodukt des offiziellen Bemühens lernen die Klienten Unbekanntes und Unverstandenes beim anderen kennen. Gleichzeitig kommt ihnen die Grundhaltung näher: Es lohnt sich, Schwierigkeiten genau anzuschauen und sich um gegenseitiges Verständnis zu bemühen.

Eine weitere Art, Unvollständigkeiten aufzuspüren, kommt dadurch zustande, daß sich der Klärungshelfer in den angesprochenen Partner hineinversetzt. Also: «Ich als Klärungshelfer habe zwar verstanden, aber könnte ich es in der Position des angesprochenen Partners verstehen? Er, der ja verwickelt ist in die Beziehung, benebelt von eigenen Gefühlen und betroffen von jedem Wort.»

Dieses Gefühl für Unvollständigkeit betrifft vor allem das, was dem einen Partner das Selbstverständlichste auf der Welt, dem anderen hingegen eine unbekannte Größe ist.

Beispiel:

KHelfer: «Sie sind anders konstruiert als er?»

Frau: «Ja, bestimmt, ganz bestimmt. Ich war früher auch ein bißchen anders, aber durch meine Ehe habe ich auch einiges lernen
müssen.»

KHelfer: «Sie waren ihm früher ähnlicher?»

Frau: «Ja, nicht ganz so extrem, das will ich nicht sagen. Ich habe
auch gedacht: Ein Mensch, das ist meins, den hast du für dich. Und
das kann man aber nicht, man kann den Menschen nicht nur für sich
beanspruchen. Ich habe das wirklich lernen müssen, und mir sind
da einige Dinge klargeworden, und daß das so einfach nicht geht.
Daraufhin habe ich auch mein Leben umgestellt, und ich sehe nicht
ein, daß ich da wieder rückwärts gehe. Das möchte ich nicht noch
mal, dafür habe ich einfach zuviel kämpfen müssen, um das zu erreichen, was ich heute erreicht habe.

KHelfer: «Darf ich mal neben Sie kommen und Ihrem Freund
etwas sagen? Und Sie sagen mir, ob das stimmt, von Ihnen aus gesehen.»

KHelfer (doppelt die Frau): «Weißt du, Claude, im Grunde genommen weiß ich schon, wie es dir geht und was du leidest, das kenne
ich alles gut aus meiner Vergangenheit. Stimmt das? (Frau: Ja) Aber
ich bin stolz auf den Fortschritt, den ich gemacht habe, und da gehe
ich keinen Millimeter zurück. Stimmt das? (Frau nickt) Ich muß dir
klipp und klar sagen: Wenn du Besitzansprüche stellst, dann erkaltet
alles in mir. Wenn du mich kontrollierst, dann bekomme ich Sta-
cheln, und wenn du deine Ängste, die du ja hast und die auch berechtigt sind, wenn du die zu Taten werden läßt, indem du herumte-
lefonierst und herumspionierst, dann muß ich sagen: Es ist aus mit
uns. Das liegt nicht drin! (Zur Frau:) Habe ich noch etwas vergessen
zu sagen?»

Frau: «Das ist schon gut zusammengefaßt.»

Zwischen dem angesprochenen Mann und seiner Freundin ist
durch ihre verschiedene Situation und dem unmöglichen Dialog
darüber ein Riesenabgrund voller Unverständnis und Beharren
auf dem eigenen Standpunkt entstanden. Dementsprechend versucht der Klärungshelfer, das Selbstverständliche vom Standpunkt des Mannes aus zu doppeln:

KHelfer: «Darf ich mal etwas neben Ihnen sagen? Sie sagen dann, ob das stimmt.»

Mann: «Ja, gerne.»

KHelfer: «Weißt du, Ida, diese Angela (ihre Freundin) macht mir einen ganz schlechten Eindruck. Die flirtet da in der Weltgeschichte herum mit den Männern, die gerade da sind, und dafür bist du mir zu schade, als daß ich dich in diesem Einfluß lassen will. Und ich bin etwas mißtrauisch, daß du da vielleicht ansteckbar bist. Ich spüre das schon... Es stimmt schon, Ida, ich bin eifersüchtig und ich habe auch allen Grund dazu. Daß du so auf Angela ansprichst, sie ist zwar auch ein Mensch, aber irgendwie ist mir das unheimlich, und da kenne ich keine halben Sachen. Entweder du interessierst dich für mich, oder du läßt es bleiben. – Stimmt das? (Mann nickt) Stimmt ganz?»

Mann: «Ja.»

KHelfer (doppelt ihn weiter): «Ich kann dich leider nicht lassen, ich muß es dir offen sagen, ich hänge an dir. Sonst würde ich einfach weggehen, aber ich hänge wirklich sehr an dir.»

Eine Gefahr des Doppelns besteht darin, daß es für die Klienten derart angenehm und erleichternd ist, daß sie sich innerlich gar nicht mehr anstrengen mögen, selber den direkten Kontakt zu wagen: «Was soll ich mir da noch Mühe geben, der Klärungshelfer macht das so gut und perfekt, das kann ich nie. Es ist ja schließlich auch sein Beruf, er soll jetzt mal.» Wenn der Klient so denkt, ist aus einer Möglichkeit eine Verhinderung und aus einem Heilmittel ein Suchtmittel geworden. Um dies zu verhindern, kann der Klärungshelfer nach der Zustimmung zum gedoppelten Text den Klienten bitten, den gleichen Inhalt nun seinem Partner direkt und mit *eigenen* Worten zu sagen.

Gemäß dem einen Wirkungsprinzip des Doppelns (der Gedoppelte soll um sein negatives Gefühl erleichtert werden) kann eine weitere Technik (mit Sparsamkeit und Umsicht) angewandt werden, das Drastifizieren: Der Klient deutet etwas an, was seiner Erleichterung oder der Klarheit der Situation dienen könnte.

Im folgenden wird zunächst die Selbstoffenbarung, anschließend der Appell drastifiziert. Der Klärungshelfer nimmt den Faden auf und verstärkt ihn beim Doppeln.

Beispiel:

Bei einem Paar, das sich erst seit fünf Wochen kennt, fühlt sich die Frau eingeengt und kontrolliert. Gegen Ende der Sitzung will der Mann immer noch nicht begreifen, wie ernst es der Frau ist mit: «Eine Beziehung zwischen uns ist nur auf freiheitlicher Basis möglich.»

Frau: «Wenn ich eingeengt werde, dann ist es aus bei mir. Wahrscheinlich liegt das schon in der Kindheit, immer dieser Druck…, da breche ich aus, und ich bin schon zufrieden, wenn ich einen Menschen kennenlerne, der mir irgendwie zusagt und mir ein Gefühl gibt. Das muß aber nicht unbedingt Sexualität sein.»

KHelfer (zu Frau): «Was er ja von Ihnen möchte, ist, daß Sie sexuell treu sind. Können Sie ihm das versprechen, oder wollen Sie es ihm gar nicht versprechen?»

Frau: «Nein, das will ich gar nicht.»

KHelfer (doppelt die Frau drastifizierend): «Also, das geht dich gar nichts an, das ist meine Sache.»

Frau: «Ja, so eng ist meine Beziehung zu ihm nämlich gar nicht.»

KHelfer (doppelt weiter drastifizierend zum Mann): «Wenn du meine Sexualität kontrollieren willst, ade! Stimmt das so?»

Frau: «Ja, das stimmt. Als Kind wurde ich immer schon… dieses Pflichtbewußtsein… und das ‹Du mußt›. Ich kann es heute nicht mehr… Ich muß auch meiner Mutter viel Zeit opfern, und dann bleibt schon nicht mehr viel Zeit, die möchte ich für niemanden opfern, das bißchen Zeit, was mir bleibt, das ist unmöglich für mich.»

KHelfer (doppelt drastifizierend): «Stimmt das: Ich will meine Sexualität aus dem Moment heraus für mich selber bestimmen ohne Rechenschaft dir gegenüber?»

Frau: «Ja.»

KHelfer: «Gut, das ist ein Punkt. Zweiter Punkt: Was ist wichtig für *Ihr* Leben?»

Frau: «Daß ich über meine Zeit verfügen kann, so wie ich das möchte und nicht rein zur Wohnung und wieder raus, und ich habe von meiner Wohnung gar nichts und komme gar nicht zu mir. Beruflich bin ich auch sehr angespannt, also da bleibe ich ja kein Mensch mehr, da bin ich ja gar nicht selbst mehr dabei, das ist ein Ding der Unmöglichkeit.»

KHelfer (doppelt drastifizierend): «Ich will über meine Zeit bestimmen, wie ich es will. Ich brauche Zeit für mich alleine und für meine Freunde.»

Frau: «… und sehr viel Zeit für mich, für mich alleine brauche ich sehr viel Zeit, und ich habe auch viele Probleme mit mir selbst, damit muß ich auch klarkommen.»

Das Doppeln ist hier im Grunde genommen (nur) der kommunikative Spezialfall eines Drastifizierens der als negativ empfundenen Inhalte.

Verständnisüberprüfung

In schwierigen Beziehungen kann es vorkommen, daß beide Partner meinen, den jeweils anderen gut zu verstehen; daß sie sich aber trotzdem nicht verstanden fühlen. Es ist im allgemeinen auch nicht üblich, seinem Partner zu sagen, was und wie man ihn verstanden hat. Statt dessen wird leichthin geäußert: «Ja, ja, das versteh' ich schon», oder: «Ich versteh dich ja schon grundsätzlich.»

Das hat paradoxerweise die Wirkung, daß sich der so Angesprochene gerade dadurch nicht verstanden fühlt, besonders, wenn das «Aber» nachfolgt, das in diesem Zusammenhang ein Kennzeichen für Verständnislosigkeit ist.

Beispiel:

Ein Ehepaar mit erwachsenen Kindern kommt zur Klärungshilfe, weil die Frau unter anderem nicht nur weniger Streit, sondern auch mehr positiven Kontakt möchte:

«Ich will nett und ruhig und lieb leben. Weiter will ich gar nichts. Und dazu gehört Verständnis von meinem Mann, und das hat er nicht.»

Mann (beschwichtigend): «Dooooch.»

KHelfer: «Aha? Wollen wir mal schauen, ob er das hat. (Zum Mann) Sind Sie einverstanden?»

Mann (lacht): «Jaaah.»

KHelfer: «Gut, dann schlage ich Ihnen mal vor, Sie wenden Ihren Stuhl frontal zu Ihrer Frau und sagen mal, was Sie bis jetzt von ihr verstanden haben: Wie es ihr geht. Was Sie glauben, was *in ihr vorgeht.* – Denn sie sagt ja: ‹Mein Mann hat kein Verständnis.› – Jetzt wollen wir mal die Probe machen: Was haben Sie bis jetzt verstanden von ihrem Zustand, wie es ihr innerlich geht?»

Mann: «Wieso soll ich Ihnen – das hab ich doch eben alles klar vorgelegt, äh – äh, was zwischen uns beiden los ist.»

KHelfer: «Ja, das war von Ihnen aus gesehen. Jetzt mal von ihr aus gesehen.»

Mann: «Jetzt soll ich mich in ihre Haut versetzen? Oder mich auf ihren Stuhl setzen?»

KHelfer: «Ja, nur innerlich.»

Mann: «Symbolisch?»

KHelfer: «Symbolisch – ja. Und sagen: ‹Ich weiß von dir, daß du dich so und so fühlst.› Und nicht von Ihnen reden. Mal Ihre eigene Sache hinter Ihren Stuhl stellen. Das ist eine schwierige Aufgabe, ich weiß.»

Mann: «Muß ich erst einmal Luft holen.»

KHelfer: «Ja. Nehmen Sie sich ruhig Zeit.»

Mann (scherzhaft): «'nen Cognac haben Sie nicht?»

KHelfer: «Den kann ich Ihnen nicht bieten. Das ist eine schwierige Aufgabe für Sie.»

Mann: «Ja. Ja – ich weiß nicht, ob ich richtig verstanden habe, äh, ich soll von mir aus sagen, was ich von ihr denke oder wie sie über mich denkt?»

KHelfer: «Nein. Wie Ihre Frau über die Situation denkt und wie sie über sich denkt und fühlt.»

Mann: «Das will ich – das will ich Ihnen ganz kurz anreißen.»

KHelfer: «Nicht mir – sondern ihr.»

Mann: «Meine Frau, – meine Frau ist 'ne herzensgute Frau.»

KHelfer: «Einen Augenblick. – Jetzt sagen Sie, was Sie über Ihre Frau denken. Verständnis ist dann gegeben, wenn Sie direkt zu ihr sagen: ‹Du, Erna, ich weiß von dir, daß du dich in letzter Zeit oft deprimiert fühlst. Ich weiß, daß dich nichts so die Wände hochbringt, wie, wenn ich ableugne, daß ich getrunken habe› usw. in der Art.»

Mann: «Hm. – Ich weiß, daß ich dein Vertrauen jahrelang mißbraucht habe, äh, – ich weiß auch, wie du darüber denkst.»

(Pause)

KHelfer: «Nämlich?»

Mann: «Daß ich das Vertrauen mißbraucht habe, indem du deine Kontrolle über mich verschärft hast; indem du aufpaßt, ob ich eine Flasche habe und wo sie steht. Und wenn sie dort steht, nimmst du sie mir weg und versuchst mir dadurch dann eben die Wahrheit zu sagen, daß ich dich belogen habe.»

KHelfer: «Gut. Jetzt haben Sie verschiedene Taten aufgezählt. Können Sie mal versuchen, sich innerlich auf den Stuhl Ihrer Frau zu setzen und zu denken: Was geht wohl in der Frau innerlich vor, daß sie mich kontrollieren will?»

Mann: «Dann muß ich ja wieder von meiner Ansicht ausgehen.»

KHelfer: «Nein, von Ihrer Einfühlung in die Situation Ihrer Frau.»

Mann: «Meine Frau hat keinen anderen Willen, als mit mir harmonisch zusammenzuleben. Und wenn ich diesem Strom entgegenschwimme, dann wird sie depressiv und krank. Und kriegt hier

Schmerzen und da Schmerzen. Und kriegt Kopfschmerzen und Fuß-
schmerzen und alles mögliche. Sie lebt dann in einer gewissen seelischen Spannung. Und diese Spannung, die wirkt sich auf ihren gesamten Organismus aus. Sie ist ja über jedes, was ich mache...»

KHelfer (unterbricht): «Können Sie mal bitte direkt zu ihr reden: ‹Du,
du bist über jedes, was ich mache...»

Mann: «Du bist über jedes, was ich mache, was nicht nach deiner
Mütze geht, traurig.»

KHelfer (zur Frau): «Fühlen Sie sich verstanden?»

Wie aus dem Beispiel ersichtlich wird, ist es für Herrn Horn nicht einfach, den eigenen Standort zu verlassen und mit seinem Verständnis
explizit zum anderen hinzugehen. In Auseinandersetzungen mit
verhärteten Fronten ist es besonders schwierig, den eigenen Schüt-
zengraben zu verlassen und das «feindliche» Gebiet zu begehen.
Dies würde zum mindesten einen kurzen Waffenstillstand bedingen.
Die mannigfaltigen Widerstände, die bei der Durchführung dieser
Übung sichtbar werden, verdeutlichen diese Schwierigkeit:

«Das nützt doch nichts.»
«Wozu soll das gut sein, es ist doch schon klar, was jeder denkt.»
«Soll ich meinem Partner jetzt sagen, was ich über ihn denke?»

Wird die Übung dann tatsächlich durchgeführt, zeigt sich häufig, wie
wenig Verständnis die Partner wirklich füreinander haben. Ohne es
zu merken, beginnen sie bereits nach dem dritten Satz mit der
Begründung, Verteidigung und Rechtfertigung des eigenen Stand-
punktes oder lamentieren über den Partner. Dies ist der Grund
dafür, warum diese Methode besonders in den ersten Sitzungen
durch das Doppeln ersetzt wird.

Diese Verständnis-Überprüfung bringt demnach des häufigeren
an den Tag, daß sich die Klienten nicht wirklich zuhören: Diese
Grundfähigkeit des Zuhörens muß gezielt geübt werden: Gelingt es
einem Klienten tatsächlich, seinem Partner zu demonstrieren, *daß*
und *was* er von ihm und seiner Situation verstanden hat, so entfaltet
sich folgende Wirkung:

Das Klima wird erträglich und schafft die Grundlage für den
positiven Teil der Auseinandersetzung.

Zuhörübung

Für die Verständigung erschwerend wirkt des häufigeren die Ansicht, der Schweigende stimme insgesamt zu. Das gilt noch ausgeprägter für das aktive Zuhören, wobei der eine die Meinung des anderen mit eigenen Worten wiedergeben soll. Zugleich wird dies mit dem Aufgeben der eigenen Meinung verwechselt, mit dem Wechsel «ins feindliche Lager». Weitere Hinderungsgründe gegen das aktive Zuhören sind inhaltlicher Natur, «... weil das ja meistens Sachen betrifft, die ich tatäschlich vollzogen hatte oder habe, und die jetzt hervorkommen... Das ist ziemlich schwierig, wenn einer in Erregung ist und dem anderen etwas mit Grund vorwirft, dann muß der sich auch noch den Rest der Schweinerei anhören.» So formuliert es ein Klient unseres Projektes, Herr Horn.

Ein anderer, Herr Hollern, nennt eine weitere Schwierigkeit: Die Fixierung auf die Sachebene: «Ich bin intuitiv nicht begabt. Wenn ich keine Fakten habe, dann bin ich wie ein Blinder.»

In der Tat ist die schwierigste Stufe des Zuhörens, meinem Partner wiederzugeben, was *er an mir* aussetzt, wie er unter mir leidet, und was er sonst noch Negatives von mir denkt: «Du bist also ganz unzufrieden mit mir. Ich bin dir zu wenig sexy, ich sollte mehr mütterlich sein, mehr Verständnis für die Kinder und dich haben und mich nicht noch beklagen. Und daß ich weggelaufen bin, bildet zu dem allem noch das I-Tüpfelchen, das ich kaum wiedergutmachen kann. Ich habe dich damit zu Tode erschreckt.»

Der Klärungshelfer kann sich bei der Zuhörübung neben den Zuhörer setzen und ihn dadurch unterstützen. Immer wieder muß er den Übenden ermahnen, «nur» zu sagen, was er vom anderen *verstanden* hat, nicht womit er *einverstanden* ist. Den anderen verstehen ist kein inhaltliches Eingeständnis oder gar ein Kleinbeigeben.

Die höchste Stufe des Zuhörens ist es, dem Partner die Unterstützung zur Selbstklärung zu gewähren. Es ist mehr als bloß gutes Zuhören, es wird zusätzlich zwischen den Zeilen herausgelesen und mitgedacht und -gefühlt. Kommunikationstheoretisch gesprochen hört dabei vor allem das «Selbstoffenbarungsohr» zu, und das «empfindliche» «Beziehungsohr» ist vorübergehend ausgeschaltet (s. Schulz von Thun, 1981, S. 54).

Gesprächsdiagnose

Eine weitere Methode zur Kommunikationsklärung ist die Diagnose des individuellen Gesprächsstiles in einem System.

«Wir sind uns im Prinzip völlig einig, aber wir können uns nicht verstehen. Wie kommt das eigentlich?» fragt Frau Brander den Klärungshelfer im Laufe der 1. Sitzung.

Herr und Frau Brander haben Kinder im Schulalter, sind, wie man so schön sagt, ein «eingespieltes Team», bei dem das Praktische und Organisatorische gut klappt, es aber insgesamt an Gefühlen der Liebe, Zuneigung und Zärtlichkeit fehlt. Der Mann ist sehr engagiert in verschiedenen Sportvereinen, was die Frau vereinsamen läßt. Als ihre handlungsleitende Selbst-Instruktion haben wir herausgefunden:

«Sei ruhig, er braucht auch seine Ruhe. Es ist alles gut.»

Nachdem in der ersten Sitzung die verschiedenen Aspekte ihrer Situation beleuchtet worden sind, droht die zweite Sitzung mit dem gleichen Thema unter einem resignativen Vorzeichen «So ist es nun mal, so bin ich nun halt» zu versanden. Der Klärungshelfer bittet sie, nochmals gefühlsmäßig in die Sackgasse hineinzugehen, um aus ihr endgültig herauszufinden. Er zeichnet ihnen auf Papier ein generelles Bild ihrer Beziehung, so wie er sie von außen sieht (s. Abb. 6).
    Danach sagt er:

«Was sagen Sie dazu? Ist das seit der letzten Sitzung noch so, oder hat es sich geändert? Ich möchte gerne, daß Sie sich jetzt einmal zusammen darüber unterhalten. Und ich werde während der nächsten fünf Minuten nur zuhören.»

Die Frau bestätigt ihrem Mann im anschließenden Gespräch die Sicht des Klärungshelfers. Der Mann bekräftigt ebenso diese Sichtweise und fügt hinzu, er habe ihr ja schon lange gesagt, daß er viel sportlich abwesend sei: «Das ist so und läßt sich auch nicht so schnell ändern.» Aber er denkt, er habe sich etwas gebessert in den letzten

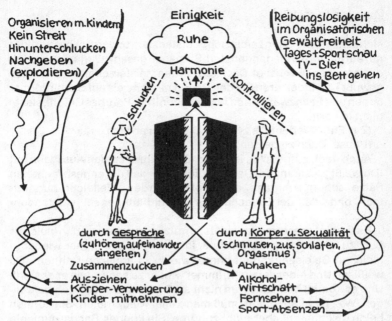

Abb. 6: Die Zeichnung des Klärungshelfers

14 Tagen. Sie sieht das nicht so. Nach zwei Minuten bricht das Gespräch hier ab. Dann wenden sich beide dem Klärungshelfer zu. Der Mann sagt:

«Das Gespräch ist aus, wir brauchen den dritten Mann dazu.»
  Die Frau: «Ich bin heute nicht in Form.»

Soweit der Gesprächsverlauf, jetzt die Diagnose des Klärungshelfers:
  Zur Frau sagt er:

«Wenn das ein typisches Gespräch war zwischen Ihnen, dann weiß ich vielleicht, warum Sie sich nicht in Form fühlen. Ich habe eine Vermutung: Das Gespräch verlief eben einseitig von Frau zu Mann. Ich habe den Eindruck, Sie (zur Frau) sind gegen eine Mauer gerannt.»

127

Zum Mann sagt er:

«Ich sah, wie Sie völlig selbstsicher, distanziert, unverrückbar und klar nur auf Fakten eingegangen sind. Sie haben gesagt: ‹Ja, ja, das hab ich dir damals schon gesagt. Das ist so mit den Meisterschaften, du hast es gewußt.› So blockieren Sie den Dialog mit Hinweis auf Sachinformationen und Sachzwänge ab. Das gibt dann Ihrer Frau das Gefühl, sie sei nicht in Form.

(Zur Frau): Jedenfalls zweifeln Sie rasch an sich.

(Pause. Dann zu beiden):

Auch noch aufgefallen ist mir, daß viele Ihrer beiden Aussagen mit ‹Du weißt ja› anfangen. Das heißt für mich, daß die angesprochenen Sätze schon zehnfach dargeboten wurden, vielleicht hundertfach, ohne daß der Sprecher das Gefühl hatte, er sei ‹verstanden› worden.

Es scheint aber offenbar nichts zu nützen, hundertmal den gleichen Satz zu verwenden. Ich vermute, Ihr Kontakt läuft immer wieder in gleichen Geleisen, kommt immer wieder in ähnliche Bahnen: ‹Du weißt ja›. Und jeder versucht, immer wieder zu sagen, wie er es sieht. Und es kommt beim anderen nicht an. Dann muß er es nochmals sagen. Was nicht ankommt, muß man x-mal wiederholen. Sie können beide diskutieren, aber nicht zuhören. Sie können Sachargumente liefern – oder vorschieben – und darauf eingehen, aber nicht auf den Menschen.»

Diese Gesprächsdiagnose ist Wegweiser für die weiteren Schritte. Verallgemeinernd gesagt gibt die Gesprächsdiagnose dem Therapieablauf neue Impulse und korrigiert – wenn nötig – seine Richtung. Grundlage dazu bietet die Beobachtung eines etwa fünf- bis zehnminütigen Dialoges, der zwischen den Beteiligten ohne Eingreifen des Klärungshelfers abläuft.

Ich-Du-Kernsätze austauschen

Beispiel 1:

Eine geschiedene Frau und ihr gegenwärtiger Freund sind, obwohl sie sich erst seit kurzem kennen, ziemlich «verknotet». Er will eine intensivere Beziehung mit ihr, und sie will «ihm helfen», aber ansonsten ihre Freiheit.

Er schildert seine mißliche Situation (Ausländer, verlor seinen lukrativen Job, jetzt arbeitslos).

Mann: «Sie weiß ja selbst, wie ich meine Stelle verloren habe..., nur weil die Scheiß-Firma umgezogen ist. Da war ich noch aggressiver, da war ich Tag und Nacht in Gedanken. So einen Job werde ich nie wieder finden – gehaltsmäßig und überhaupt auch nicht. Und wenn mit ihr auch Schluß wäre...» (Schweigt)

    KHelfer: «... dann hätten Sie gar nichts mehr.»

    Mann: «Dann habe ich gar nichts mehr, dann ist alles aus.»

    KHelfer: «Also: ‹Du bist mein letzter Rettungsanker in meinem Leben.› Stimmt das so? Sagen Sie das mal direkt.»

    Mann: «Das habe ich ihr zu sagen versucht.»

    KHelfer: «Können Sie es jetzt mal direkt in *den* Worten sagen, wie es um Sie steht? Sagen Sie es ihr mal direkt in die Augen.»

    Mann: «Du bist mein letzter Rettungsanker.»

    KHelfer (zur Frau): «Wie reagieren Sie darauf?»

    Frau: «Ich empfinde nicht so viel für dich, wie du für mich empfindest. Für mich war es von vornherein eine Freundschaft, nicht so eng, und das möchte ich auch gar nicht mehr. Ich habe dir erzählt, daß ich meinen Ex-Mann liebe, nach wie vor. Für mich gibt es nur eine einmalige Liebe, und ich sehe das so, und deshalb kann ich nicht mehr so viel Gefühl aufbringen, und ich will es auch nicht mehr. Das will ich einfach nicht.»

Beispiel 2:

    Gegen Ende der zweiten Sitzung mit dem kinderlosen Ehepaar Hübke erzählt der Mann von einem banalen Vorgang (Autopanne), der ihm wieder einmal heftige Magenschmerzen bereitete. Der Klärungshelfer verallgemeinert daraus die Selbstinstruktion

«Ich sollte alles menschenmögliche tun, damit es meiner Frau besser geht.»

Herrn Hübke kommen sofort die Tränen, als der Klärungshelfer diesen Satz ausspricht.

Darauf der Klärungshelfer: «Ich möchte mal, daß Sie Ihrer Frau den Satz sagen: ‹Ich möchte alles für dich tun, damit es dir gutgeht.› Sagen Sie ihr das mal direkt, damit sie das auch weiß.»

In der Form gelingt es dem Klienten nicht, und er ändert den Satz um: «Ich möchte, daß für dich alles in Ordnung ist. Ich will eben versuchen, daß das in Ordnung ist. Es macht mir so zu schaffen, daß ich das nicht schaffe.» Lange Pause, er weint.

Jede in der Selbsterklärung gefundene subjektive Wahrheit oder Klarheit kann in der Kommunikationsklärung transportiert werden. Da der Inhalt oft so schwerwiegend und die Form so unmißverständlich ist, kann es hin und wieder geschehen, daß beim angesprochenen Partner eine «Totallähmung» auftritt:

Er reagiert nicht, bewegt sich nicht, sagt nichts. Hier war es zum Beispiel so. Weder die Aufforderung zu reagieren noch das Doppeln konnten die Frau aus ihrer Erstarrung lösen. So folgte dann bei ihr eine Selbstklärung. Ein Gefühlsausbruch ist nicht das Ziel dieser Methode, manchmal jedoch eine Begleiterscheinung. Der Austausch von Kernsätzen kann als Initialzündung für eine Verständigung und ein Verstehen auf existenzieller Ebene wirken, so daß als Antwort nur noch bleibt: «So ist es.»

Das «Lehrgespräch» anhand exemplarischer Probleme

Die meisten Klienten müssen neue Formen lernen, mit ihren Problemen gemeinsam umzugehen, sie anzunehmen und schrittweise zu klären. Häufig sind vergangene unverdaute Geschichten noch «unterirdisch» wirksam, tauchen regelmäßig und beharrlich in Krisenzeiten wieder auf, um anschließend im Interesse des Alltags oder des «lieben Friedens» wieder zu verschwinden.

Langfristig verringert sich dabei die Chance einer gemeinsamen Problembewältigung auf ein Minimum.

Besonders solche Paare können vom Angebot eines Lehrgespräches profitieren, in dem sie eine konkrete Alternative zu ihren bisherigen Verhaltensweisen durch Unterstützung des Klärungshelfers erfahren.

Die Behandlung eines zentralen Problems vollzieht sich dabei in drei Stufen:

1. Der Gesprächshelfer und die Klienten wählen zusammen ein Problem aus. Der Klärungshelfer äußert, daß das jetzt stellver-

tretend, vorbildhaft und schulmäßig behandelt wird, daß also zwei Programme parallel laufen. Zum einen wird ein Problem inhaltlich angegangen, zum anderen wird die Art und Weise der Problemlösung selbst bewußt erlebt, laufend kommentiert und dadurch gelernt.

2. Die Problemlösung selber erfolgt mit gelegentlichen Erläuterungen.
3. Nach der inhaltlichen Problemlösungssequenz wird der ganze Vorgang von allen besprochen und vom Klärungshelfer verstandesmäßig eingebettet.

Beispiel Ehepaar Horn (3. Sitzung):
Bei einem älteren Ehepaar leidet der Mann unter der nachtragenden Art seiner Frau. Für ihn ist die Vergangenheit vergangen, tot, abgeschrieben. Für sie ist das nicht so. Sie hat nicht nur Alpträume darüber, sondern grübelt auch während des Tages häufig allein daran herum, da ihr Mann sich gar nicht damit beschäftigen will. In den häufigen Auseinandersetzungen zu Hause trägt sie wiederholt vergangene Ereignisse in Vorwurfsform an ihren Mann heran.

In der Sitzung sagt er darüber, daß das ja alles «Schweinereien» seien, die wahr seien, aber für die er sich schon vor Jahren schuldig bekannt habe. Das reiche wohl.

Die Art, wie die beiden die persönliche Vergangenheitsbewältigung gestalten, bildet einen verschärfenden Teil des ehelichen Teufelskreises. Um diesen zu unterbrechen, schlägt der Klärungshelfer dem Mann ein «Lehrgespräch» vor. Dabei soll exemplarisch eine solche alte Begebenheit – die Frau nannte das «ein altes Blatt, das unerledigt auf einem Stapel angehäuft liegt» – vorgenommen und betrachtet werden, damit sie es endgültig weglassen kann. Der Mann scheint im Prinzip einverstanden zu sein, das zu versuchen. Etwas großspurig verkündet er:

«Ich beschäftige mich mit jedem Problem.»

Als es dann allerdings konkret wird und die Frau ein Beispiel sucht, kommen auch seine Widerstände hervor: Plötzlich versteht er nichts mehr, glaubt nicht, daß das gut herauskommen kann, macht Späße, Ablenkungen und Abschweifungsversuche. Erst als der Klärungshelfer ihn doppelt:

«Ich habe Angst, daß sich zwischen uns wieder erwas Negatives daraus ergibt»,

wird er ruhiger:

«Also gut, ich habe nichts gegen die Behandlung eines Themas für Lehrzwecke. Aber nicht, damit wir hier schlechte Worte sagen müssen.»

Der Klärungshelfer setzt sich mit seinem Stuhl neben ihn, um ihn zu unterstützen, da er eine schwere Aufgabe vor sich hat: Seine Frau wählt das Thema «Deine Freundin vor zwölf Jahren».

Der Klärungshelfer gibt ihm folgende Instruktion:

«Ich nehme an, daß Sie auf das, was Ihre Frau erzählt, antworten werden, und daß Sie bei einer Antwort mal eine ‹Teufelskreis-Antwort› und ein andermal eine ‹Engelskreis-Antwort› geben werden.
Es wird gemischt sein, und ich werde dann jeweils für Sie in Ich-Form noch eine Engelskreis-Antwort ergänzen, wenn nötig, damit wir hinterher über den Unterschied reden können. (Zur Frau): Und Sie können auswählen, auf welche Antwort Sie dann wieder Bezug nehmen wollen. Nach zehn Minuten stoppen wir und schauen, wie weit wir gekommen sind. Ich reagiere einfach als Ihr Mann, aber eben wie *ich* bin, nicht wie *er* ist.»

Die Frau holt jetzt die «belastende Zeit» aus ihrer Erinnerung hervor. Der Mann und der Klärungshelfer hören zu, sagen abwechslungsweise, wie es ihnen dabei geht, und reagieren darauf oder der Mann erzählt, wie es damals innerlich für ihn gewesen war. Da das Gespräch so intensiv ist, dauert es länger als zehn Minuten.

Die Frau sagt, der Mann habe sich abends immer mehr verspätet. Sie sei in Ungewißheit gewesen, habe Angst um ihn gehabt und des öfteren an einen Unfall gedacht. Ihre menschlichen Beziehungen seien «immer kühler» geworden.

Verständnis, Hilfe oder «ein liebevolles Wort» habe sie in dieser Zeit nicht von ihm erfahren. Ihre Vermutung, daß eine andere Frau der Grund für diese veränderte Haltung sei, habe er immer zurückgewiesen. Zu diesem seelischen Druck sei noch die Belastung mit seiner kranken Mutter gekommen, die sie während dieser Zeit hat pflegen müssen.

Da vom Mann keine Gegenposition aufgestellt wird, kann die Frau in ihrer Schilderung fortfahren: Sie habe dann von der Existenz der Freundin gehört. Bei ihrem Versuch, sich mit dieser (sie wohnte in der Nähe) über die Situation zu unterhalten, sei sie auf Unverständnis und Abwehr gestoßen. Die Freundin habe argumentiert:

«Ich weiß gar nicht, was Sie wollen. Ihr Mann und ich, wir lieben uns. Und wir wollen unser Leben gemeinsam zu Ende leben, ohne Sie.»

Ebenso habe diese Frau ihr zu verstehen gegeben, daß ihr Mann allenfalls nur aus Mitleid bei ihr bleibe.

Als der Mann später verstärkt Alkohol getrunken habe, sei sie zu dem Schluß gekommen, er trinke aus Unzufriedenheit mit der ehelichen Situation.

Frau: «Und dann hab ich wirklich immer geglaubt, daß dein wirkliches Gefühl, die Liebe, nicht wieder mit zurückgekommen ist, sondern nur du. Für mich war praktisch auch der Gedanke oft da, daß das bei dir drinnen nicht raus ist und du deshalb die Flasche genommen hast.»

Eine weitere Erniedrigung habe sie erfahren, als sie ihren Mann mit seiner Freundin in der Wartehalle des Hauptbahnhofes angetroffen habe. Sie betont, daß sie dorthin «wie von unsichtbarer Hand» geführt worden sei.

Ihrer Enttäuschung kann sie nur durch ein paar Sätze «Luft» machen:

Frau: «Und wie du dich da verhalten hast! Du hast dich nicht auf meine Seite gestellt!»

Mann: «Wieso, ich bin doch nachher aufgestanden und weggegangen.»

KHelfer (als «alternativer» Mann zur Frau): «Ja, daran erinnere ich mich auch nicht gern zurück. Meinst du, für mich wäre es schön gewesen, diese Situation?»

Frau: «Und danach habe ich dann noch mit der Frau gesprochen. Und da hat sie mir das gesagt mit dem Mitleid und noch mal gesagt, daß ihr euer Leben gemeinsam leben wolltet und daß ich praktisch aus eurem Leben zu verschwinden hätte.»

Mann: «Da war ich vorher weg. – Äh, auf der anderen Seite ist es ja so...»

KHelfer (unterbricht ihn): «Das ist mir ein unangenehmer Punkt. Weil – das stimmt schon. Das waren so Momente, das mußt du einfach verstehen – ich möchte, daß du das verstehst. Auch, wenn du's nicht nachvollziehen kannst. Das stimmt, es gab Momente, wo ich das gesagt habe. Es ist mir furchtbar unangenehm. Sie hat mir gegeben, was du mir nicht gegeben hast in der Zeit. Aber schließlich mußt du auch sehen: Ich bin jetzt mit dir zusammen, seit langem, und ich bemühe mich, und ich bin auch froh – und ich will mit dir einen schönen Lebensabend haben, das mußt du auch sehen.»

Frau: «Ja, das sehe ich ja auch. Nur hatte ich die ganze Zeit – wie ich eben schon gesagt habe – dieses Gefühl in mir, wenn du getrunken hattest und – äh – ich habe gefragt: ‹Wieso und warum?› und wenn du mir dann keine Antwort gegeben hast, dann hatte ich (laut:) die ganzen Jahre die Vermutung und diese Belastung in mir drinnen: Bei mir – zu mir ist er zurückgekommen aus Mitleid – und weil er unsere Kinder so liebt. Das tut er ja.»

Mann (schweigt und schluckt).

KHelfer (in der Rolle des Mannes): «Denkst du das heute immer noch mit dem Mitleid? Ist das so tief in dich hineingepflanzt, daß du das nicht wegkriegst?»

Frau: «Ja. Ja, es ist immer drin.»

KHelfer (zitiert den Mann aus der 1. Sitzung): «Glaubst du mir, wenn ich dir sage, ich habe dich gern, ich bin nicht aus Mitleid bei dir?»

Frau (langsam, zögernd): «Ja – das glaube ich – und trotzdem kann doch so ein Funken zurückgeblieben sein – so ein trauriger Funken, der da (beim Mann) noch drin sitzt. Ich weiß ja nicht, wie groß die Liebe gewesen ist. Das kann ich nicht beurteilen.»

(Mann schweigt immer noch.)

KHelfer: «Würdest du mir so einen traurigen Funken zugestehen? Darf ich das haben? – Dürfte ich das haben?»

Frau: «Ja, den dürfte er nachher ruhig zugestehen, den dürftest du ruhig eingestehen, daß dir das sehr schwergefallen ist.»

KHelfer: «Weißt du, zuerst muß ich wissen, ob ich was haben darf, bevor ich schauen kann, ob da etwas ist.»

Frau: «Ja.» (bedächtig bis neugierig)

Mann: «Also, ich hab diesen traurigen Funken nicht. Es ist ja möglich – das kann ich heute nicht mehr nachvollziehen, ob ich nach der Zeit noch 'ne Zeitlang an sie gedacht habe – das will ich – das will ich im Raum stehen lassen. Aber heute – ich habe keinen Funken mehr. Und die Angelegenheit, die ist für mich passé. Und schon seit langem passé. – Und ich möchte daraus auch keine Vorwürfe mehr haben, weil ich der Auffassung bin, daß ich mich heute ordnungsgemäß, wie sich das gehört, dir gegenüber verhalte. Und aus Mitleid bin ich nie geblieben. Und das traue ich mir auch gar nicht zu.»

Frau: «Aber dann hast du auch die Frau belogen, indem du der das gesagt hast.»

(Der Mann kann damit nicht so recht umgehen.)

Mann: «Was heißt ‹die Frau belogen›?»

KHelfer (in der Rolle des Mannes): «Du kommst jetzt auf eine Ebene, die juristisch ist: Hast du's gesagt – hast du's nicht gesagt? In mir drin sieht das anders aus.»

Der Mann stellt darauf noch einmal klar, daß er aus eigenem inneren Entschluß zu ihr zurückgekehrt sei. Dies ist allerdings eine bereits wiederholte Erklärung ihr gegenüber. Etwas hilflos, bestimmt auch ärgerlich meint er:

Mann: «So langsam mußt du das doch mal kapiert haben! Denn so klein ist dein Kopf ja auch nicht. Und irgendeine ‹Schublade› wird ja wohl auch leer sein, wo du das reinpacken kannst, daß ich nicht aus Mitleid bei dir bin, und daß ich auch nie weggegangen wäre von dir.»

KHelfer (in der Rolle des Mannes): «Das sind Tatsachen, die du wissen mußt. Und daß du die nicht hören kannst und nicht behalten kannst in ‹deinem kleinen Kopf›, läßt mich vermuten: Aha – da ist noch was. Und jetzt will ich mal bei mir nachschauen, was da noch ist: 1. Punkt: Das Leben verbringen mit ihr. 2. Mitleid. Zum ersten Punkt sag ich dir: Ich weiß es heute nicht mehr, aber wie ich mich kenne, kann ich mir vorstellen, daß ich bei ihr über dich geklagt habe, so wie ich bei dir über sie geklagt habe. Du hast ja auch genug Grund, über mich zu klagen. Das ist so, wenn man zusammenlebt. Das stimmt schon, und, daß ich dann manchmal im Siebten Himmel war, mein Gott, das war reizend mit jemand Neuem, das ist

135

so. – Man kann nicht alles haben: Stabilität und noch lustig alle Tage.»

Frau: «Hm.»

KHelfer: «Das geb ich zu. Und trotzdem: Ich sitz' jetzt hier, und du sitzt jetzt hier und nicht sie. Wir sind jetzt zusammen, das muß du auch noch sehen – und nicht immer auf diesem andern Punkt herumbohren, obwohl der schon stimmt. Es hat Momente gegeben, wo ich lieber mit ihr zusammengewesen wäre. – Willst du noch was wissen dazu?»

Frau: «Nein – nein, nun ist das ja ausgestanden.»

Am Ende des «Lehrgesprächs» löst sich die Spannung auf. Die Frau lacht befreit: «Ja, ich muß sagen, das hat mir gutgetan. Besser, als wenn ich mit ihm alleine bin und ihm das in einer Wut vorschmeiße.» Der Mann ist gleichfalls spürbar entlastet, als er das von der Frau erfährt: «Hört sich gut an. Hm, dann bin ich zufrieden.» Zum Klärungshelfer sagt er: «Also, ich hätte mich auch nicht besser ausgedrückt. Was Sie für mich gesagt haben, stimmt alles erstaunlich gut. Ihre Einwendungen entsprachen so meinem Gedankengang.»

Wie kommt das? Wie ist es möglich, daß der Klärungshelfer, der vor zwölf Jahren nicht dabei war, inhaltlich für den Mann sprechen kann, so daß dieser sich gut vertreten und die Frau sich trotzdem nicht angegriffen fühlt?

KHelfer: «Das war ja ein Lehrgespräch. Jetzt wollen wir das mal auswerten. Ich sage Ihnen (Mann) mal, was ich neben Ihnen im Unterschied zu Ihren Antworten anders gemacht habe. Sie haben am Anfang zu Ihrer Frau gesagt: ‹Ja, du hast recht.› Wie es dann heikler wurde, sind Sie ausgewichen. Ihre Frau machte Ihnen zum Beispiel den Vorwurf, daß Sie Ihrer Freundin die Ehe vorgeschlagen hätten, und Sie antworteten darauf: ‹Da war ich vorher weg. Äh –.› Damit haben Sie den heiklen Punkt umschifft. Was ich gemacht habe? Ich habe es zugegeben. Statt verstecken zugeben: ‹Ich gebe zu, es hat Momente gegeben, wo ich das gesagt habe. Dazu stehe ich.› Und das tut Ihrer Frau offenbar gut. Das ist natürlich schwierig für Sie, da es Sie selbst betrifft.»

In diesem Beispiel mußte vor allem der Mann etwas lernen. Statt abzustreiten und auf Vorwürfe ausweichend zu antworten, mußte er lernen, zuzuhören und zuzugeben, wenn etwas daran wahr ist. Das Lernziel war aber nicht «ja und amen» zu sagen. Im Gegenteil: Beim Zuhören mußte er mehr als gewohnt bei seiner Frau sein, und beim Antworten mehr als gewohnt bei sich. So werden aus ihren Vorwürfen *Anlässe zur Innenschau* statt «Teufelskreis-Peitschenhiebe». Das ist in diesem Beispiel so, weil es um die Vergangenheitsbewältigung geht. Bleibt hingegen ein aufgeworfenes Problem in der Gegenwart zu ändern und ist von der Sache her für die Zukunft entscheidend, dann kann der Klärungshelfer ein Problemlöseverfahren einleiten.

Rollenspiele

Gegen Ende der 2. Sitzung des Ehepaares Horn ist längere Zeit die Rede von den Wunschvorstellungen des Mannes, wie seine Frau reagieren sollte. Als Ausgleich fragt der Klärungshelfer die eher deprimierte Frau:

KHelfer: «Gibt es auch etwas für Sie, das Ihnen guttäte, wenn es Ihnen nicht gutgeht?»
Frau: «Doch, ja, er braucht bloß dann zu kommen. Er darf mich dann nur nicht fragen und in mich eindringen wollen oder von mir eine plausible Antwort haben: warum mir das jetzt so geht. Wenn ich nämlich sage: ‹Es ist hier drinnen› (zeigt auf ihr Herz), das versteht er nicht. Er hat das noch nicht begriffen, daß da etwas ist, was ich nicht mit meinem Denken steuern kann.»
KHelfer: «Ich möchte gerne mal, daß er das sehen kann, wie Sie das brauchen. Wir beide machen jetzt ein Spiel und Sie (Mann) schauen zu. Ich bin die Frau und Sie (zur Frau), Sie sind Ihr Wunschmann. Wie Sie also gerne hätten, daß ‹Stefan› sich in solchen Situationen verhalten würde.»

Der Klärungshelfer legt sich anschließend auf zwei Sessel, stöhnt und macht einen depressiven Eindruck. Die Frau geht dann sehr fürsorglich in Wort und Tat mit dem «Patienten» um. Sie streichelt ihn und macht Vorschläge, auf denen sie aber nicht beharrt. Vor allem aber verliert sie nicht die Geduld.

Nach dem Spiel kommentieren alle Beteiligten das Ganze,

besprechen es, und der Klärungshelfer zementiert das Erlebte kognitiv:

«Das Typische, Charakteristische an der Darstellung Ihres Wunschmannes ist die liebevolle Zuwendung zu Ihnen. Vor allem werden keine bohrenden Fragen gestellt, eher teilnahmsvolle und einfühlende Vorschläge gemacht, auf denen er aber nicht beharrt. Das ganze Verhalten ist geprägt von In-Ruhe-Lassen, Gewährenlassen und Geduld. Deutlich ist auch der nonverbale Ausdruck dieser Grundhaltungen: sich hinsetzen, über die Haare streicheln, Schulter und Rücken berühren.»

Die Klärungshilfe bestand in diesem Fall darin, den Wunsch der Frau, wie sie gern behandelt werden möchte, für den Mann sinnfällig zu machen (damit er mit seinen Sinnen dabei ist und nicht nur mit seinem Vorstellungsvermögen).

Das Rollenspiel ist eine Methode, die den direkten Kontakt zwischen Klienten zum Hauptziel oder Nebenwirkung hat. Wenn es vom Klärungshelfer als Diagnosegrundlage oder zur Einübung neuer kommunikativer Verhaltensweisen eingesetzt wird, ist der Kontakt im «Hier und Jetzt» eher ein Nebenprodukt. Beim Rollenspiel mit Rollentausch hingegen, wenn der Mann die Frau und die Frau den Mann darstellt, sind das Verständnis und der Kontakt zentral.

Verschiedene Rollenspielformen können je nach situativer Anforderung genutzt werden:

Vergangenes Ereignis

Eine bestimmte Situation, an die sich alle gut erinnern können, wird möglichst so gespielt, wie es tatsächlich abgelaufen ist. Das vergrößert bei den Klienten das Bewußtsein und bildet für den Klärungshelfer die Grundlage für Diagnose und Therapieschritte.

Rollenwechsel

Ein vergangenes Ereignis wird so gespielt, wie es war, aber mit vertauschten Rollen. Das zwingt jeden Beteiligten, sich besser in die Haut des anderen zu versetzen.

Wunschzustand

Ein Beteiligter ist der Regisseur des Spieles. Er gibt den anderen Mitspielern seine eigenen Wunschvorstellungen als Spielinstruktion. Den Mitspielern wird dadurch möglich, den Regisseur besser kennenzulernen sowie sich mit seinen Wünschen auseinanderzusetzen.

Die schlimmste aller Möglichkeiten

Dieses Rollenspiel hat die Desensibilisierung des Rollenspielers vor der Katastrophenangst (Perls, 1974) zum Ziel. «Was könnte im schlimmsten Fall passieren?» Oder: «Was wäre, wenn...?»

Der allgemeine Ablauf ist bei all diesen Formen gleich:

– Die Spieler müssen instruiert sein und Zeit, Ort und Situation der Handlung hinreichend genau beschrieben und abgemacht werden.

Das Ziel des Spielens kann vom Klärungshelfer umrissen werden.
– Festlegen der Dauer und der Art des Abbruches: Wer und wie?
– Der Klärungshelfer organisiert eine Einführung in Rollen und Situation.
– Dann wird gespielt (Spielphase).
– Der Zeitbeauftragte stoppt das Spiel, es folgt sofort die
– Auswertung. Der Klärungshelfer regt die Beteiligten zum Überdenken an:

«Wie war es für mich? Wie habe ich mich gefühlt? Was erkenne ich daraus?»

– Bei besonders bizarren Rollenwechseln müssen die Spieler wieder aus ihren Rollen entlassen werden. «Du bist jetzt nicht mehr der böse Vater, den du vorher gespielt hast, sondern du bist jetzt wieder Karl.»

Kommunikationstheater mit Zuschauern

Eine spezielle Form des Rollenspiels ist das «Kommunikationstheater»: Die Klienten werden hier Zuschauer bei ihrem eigenen «Spiel». Der Klärungshelfer und der Co-Klärungshelfer übernehmen die Rollen der Klienten. Dieses Theater besteht zumeist aus zwei Akten.

1. Akt
Die Ist-Situation wird dem Klienten drastisch, aber nicht übertrieben vor Augen gestellt.

2. Akt
Die Klärungshelfer zeigen einen realistischen Wechsel in befriedigendere Bahnen auf. Es wird also keine Kommunikationsutopie «Herr und Frau Mustermann» oder unrealistische «heile Welt» vorgespielt, sondern die Art der Klienten und ihre Grundsituation werden respektiert und beibehalten. Damit soll den Klienten konkret vor Augen geführt werden, in welche Richtung möglicherweise ein Ausweg aus der Sackgasse zu suchen ist. Diese Methode kommt vor allem dann zum Einsatz:
– wenn der Klärungshelfer den Klienten nicht mit Worten oder didaktischen Belehrungen die dialogische Grundhaltung lehren will oder kann;
– wenn der Klärungshelfer «über seine eigene Ungeduld stolpert», er kann sich dann so «austoben»;
– wenn die Klienten den Dialog gar nicht kennen und ihn erst einmal erleben müssen.

Beispiel:
Gegen Ende der ersten Sitzung mit einem Ehepaar, bei dem sonst kaum Gespräche stattfinden, findet man heraus, daß jeder unter «Gespräch» etwas anderes versteht. Für Herrn Brander ist ein Gespräch eine Organisationskontrolle: «Was ist gemacht und was noch nicht gemacht?»
   Mit eigenen Worten nennt er das «Abhaken». Im Geschäft – er hat den ganzen Tag mit Kunden zu tun – muß er viel über Sachliches reden oder dann in der Kundenbetreuung Oberflächliches austau-

schen. Etwas anderes kennt er nicht. Seine Frau hingegen lebt vom direkten und tiefen Austausch zwischen Menschen. Er könne das nicht, meinen beide übereinstimmend, dafür sei er einfach nicht geschaffen. Er gibt auf, und sie bekräftigt sein Verhalten noch: «Er nimmt mich nicht ernst.» Da in der Sitzung nicht mehr viel Zeit ist, der Klärungshelfer aber diese Erkenntnisse nutzen möchte, schlägt er ihnen ein Kommunikationstheater vor, in dem der Unterschied zwischen den beiden Möglichkeiten demonstriert werden soll:

1. Akt: Abhaken;
2. Akt: Ernst nehmen, auf den anderen eingehen.

Der Klärungshelfer fragt den projektleitenden Professor – er ist bei allen Sitzungen * anwesend –, ob er mitspielen würde und welche Rolle er übernehmen werde, Mann oder Frau?

Hier einige Ausschnitte:

1. Akt (sehr realistisch)
Klärungshelfer (als Frau; im folgenden nur «Frau» genannt): «Also hör mal, Dieter, so kann das nicht weitergehen. Das ist kein Leben so, ich will mich trennen von dir.»

Professor als Mann (im folgenden nur «Mann» genannt): «Ja, das hast du ja schon vor zwei Jahren gesagt. Du sagst es immer wieder, und ich hoffe, daß es nicht dazu kommt. Das ist alles, was ich dazu sagen kann.»

Frau: «Das ist alles??»

Mann: «Das hab ich doch schon immer gesagt.»

Frau: «Du glaubst es mir offenbar gar nicht, daß ich gehen will.»

Mann: «Na ja – ich muß das wohl schon ernst nehmen, aber es ist müßig, darüber noch zu reden. Wir kennen die Situation.»

Frau: «Es kümmert dich nicht. Was stellst du dir eigentlich vor?»

Mann: «Natürlich kümmert es mich, aber das habe ich dir doch schon oft gesagt. Ich weiß nicht, was ich dir noch Neues sagen soll.»

Frau (vorwurfsvoll): «Ich muß dann unten durch mit dem Geld, und unser gemeinsames Eigentum ist dann auch nicht mehr...»

Mann: «Ja, das ist ja *deine* Entscheidung. *Ich* will ja, daß du bleibst (Pause). Es ist müßig, darüber zu reden. Das ist doch klar.»

* Im Rahmen des Forschungsprojektes

2. Akt

Frau: «Also hör mal, Dieter, so kann das nicht weitergehen. Das ist kein Leben so. Ich will mich trennen von dir.»

Mann: «Ja, jedesmal, wenn du das sagst, trifft es mich wie ein Schlag. Es macht mich hilflos. Ziemlich hilflos.»

Frau: «Du mußt doch auch sagen, daß das kein Zusammenleben ist, weder Sexualität, noch Schmusen, noch Gespräche. Das fehlt uns ja beiden. Zwar mit den Kindern, dem Haushalt und dem Verdienst geht es gut. Aber irgendwie bin ich nicht glücklich und zufrieden so.»

Mann: «Mit dem Verstand geb ich dir noch halbwegs recht. Das ist wirklich wahr. Alles ist gut gegangen, nur unsere Beziehung wurde immer schlechter. Da wir nicht herauskommen aus unserer Haut, muß ich dir mit dem Verstand recht geben, daß wir uns vielleicht logisch trennen müßten, doch innerlich sträube ich mich ganz stark dagegen.»

Frau (ruhig): «Das sagst du auch zum erstenmal.»

Mann: «Ja, das ist aber so. Auch in der miesen Lage weiß ich schon, was ich an dir habe.»

Frau: «Weißt du, ich hab schon Schuldgefühle, daß ich dich nicht ‹ranlasse› an mich, sexuell.»

Mann: «Ah, da machst du dir selber Vorwürfe? – Und ich weiß natürlich: Das muß freiwillig sein. Erzwungen geht das nicht. Deswegen kann ich das nicht erzwingen.»

Frau: «Ja, da bin ich dir auch dankbar – sonst wäre ich dir schon lange davongelaufen und erst noch mit Grund.»

Mann: «Hast du einen Rat, ich möchte – irgendwie (stockt, verstummt) – das ist jetzt wieder so eine Situation, ich weiß nichts zu sagen, obwohl es mir innerlich so nahe geht, weiß ich jetzt nichts mehr zu sagen.»

Frau: «Aber ich weiß jetzt, wie's dir geht. Da schmilzt meine Enttäuschung ein bißchen. Weißt du, was ich brauche, ist jemanden zu haben, mit dem ich sprechen kann. Mit den Kindern und anderen Leuten kann ich das natürlich auch, aber über uns, das möchte ich mit dir.»

Mann: «Und so gefällt dir das? Dabei ist dir wohl? (Frau: Ja) Und ich fühl mich soo unwohl dabei. Ich denke, es ist halb Zeitverschwendung. Das ist ja interessant. Ich reagiere ganz anders darauf als du. Ich könnte jetzt schon Zeitung lesen, mich auf dem laufenden halten – na ja, klar eigentlich, meine Welt ist ja Sport und Beruf und deine Familie und die Beziehung. Da leben wir eben in verschiedenen Welten.»

Wie dieses Spiel auf die Klienten wirkt, mögen ihre Zitate beschreiben:

Mann: «Da waren ja einige Wortpassagen wörtlich drin!»
Frau (lacht): «Ich habe mich total wiedergesehen, bloß die Antworten meines Mannes waren eben anders.»

Herr Brander spürt das zwar alles, was für ihn gesagt wurde, aber er würde es nie sagen. Das wäre aber für seine Frau genau das Herzaufweichende und Kontakt-Herstellende, an dessen Mangel sie verzweifelt. Anschließend ergibt sich eine rege Auswertung. Die Klienten scheinen ein Aha-Erlebnis gehabt zu haben und sehen plötzlich Türen, wo vorher nur Wände waren. Das legt die Vermutung nahe, daß die Methode «Kommunikationstheater» für die betroffenen Zuschauer ein guter Kommunikationsaktivator (und kein die Konsumhaltung fördernder Kommunikationsersatz) ist.

VI. Persönlichkeitsklärung

1. Einleitung

Viele beratungsbedürftige Paare kommen zum Klärungshelfer, wenn nach einem langen Beziehungskampf die jeweiligen Positionen der Partner erstarrt und auseinandergelaufen sind. Es scheint, als habe es nie eine Übereinstimmung bezüglich bestimmter Werthaltungen, Meinungen und Lebensziele gegeben, als seien ihre Persönlichkeiten von Grund auf verschieden und unvereinbar. Beide sind füreinander ein Rätsel geworden, sie erkennen sich kaum wieder.

Da ist zum Beispiel die Frau, die sich in ihrer Beziehung emotional «am Rande des Verhungerns» fühlt, ihren Mann als «unnahbaren Eisklotz» empfindet und nach einer Phase anfänglicher Rebellion nun resigniert ihren beziehungslosen Alltag lebt, der kaum Hoffnung auf Geborgenheit und nahen Kontakt zuläßt.

Da ist zum Beispiel der Mann, der sich in seiner Freizeit nach Ruhe sehnt, sich unter den ständigen Forderungen und Anklagen seiner Frau immer mehr verschlossen hat, der den Wunsch nach Nähe als einengend, sogar erdrückend erlebt, aber aus Angst vor ihren Gefühlsausbrüchen kaum offen zu sprechen wagt. Ihre Reaktionen und Gefühle sind ihm fremd, teilweise findet er sie übertrieben, teilweise kindisch. Sie bleiben ihm unerklärlich, obgleich *er* seine Partnerin am besten kennen und verstehen müßte.

Tatsächlich wissen viele Partner eine Menge übereinander, kennen sich aber nicht. Auf diesen Punkt wird in der Klärungshilfe eingegangen: zunächst auf eine punktuelle Selbstklärung, später auf die Zusammenfügung der einzelnen Mosaikstücke zu einem Gesamtbild der Persönlichkeit.

Es geht im ersten Schritt – im positiven Sinne – um die Erlangung eines neuen Selbstbewußtseins, das folgendermaßen umschrieben werden kann:

«Ich bin ich, und so, wie ich bin, bin ich nun. Das ist zunächst einmal weder gut noch schlecht, sondern es ist so. Ich traue grundsätzlich meiner Gefühlswahrnehmung und meiner Wahrnehmung der anderen Leute und der Welt. Ich weiß auch, daß diese Wahrnehmungen subjektiv sind. Trotzdem habe ich nichts anderes, worauf ich mich stützen kann.

Ich kenne meine Bedürfnisse, Wünsche und Erwartungen und kann sie voneinander unterscheiden. Ich kenne meine «Macken» und weiß, wie ich «von Haus aus» mit Schwierigkeiten und Grenzen umgehe. Ich kenne gleichfalls meine Vorzüge. Ich stehe zu dem, was ich denke, wie ich etwas empfinde, und drücke es aus.

Was dabei herauskommt, muß nicht besonders einzigartig oder großartig sein!»

Für den einzelnen ist es wichtig, wenigstens sich selber als zuverlässige Ausgangsgrundlage zur Verfügung zu haben, wenn bereits der Kontakt mit anderen unsicher ist. Zudem schiebt das Selbstbewußtsein Projektionen, die Beziehungen erschweren können, einen Riegel vor. Bekanntlich sieht man den «Splitter im Auge des anderen» besser, wenn man selber einen «Balken» drin hat. Leicht bekämpft sich's beim anderen, was ich selber an mir nicht wahrnehmen will, darf oder kann: Gier, Anhänglichkeit, Abhängigkeit, Bedürftigkeit, Selbstherrlichkeit, Geiz usw.

Im Persönlichkeitsklärungs-Quadranten geht es letztlich darum, eine *Landkarte der Persönlichkeit* des Klienten zu zeichnen. Seine Persönlichkeits-Höhen und -Tiefen, -Ebenen und -Abgründe ruhig und sachlich zu erkunden, aufzusuchen und aufzuzeigen.

Zum einen dient dies der Selbsterkenntnis des Klienten, zum anderen dient es ebenso seinem Partner bzw. den mit ihm in einem zwischenmenschlichen System lebenden oder arbeitenden Personen: damit sie wissen, womit sie zu rechnen haben, wie seine speziellen Verhaltensweisen zu verstehen und zu erklären sind, und wie sie mit diesem Menschen am besten umgehen sollten. (Hiermit wird ausschließlich das Bereichern ihres Wissens um sein Wesen angestrebt, es impliziert nicht, daß sie ihn unbedingt anders behandeln müßten.)

Die Persönlichkeitsklärung geschieht im Sinne der Humanistischen Psychologie. Der Klärungshelfer teilt dabei dem Klienten zwischen den Zeilen etwa folgendes mit:

«Du bist, wie du bist. Das ist in Ordnung so. Spalte dich nicht in gute und böse Teile, sieh aber wohl die Unterschiede und akzeptiere dich als Ganzes. Ich versuche das bei mir selber und unterstütze es bei dir. Wenn du anders, besser und perfekter sein willst, als du bist, spielst du «Bürgerkrieg» mit dir selbst.»

Dem einzelnen Klienten soll diese Grundhaltung dazu verhelfen, sich so zu sehen, wie er ist, in allen Schattierungen, ohne Panik und Selbstvorwürfe. Sie soll ihm zudem «auf den Busch klopfen», um die geeignete Stelle zu finden, wo er sich einen Schritt in die Richtung verändern kann, daß es für ihn weniger «leidbringend» und mehr «befriedigend» sein kann. Leidbringend mag nicht nur das Erleben im Alltag des Klienten sein, sondern auch das *Bild*, das er über sich selber hat. Und dieses Bild, diese «Landkarte», erfährt in der Persönlichkeitsklärung eine Überprüfung, Bestätigung oder Korrektur.

Zum Anfertigen spezifischer Landkarten braucht jeder Klärungshelfer Kategorien oder theoretische Bezugssysteme, die ihm die Besonderheiten seines Gegenübers verdeutlichen helfen. Der Klärungshelfer unseres Projektes ist von einer Persönlichkeitstheorie beeinflußt, die er aus Fritz Riemanns «Grundformen der Angst» (1974) weiterentwickelt hat. Da sie in seinem kognitiven Orientierungssystem einen zentralen Platz einnimmt, wird sie hier dargestellt.

2. Persönlichkeitstheoretischer Wegweiser

Die vier Grundstrebungen: Nähe – Distanz, Dauer – Wechsel

Das Modell unterscheidet vier Grundstrebungen, die für die meisten Menschen mehr oder weniger zutreffen, das heißt in ihnen und zwischen ihnen aktiviert werden können.

Nähe
Hier steht der Wunsch nach vertrautem Nahkontakt; die Sehnsucht, lieben zu können und geliebt zu werden. Eine Bindung wird zumeist angestrebt, das Bedürfnis nach Zwischenmenschlichem, sozialen Interessen, Geborgenheit, Zärtlichkeit, ebenso nach Bestätigung und Harmonie, Mitgefühl und Mitleid, Selbstaufgabe.

Distanz
Hier äußert sich der Wunsch nach Abgrenzung von anderen Menschen, um ein eigenständiges und unverwechselbares Individuum zu sein. Die Betonung liegt auf der Einmaligkeit, der Freiheit und Unabhängigkeit, Unverbundenheit und Autonomie. Das Streben nach klarer Erkenntnis des Intellekts wird deutlich. Diese Tendenz beschreibt demnach jene Bedürfnisse im Menschen, die eher mit Distanz zu anderen zu tun haben.

Dauer
Die Sehnsucht nach Dauer und der Wunsch nach Verläßlichkeit und Ordnung aktivieren im Menschen Grundtendenzen, die mit folgenden Begriffen umrissen werden können: Planung, Vorsicht, Voraussicht, Ziel, Gesetz, Theorie, System, Macht, Wille und Kontrolle. Damit wird verdeutlicht, welche Grundstrebung gemeint ist: das den Moment Überdauernde wird angestrebt, um durch Langfristigkeit Sicherheit zu erlangen.

Die zeitliche Dimension läßt sich auf den zwischenmenschlichen Bereich übertragen: Hier gelten Verantwortung, Pflicht, Pünktlichkeit und Sparsamkeit, Achtung und Treue.

Wechsel
Diese Tendenz beschreibt den Wunsch nach dem Zauber des Neuen, dem Reiz des Unbekannten, von Wagnissen und des Abenteuers; den Rahmen sprengen, den Augenblick erleben. Das Bedürfnis nach Spontaneität und Leidenschaft, Höhepunkten und Ekstase, Charme und Suggestion, nach Temperament, Genuß, Phantasie, Verspieltheit, Begehren und Begehrtwerden wird deutlich. Diese Worte beschreiben das Grundbedürfnis nach Abwechselung, nach *Wechsel*.

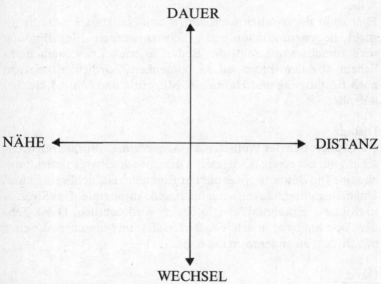

Abb. 7: Die vier Grundtendenzen

Alle vier Grundstrebungen treffen für die meisten Menschen zu – allerdings in einem unterschiedlichen Verhältnis. Jeder verfolgt die Tendenzen in unterschiedlichem Maße, unterschiedlicher Intensität und Reihenfolge.

Dies läßt sich in einem Modell demonstrieren, in dem die vier Einzelgrundstrebungen mit fließenden Übergängen – wie sie im

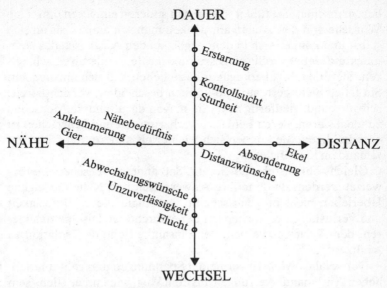

Abb. 8: Je extremer das Phänomen, desto weiter vom Nullpunkt entfernt

Leben vorkommen – dargestellt werden. Die beiden Polaritäten Dauer und Wechsel, Nähe und Distanz werden einander gegenübergestellt. Die erste Polarität ist die Zeitachse, die zweite die Raumachse. Sie stehen im rechten Winkel zueinander.

Es entsteht ein Fadenkreuz mit einem Kreuzungs- oder Nullpunkt, von dem aus die Grundstrebungen in vier Richtungen laufen. Je stärker eine Strebung ist, desto weiter vom Nullpunkt entfernt wird sie eingeordnet.

Sonnen- und Schattenseiten der Grundstrebungen

Nähe
Menschen, bei denen die Nähetendenz aktuell oder generell vorrangig ist (im Vergleich mit sich selbst zu einem früheren Zeitpunkt oder mit anderen Menschen, mit denen sie jetzt in Beziehung stehen), neigen dazu, folgende Sonnenseite zu zeigen: Als Liebende haben sie den Wunsch, den geliebten Menschen glück-

151

lich zu machen. Sie fühlen sich in den anderen ein, lesen ihm seine Wünsche von den Augen ab, denken mehr an andere als an sich selbst und können sich in dem beglückenden Austausch des Nehmens und Gebens völlig vergessen und mit dem anderen verschmelzen. Sie sind fähig, bedingungslos zu lieben und sich hinzugeben. Sie fallen nicht gern auf und können bescheiden, verzichtbereit, selbstlos und friedfertig sein. Sie neigen dazu, andere Menschen zu idealisieren, deren Fehler zu verharmlosen und Schwächen zu entschuldigen. Sie können sich leichter als andere Menschen mit jemandem identifizieren.

Gleichwohl besteht die Gefahr, daß andere Menschen überbewertet werden, da ohne ihre Anwesenheit und Nähe das eigene Überleben nicht möglich scheint. Anhänglichkeit, Hilflosigkeit und Verlustangst versuchen vor der gefürchteten Distanz zu anderen, dem Verlassenwerden, der Einsamkeit und der Isolation zu schützen.

Der «Nähe»-Mensch vermeidet Spannungen und geht unerläßlichen Auseinandersetzungen aus dem Weg, will immer «lieb» sein und kann nicht «Nein» sagen. So wird er leicht ausgenützt. Das Sich-selber-für-nicht-Wichtignehmen kann über Unterordnung und Anpassung zur Selbstaufgabe gesteigert werden, im Extremfall bis zum Masochismus. Geringes Selbstwertgefühl, passive Erwartungshaltung, unklare Wünsche, Dulderrolle, gepaart mit moralischem Überlegenheitsanspruch (als der Erleidende glaubt er nicht schuldig zu sein, wenn er andere so zum Sadismus reizt) und der Tendenz, Aggression zu schlucken und in einem «Kropf» aufzubewahren und/oder zu somatisieren, machen ein Zusammenleben mit ihm zuweilen sehr schwer.

Distanz

Menschen mit dieser Tendenz haben folgende Stärken: Sie können unabhängig und autark, auf niemanden angewiesen und niemandem verpflichtet sein und mit sich allein zurechtkommen. Sie sind gut im Sichabgrenzen und Nein-Sagen. Sie können sich in großen Gruppen anonym unterordnen und stellen sich selber kaum in den Mittelpunkt. Sie entwickeln ihre Wahrnehmung und schulen ihren Intellekt. Sie sind zumeist gute Theoretiker in Lehre und Forschung. Wenn man sie in Ruhe läßt, können sie ange-

nehme Nachbarn sein. Sie sind sehr sensibel und reagieren fein-
fühlig auf Unausgesprochenes. Sie sind fähig, ein eigenständiges
Ich zu werden, und kennen in aktuellen Konfliktsituationen ihre
Wünsche sehr genau.

Auf der anderen Seite haben «Distanz-Menschen» Angst vor
der Hingabe, vor der Nähe zu anderen. Sie fürchten, im Nahkontakt ihre Individualität und ihre Unabhängigkeit – kurz: ihr Lebenselixier Nr. 1 – zu verlieren. Um es nicht so weit kommen zu
lassen, wirken solche Menschen meist kühl, distanziert, unpersön-
lich, kalt, abweisend, zuweilen auch unverständlich, befremdend
oder unerklärlich aggressiv. Ist ihr Kontaktmaß einmal gefüllt,
können sie andere Menschen abrupt zurückstoßen und sind nicht
mehr erreichbar.

Das macht sie eher zu Einzelgängern, zu Bastlern oder Bücher-
würmern. Durch Bücher versucht ein «Distanz-Mensch» unter
Umständen herauszufinden, «wie die Menschen sind», weil er im
Laufe seines Lebens eine größer werdende Lücke in der Erfah-
rung mit anderen hat, was ihn noch kontaktunsicherer macht.
Dies kann sich von Selbstbezogenheit über Mißtrauen bis hin zu
Verfolgungsängsten und wahnhaften Einbildungen steigern. Im
Extremfall neigt er zu Arroganz, beißender Ironie, Zynismus und
Sadismus. Er kann dazu tendieren, den Partner zu dämonisieren,
die Welt als schlecht und die Menschen als böse hinzustellen.

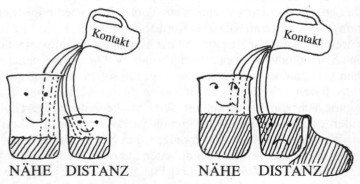

Abb. 9: Kontaktmaß von Nähe und Distanz

Dauer

«Dauer»-Menschen sind verläßlich, man kann ihnen vertrauen. Sparsamkeit, Pünktlichkeit und Bodenständigkeit sind ihre Eigenschaften. Sie können zielbewußt auf lange Sicht planen und haben die Neigung, sich für andere Menschen so einzusetzen, daß sie ihnen etwas ermöglichen, was diese aus eigenem Antrieb kaum fertiggebracht hätten: Der Gang in eine Bibliothek, das Einholen einer Auskunft in einem Amt, die Bewerbung um eine Stelle oder auch das Vergleichen von günstigen Einkaufsmöglichkeiten – all das macht ihnen keine Schwierigkeiten. Sie halten gern an liebgewordenen Gewohnheiten fest. Sie neigen zum Sammeln und dazu, sich für das «Richtige» einzusetzen und ihre Meinung öffentlich zu vertreten. Sie lieben die Ordnung und die Sicherheit, die sie ebenso anderen Menschen gewähren. In guten Beziehungen können sie verläßlich und stabil zum Partner stehen und in gegenseitiger Achtung und Zuneigung viel Verantwortung für die Gemeinschaft übernehmen. Sie halten sich an Vorschriften und Prinzipien und sind gewillt, ihren Platz in einer Hierarchie zum besten des Ganzen auszufüllen.

Die Kehrseite dieser Medaille beschreibt das Motto: «Bloß nichts riskieren, keine Experimente und kein Chaos.» Es zeigt die allgemeine Angst der «Dauer»-Menschen vor Veränderung und Unvorhergesehenem. Am liebsten ist ihm, wenn alles so bleibt, wie es ist; er sucht Konstanz und kämpft gegen Neuerungen. Von daher begegnet er Unbekanntem mit Vorurteilen («neumodischer Kram»). Er neigt zum Konservatismus, Dogmatismus, zur Prinzipienreiterei, zum Fanatismus und zur Machtgier. Damit niemand seine Vorstellungen durcheinanderbringt, will er andere beherrschen und ihnen vorschreiben, was sie tun sollen, und das auch kontrollieren. Die Gefahr ist, daß er vor lauter Absicherung und Planung nicht zum Leben kommt. Vor Entscheidungen zögert und zaudert er. Im Extremfall wird ihm die ganze Ordnung und Absicherung seines Lebens zum Zwang; wenn Macht hinzukommt, wird er zum Tyrannen. In Kleinigkeiten kann er recht pedantisch sein und starr auf Zeit, Geld und Pflichten schauen und gegen Freude, Genuß und Lust kämpfen. Er predigt häufig Selbstbeherrschung und Selbstzucht. Er übt gern Bestrafung, Dressur und Drill im Namen von Ordnung, Gesetz und Autorität aus.

Wechsel

«Wechsel»-Menschen können für ihre Umgebung eine Bereicherung sein. Sie bringen «Farbe» in den Alltag, reagieren spontan, sind begeisterungsfähig, können auf andere Menschen zugehen und schöpfen viele Möglichkeiten aus, sie kennenzulernen und sich durch diese Begegnungen zu bereichern und zu reifen. Sie lieben die Freiheit und das Risiko, sind unkonventionell, neigen zu Neuem und streben in das weite Feld der zukünftigen Möglichkeiten. Sie sind lebendig und lassen sich und andere leben.

Mit ihrer Art können sie andere aufmuntern und das Klima lokkern, und sie haben für Probleme häufig neuartige Lösungen zu bieten. Sie können sich den verschiedensten Situationen gut anpassen und bewältigen sie mit Charme. In ihrer Umgebung ist es nie langweilig. Das Bewerben, Werben und Erobern liegt ihnen, und sie haben darin Überraschungserfolge, weil sie elastisch und unbekümmert an schwierige Situationen herangehen können. Sie sind emotional sehr ansprechbar und drücken sich gern aus, was die Grundlage zu ihrer Kontaktfreudigkeit bildet.

Die Schattenseite der «Wechsel»-Menschen besteht darin, daß sie letztlich Angst vor allem Dauerhaften, Endgültigen, Unausweichlichen, Notwendigen und vor jeder Einschränkung haben. So weichen sie Verträgen, Verpflichtungen, Verantwortungen, Konventionen, Spielregeln, Vorschriften und Gesetzen weitgehend aus. Dem Alter und dem Tod wollen sie gleichfalls entweichen. Sie sind für jede Ablenkung dankbar und daher leicht verführbar, besonders durch die eigenen Wünsche oder unwiederbringlichen Möglichkeiten des Jetzt. Wenn es um die Konsequenzen geht, finden sie irgendein Hintertürchen zum Fliehen. Sie haben wenig Ich-Kontinuität und neigen dazu, gleich einem Chamäleon die Rolle einer Situationsmarionette zu spielen. Sie neigen zu Narzißmus, zur Hysterie und zu Illusionen, sind launenhaft, leicht verstimmt und unzufrieden und immer auf der Suche nach Bestätigung. Im Extremfall kann es bis zur Hochstapelei und Selbstglorifizierung kommen.

Ansichten vom Menschen und der Welt

Nicht nur die Bedürfnisse und Grundgefühlsstimmungen sind je nach Stellung in dem gezeigten System unterschiedlich, ebenso ist die Denkrichtung, Denkart und Weltanschauung von der Lage in dem System abhängig. Kaum eine davon wurde nicht bereits verabsolutiert und generalisiert, auf Fahnen und Programme geschrieben. In ihrer Einseitigkeit können sie zu Überzeugungsdiskussionen, fanatischen Handlungen und Glaubenskriegen führen.

Nähetendenz
– «Im Grunde genommen braucht jeder Mensch soviel Nähe und Zärtlichkeit wie ich, nur merken es die anderen nicht. Die Menschen sind von Grund auf gut.
– Zärtlichkeit und Kontakt sind Retter unserer Welt.
– Mensch sein, heißt im Grunde genommen: mit anderen in Kontakt und Beziehung stehen.
– Gefühlskälte, Kontaktarmut und Isolation zwischen Menschen sind verantwortlich für alles Böse in der Welt.
– Die Veränderung in der Welt fängt bei der Veränderung des einzelnen Menschen an, bei mir und dir.
– Die Gefühle sind das Wichtigste, sie sind der Motor der Welt.»

Distanztendenz
– «Die Welt ist schlecht. Die Menschen sind im Grunde genommen schlecht.
– Wenn jeder allein sein könnte und zu Hause bleiben würde, gäbe es keinen Krieg.
– Der Mensch ist und bleibt ein Einzelwesen. Wir sind keine Herdentiere. Im Grunde genommen ist man immer allein.
– Letztlich kann man sich nur auf sich selber verlassen und sich selbst nähren.
– Man soll die anderen nicht mit den eigenen Problemen belasten. Man kann anderen nicht helfen, nur jeder sich selber.
– Freiheit ist die Conditio humana. Nur frei ist der Mensch ein Mensch. Beziehung bringt Abhängigkeit. Abhängigkeit ist der Tod des Menschlichen.
– Kontakt und Begegnung sind eine Illusion des Paradieses auf

Erden und leiten die Menschen irre, lenken sie ab von der Individuation, die ihre wahre Aufgabe ist. Sich-selber-Werden als letztes Ziel, die anderen lenken einen nur davon ab.»

Dauertendenz
- «Die Welt ist von Natur aus ein Chaos. Unsere Aufgabe ist es, aus dem Chaos Kosmos zu machen. Ohne Ordnung und Spielregeln geht es nun einmal nicht.
- Ja keine Fehler machen!
- Recht und Ordnung helfen immer.
- Kein Risiko und keine Experimente!
- Bis jetzt ist es ja auch gegangen, es war schon immer so.
- Sicherheit ist alles.
- Erst in der Kontinuität kann sich das Menschliche entfalten, am besten sieht man das in der Kindererziehung.
- Man muß streng unterscheiden, ob etwas moralisch gut oder verwerflich ist, dabei sind sowohl die Motive als auch die Auswirkungen zu berücksichtigen.
- Veränderungen finden erst statt, wenn die gesetzliche Grundlage verändert wird.
- Das wichtigste Ziel der Erziehung ist: warten können.
- Im Gleichnis der törichten und klugen Jungfrauen in der Bibel sind die Werte eindeutig gesetzt: Wer vorausdachte, ist zum göttlichen Hochzeitsmahl eingeladen, für die anderen bleibt Hölle und Zähneknirschen. Wenn man nicht im voraus für sich plant, hat man hinterher das Nachsehen.
- Ohne System, Planung, Konzept, Organisation und Ziel erreicht man nichts.
- Ohne Fleiß kein Preis.
- Zuerst kommt die Arbeit, dann das Spiel.»

Wechseltendenz
- «Das Wichtigste im Leben ist Freude und Spontaneität.
- Wir sind nur eine Sternschnuppe.
- Gesetz und Paragraphen sind blöd.
- Gelegenheiten sind da, um ergriffen zu werden.
- Man kann sich nur entwickeln, wenn man immer neue Seiten an sich entdeckt und ausprobiert.

- Man darf seine Meinung jederzeit ändern.
- Auf Reisen entdeckt man sich selber und vergrößert seinen Horizont.
- Das Leben ist wie eine Seifenblase.
- Das Leben ist eine Bühne. Die Menschen sind die Schauspieler.
- Leben heißt Veränderung. Veränderung heißt Unsicherheit. Wer stillsteht, ist tot.
- Treue ist der Ausdruck einer toten Beziehung. Die Ehe ist das Grab der Liebe.
- Das Leben ist ein Spiel, tobe dich darin kreativ und sensitiv aus!
- Das Prinzip Hoffnung.
- Einmal ist keinmal.
- Unser ganzes System ist eben schuld; zu verknöchert und zu rigide.
- Ganz entspannt im Hier und Jetzt.
- Schon in kleinsten Teilen unserer Materie finden wir Bewegung.

Welche der Tendenzen in einem Menschen auch immer betont sein mögen, in jedem Fall neigen wir dazu, unsere Eigenart zum Maßstab zu erheben, das heißt, unsere Eigenart zum Nullpunkt zu machen, von welchem andere Menschen als abweichend empfunden werden. Man unterstellt gern, daß andere Menschen «im Grunde genommen» genauso seien wie man selbst – nur seien sie vielleicht noch nicht so weit, dies zu entdecken und vollwertig zur Entwicklung zu bringen.

Pathologische Übersteigerungen

Riemann sieht die pathologischen Geistes- und Gemütserkrankungen als Übersteigerungen dieser vier Grundtendenzen an. So entartet die Nähetendenz zur Depression, die Distanztendenz zur Schizoidie oder Schizophrenie und Paranoia. Die Dauerhaftigkeit übersteigert sich zur Zwanghaftigkeit oder Zwangsneurose und die Wechseltendenz extremisiert sich in Richtung Manie und Hysterie. Die Übergänge zwischen normal und extrem sind daher fließend und reversibel.

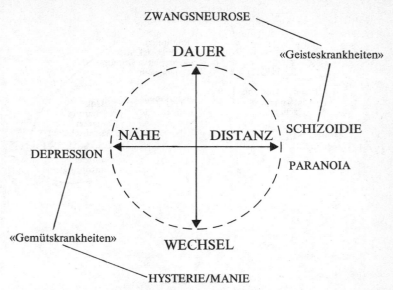

Abb. 10: Pathologische Übersteigerung der vier Grundtendenzen

Gesellschaftlich betonte Werte

Am Rande sei bemerkt, daß die offiziellen Werte, die vor allem in der Berufswelt unserer Gesellschaft «hochgehalten» werden, überwiegend aus dem schizoid-zwanghaften Gebiet (Dauer-Distanz-Tendenz) kommen:

Kontinuität, Zuverlässigkeit, Sicherheit, Ordnung, distanzierte Höflichkeit, Genauigkeit. Dafür sprechen die luxuriösen Paläste der Versicherungen, Banken, Pensionskassen und Computerfirmen. Unter den Wissenschaften sind besonders die exakten angesehen, und diese neigen dazu, ihre Maßstäbe und Methoden auf die anderen Richtungen auszudehnen (Riemann, 1975).

Als Gegengewicht zu der tendenziell sterilen und kalten Welt befinden sich die offiziellen Werte der Ehe im Nähe-Dauer-Quadranten: Liebe und Treue, «bis daß der Tod Euch scheidet».

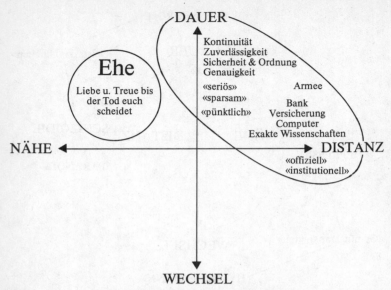

Abb. 11: Übertragung des Persönlichkeitsmodells auf gesellschaftliche Institutionen

Dem übergewichtigen Machtblock der «oberen Hemisphäre» des Strebungssystems steht die Kultur der unteren Hemisphäre entgegen: Bewegungen wie die Alternativen, die Grünen, die Friedens- und Emanzipationsbewegung sowie die Humanistische Psychologie. Sie vertreten Normen, die in Richtung Nähe, Kontakt, Austausch und Spontaneität, Solidarität, Antibürokratie, undogmatische Flexibilität und Offenheit gehen.

Für den letzten Quadranten «Wechsel – Distanz» mag der Abenteuer-Tourismus als Beispiel stehen, vielleicht auch Popkonzerte oder der Heimvideokonsum. Da sich in Partnerschaften, in Arbeitsgruppen und Kollegien häufig Vertreter dieser Kulturen und Gegenkulturen als Antagonisten gegenüberstehen, sollte der Klärungshelfer auf die Begegnung dieser Wertewelten gefaßt sein und versuchen, ihre allgemeineren Zusammenhänge zu verdeutlichen.

Umgang mit Verstimmungen und Krisen

Die Gefühls- und Bedürfnislage und das Verhalten in Krisensituationen zeigen deutlich, wo sich jemand aktuell im Fadenkreuzsystem befindet:

Der überwiegend vom Nähebedürfnis geprägte Mensch will seine Situation mit jemandem besprechen, sich ausweinen können, klagen und anklagen. Erst im Gespräch mit anderen findet er genau heraus, was ihn grämt, stört und hindert und was er statt dessen eigentlich lieber möchte.

Da er sein Faß längere Zeit heimlich füllte, bedarf es irgendwann nur noch eines Tropfens, der es zum Überlaufen bringt: Der Anlaß ist klein, die Folgen unangemessen groß. Das vorherrschende Gefühl ist das Selbstmitleid und das Bedürfnis, sich anlehnen zu können und Wärme zu finden – am liebsten an der Haut eines anderen Menschen.

Manchmal gibt er sich auch zufrieden mit einem Kuscheltier, einem warmen Bad oder damit, sich unter die Bettdecke zu verkriechen. Andere Möglichkeiten sind für ihn, zu telefonieren oder ein Tagebuch zu schreiben.

Der «Distanzler» sucht Ruhe vor dem Miteinander mit anderen Menschen und will Schwierigkeiten zunächst mit sich selber bereinigen. Erst wenn er etwas für sich klarsieht, geht er unter Umständen zu anderen, um mit ihnen zu reden bzw. ihnen das fertige Produkt seiner Selbsterforschung mitzuteilen. Bis dahin legt er jedoch viele einsame Spaziergänge zurück oder verbringt lange Zeit allein hinter verschlossenen Türen.

Wie der «Dauer-Mensch» Krisensituationen bewältigt, ist offensichtlich: er ordnet. Er ordnet seine Wohnung, seine Angelegenheiten und sein Innenleben. Am liebsten geht er nach einem Konfliktlösungschema oder nach einer Selbstbeobachtungsskala vor. Es ist möglich, daß er sich vor oder nach dieser «Ordnung» erholen muß; dies tut er mit Dingen, die nach festen Regeln, mit klaren Abläufen und vorhersagbaren Mechanismen ablaufen: Schach oder Karten spielen, Sportschau oder andere Fernsehsendungen sehen, Zeitung lesen oder mit dem Heimcomputer spielen.

Der «Wechsel-Mensch» braucht in Konfliktsituationen vor allem und erst einmal Abwechslung: Er wechselt die Kleider, stellt seine Wohnung um, schneidet sich die Haare oder färbt sie, macht «Tapetenwechsel», bucht eine Reise, sucht sich einen neuen Partner und neue Bekanntschaften. Diese «Fluchten» sind typisch und treten nicht nur in der Form des «Weg-von-etwas» auf, sondern auch als Flucht nach vorn in einer Konfliktsituation: sie wird dadurch übersteigert und fast genossen; Dramen und Szenen werden inszeniert, Rollen gewechselt – am Ende weiß manchmal keiner mehr, was los ist.

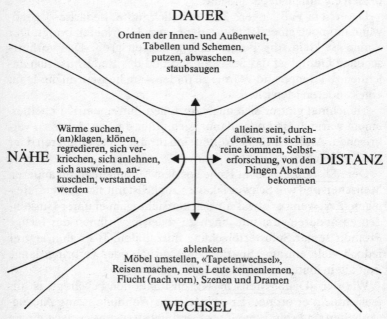

DAUER

Ordnen der Innen- und Außenwelt,
Tabellen und Schemen,
putzen, abwaschen,
staubsaugen

NÄHE

Wärme suchen,
(an)klagen, klönen,
regredieren, sich verkriechen, sich anlehnen,
sich ausweinen, ankuscheln, verstanden
werden

alleine sein, durchdenken, mit sich ins
reine kommen, Selbsterforschung, von den
Dingen Abstand
bekommen

DISTANZ

ablenken
Möbel umstellen, «Tapetenwechsel»,
Reisen machen, neue Leute kennenlernen,
Flucht (nach vorn), Szenen und Dramen

WECHSEL

Abb. 12: Bedürfnisse und Tätigkeiten in Krisensituationen

3. Vom Persönlichkeits- zum Beziehungsmodell

Bisher sind die einzelnen Strebungen so beschrieben worden, als ob es Menschen gäbe, die so sind, deren Reaktionen von vornherein eingeschätzt und vorausgesagt werden können. Im Alltag läßt es sich jedoch nicht voraussehen, ob zum Beispiel zwei Menschen, die man unabhängig voneinander kennt und schätzt, sich miteinander verstehen. Im Gegenteil: die «Chemie der zwischenmenschlichen Begegnung» kann aus «harmlosen Elementen» hochexplosive Verbindungen bilden. Und genauso können umgekehrt stille «langweilige» Menschen im Kontakt mit bestimmten Menschen plötzlich aufblühen – also scheinbar den «Typ» wechseln.

Im folgenden wird das Modell von daher nicht mehr auf Einzelmenschen, ihr «Wesen», ihre Bedürfnisse und Verhaltensweisen angewendet, sondern auf Beziehungen:

Was aktiviert bei zweien, die miteinander eine Beziehung haben, der eine beim anderen? Was verkümmert? Was ist die Würze der Begegnung und was läßt den anderen versauern? Wie erklären sich plötzliche und unverständliche Sinnes- und Gefühlswandlungen? – Lassen sich allgemeine Aussagen treffen?

Bevor diese Fragen beantwortet werden können, muß ein Blick auf die Theorie des Modells geworfen werden:

Zunächst wurden die vier Grundtendenzen so beschrieben, daß sie ein monokausal denkender Leser als ein Typenmodell mißverstehen könnte: als Persönlichkeitstheorie mit Ausdrücken wie «Nähetyp», «Distanzcharakter», «Er hat eine zwangsneurotische Persönlichkeit» oder schlicht: «Er ist schizophren.» Es ist aber nicht so, sondern als Beziehungsfeldtheorie zu verstehen. Der systemische Ansatz in der Betrachtung zwischenmenschlicher Beziehungen bildet dafür die Grundlage.

Ein System ist als ein Ganzes zu verstehen, welches aus verschiedenen Teilen besteht und auf diese (zurück)wirkt. Diese sind wechselseitig vernetzt, sie können ausschließlich zusammen funktionieren. Diese Vernetzung ist vielfältig und ist durch ihre

Struktur, Ordnung und Organisation beschreibbar. Ins Zwischenmenschliche übersetzt heißt das für ein Paar,
- daß es aus zwei Einzelmenschen besteht, die verschieden sind;
- daß beide in Beziehung zueinander stehen;
- daß es zwischen ihnen Regeln für die Gestaltung der Beziehung
  gibt;
- daß die Beziehung ihre Rückwirkung auf jeden Beteiligten hat;
- daß sich sowohl der einzelne als auch die Partnerschaft ständig
  verändern und
- daß das Programm dieser Veränderung im System liegt.

Bei den folgenden «Beziehungsgesetzen» handelt es sich nicht um
empirisch gesicherte Sachverhalte, sondern um ein – auf dem
Nährboden unsystematischer klinischer Empirie gewachsenes –
kognitives Orientierungssystem. Es existiert «im Kopf» des Klärungshelfers unseres Projektes. Es ist wichtig, es zu erkunden und
explizit zu machen, weil die Art und Richtung der klärenden Interventionen dadurch bestimmt werden.

«Heimatgebiet» und aktueller «Standort»

In diesem Modell hat jeder Mensch ein «Heimatgebiet», einen
aktuellen «Standort» und Entwicklungsmöglichkeiten durch Ver-
schiebung seiner Grenzen.
   Das «Heimatgebiet» kann die verschiedensten Formen haben:
kreis-, birnen-, bananenförmig u. a. (s. Abb. 13–15)
   Es ist das Gebiet seiner Möglichkeiten, geprägt von seinem bisherigen Verhalten in Normal- und Grenzsituationen. Die Mitte
muß nicht dem geometrischen Mittelpunkt seines Heimatgebietes
entsprechen, sondern seinem sogenannten «Schwerpunkt», so wie
sich jemand empfindet und selber definiert, beispielsweise als absolut zuverlässig, anhänglich oder leichtfüßig, selbständig usw.
Dies bedeutet nicht, daß jemand, der seinen Schwerpunkt auf der
Distanzseite hätte, sich nicht nach Nähe sehnen würde. Sein
Nähebedürfnis mag sogar größer als das des «typischen Nähemen-
schen» sein, es ist jedoch stärker mit Angst besetzt.
   Diese «Umkehrung» gilt ebenso für die anderen Tendenzen.

164

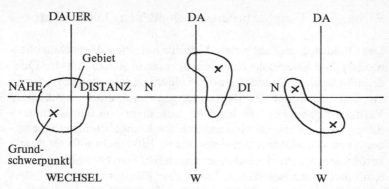

Abb. 13–15: Das Gebiet der eigenen Möglichkeiten (links). Gebiet des Zuverlässigen und Vorsorgenden, des Zurückgezogenen, sachlich Begrenzten, Korrekten (Mitte). Gebiet des «Himmelhoch jauchzend zu Tode betrübt» mit zwei Schwerpunkten (rechts).

Legt ein Mensch in seinen Beziehungen den Grundschwerpunkt stärker auf die «Nähe»-Seite, dann ist vermutlich die innere Sehnsucht nach Autonomie, Unabhängigkeit mit der Angst gekoppelt: «Werde ich das aushalten, wenn ich mich vom anderen entferne? Wird der andere noch für mich da sein, wenn ich wieder zu ihm zurück möchte? Wenn ich den anderen loslasse, wird ihn nichts mehr halten, er wird weg sein und mich allein zurücklassen!»

Die Grenzen sind nicht absolut, sondern lassen sich über erzwungene und selbstgewählte Entwicklungsschritte erweitern.

Bei der Fremdeinschätzung einer Person können erhebliche Unterschiede auftreten, die von der Beziehung zur Person abhängen: Der eine empfindet sie im Quadranten 1, der andere im Quadranten 4, da der Einschätzer sie je nach eigenem «Heimatgebiet» anders wahrnimmt und einordnet. Die eingeschätzte Person wird sich gleichfalls in der Beziehung zu ihrem «Einschätzer» unterschiedlich erleben – in der einen Beziehung eventuell als zurückhaltend und in der anderen als aktiv. *Das Modell bildet die Beziehung ab, nicht das Individuum.*

Färbung der Gefühle in den verschiedenen Quadranten

Der Quadrant zeigt an, welche Gefühle bei einem Menschen überwiegen. Die Eifersucht zum Beispiel mag in jedem der vier Quadranten auftreten, jedoch ist sie in jedem anders «gefärbt». Sie ist mit unterschiedlichen «Begründungen» und unterschiedlichem Verhalten gekoppelt. So mag die Eifersucht von der «Nähetendendenz» aus gesehen als eine gefürchtete Mangelsituation erscheinen. Von der «Distanztendenz» aus ist Eifersucht mit der Angst verbunden, einem Nebenbuhler zu unterliegen, als «schlechterer» Konkurrent abzuschneiden. Unter dem «Dauer»aspekt ist Eifersucht ein Signal für befürchtete Diskontinuität und Sicherheitsverlust. Bei dem «Wechsler» mag die Eifersucht mit Neid vermischt sein über die Intensität der Gefühle in der anderen Beziehung; folglich wird er als Reaktion entweder zu theatralischen Szenen neigen oder zur Revanche mit einer parallelen Außenbeziehung – was in beiden Fällen eine erhöhte Gefühlsintensität bewirken kann.

Ein Dauer-Mensch wird dagegen drohen und ernsthafte Konsequenzen ankündigen, ein Distanz-Mensch aggressiv toben und der Nähe-Mensch sich depressiv und angeschlagen zurückziehen, um sich selbst zu bemitleiden und zu leiden (und zu erpressen).

Faszination des Gegenpoles bei der Partnerwahl

Wo auch immer ein Mensch den Schwerpunkt seines «Heimatgebietes» setzen mag, er empfindet sofort die Andersartigkeit anderer Menschen und identifiziert sie intuitiv. Typischerweise reagiert er auf einen Menschen, der das Gegenteil seiner eigenen Hauptströmungen zu verkörpern scheint, mit positiver und negativer Faszination zugleich. In der Regel überwiegt am Anfang die positive Faszination: Der Nähe-Mensch wird von der Unabhängigkeit und Selbständigkeit der Distanz-Menschen angezogen, dieser wiederum spürt intuitiv, daß der andere etwas hat, was ihm mangelt: die Fähigkeit zu liebevollem Nahkontakt.

Entsprechendes gilt auf der anderen Achse: sosehr der Dauer-Mensch die Veränderungen und das Chaos fürchtet, er kann dennoch von der Spontaneität des Wechsel-Menschen hingerissen werden und seinem Charme erliegen. Er spürt, daß ein anderer Mensch etwas hat, was ihm fehlt. Ebenso ergeht es dem Wechsel-Menschen, der auf die ruhige Zuverlässigkeit und den kontinuierlichen Lebensrahmen des Dauer-Menschen unter bestimmten Bedingungen positiv reagiert.

In Konfliktsituationen langfristiger Beziehungen kann sich diese Tendenz zum Gegenpol in eine schroffe Ablehnung wandeln. «Was man einmal anfangs als reizend empfand, das reizt jetzt bis aufs Blut» (Rosin, 1977).

Schattenprojektion auf den Partner

Je enger die Grenzen des Heimatgebietes, je kleiner demnach das Gebiet und je peripherer seine Lage, desto schwieriger ist es in einer Beziehung mit jemand anderem. Hierfür gibt es verschiedene Gründe. Eine eher intrapsychische Erklärung besagt: Jeder-

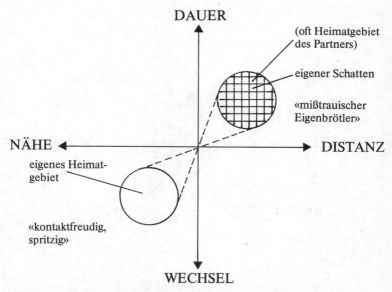

Abb. 16: Beispiel eines Heimat- und eines Schattengebietes

manns Schatten (Jung), also die unaktualisierten, im Dunkel liegenden Persönlichkeitskräfte – meist abgespalten und bekämpft –, werden punktsymmetrisch über den Mittelpunkt hinaus in dem Quadranten abgebildet, der dem Heimatgebiet gegenüberliegt.

Dort liegt interessanterweise zumeist das Heimatgebiet des Partners.

Damit sind viele ernstere Konfliktmöglichkeiten vorgezeichnet. Im Partner begegnet man nicht nur einem anderen Menschen, der einen ergänzt, sondern auch sich selbst; wobei dies gerade jener Teil des Selbst ist, den man nicht wahrhaben möchte und deshalb besonders bitter verfolgen und im anderen kritisieren kann. (Dies gehört zu jenen Treibstoffen, die die Teufelskreise anheizen, s. Kapitel VII.)

Aus dieser Beobachtung folgt der implizite Appell: Lerne dich kennen, integriere deinen Schatten, lerne, zwischen deinem Partner und deinem Schatten zu unterscheiden, zwischen deinen Anteilen und dem, was er verändern kann.

Je größer das «Heimatgebiet» ist und je näher sein Schwerge-

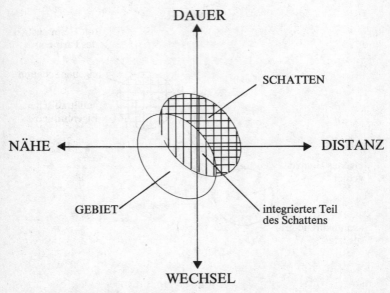

Abb. 17: Halbintegrierter Schatten

168

wicht am Nullpunkt liegt, desto mehr ist der Schatten integriert. Erreichen kann man dieses durch die Auseinandersetzung mit Menschen, die anders sind, als man das «braucht» und gewohnt ist. Besondere Aufregungen und Enttäuschungen im Kontakt mit anderen Menschen sollten jemanden eher zu der Frage veranlassen: Was ist mit *mir* jetzt los? Was hat mein Vorwurf an den anderen mit *mir* zu tun? – Ein Vorwurf an den Partner ist oft ein Hinweis auf etwas, was man bei sich selbst ablehnt, was nur ein «Schattendasein» führen darf.

Verkraftungsprinzip

In manchen Fällen gewinnt man den Eindruck, daß Menschen dazu neigen, die Gefahren, die in der Faszination des Gegenpoles liegen, dadurch zu vermindern, daß sie etwas mehr «auf Nummer Sicher» gehen. Dies geschieht dadurch, daß sie ihren Partner nicht nach dem Prinzip der Sehnsuchtserfüllung wählen, sondern nach dem «Verkraftungsprinzip».

Das heißt: nicht der Partner ihrer Sehnsüchte und Träume wird für eine Grundbeziehung gewählt. Denn: «Wo viel Licht, da ist viel Schatten.» Wo Persönlichkeit und Eigenart für mich in der Sonne liegen, da liegt genausoviel an Reizungen und Gefahren. Wo mir das Positive vollständig paßt, «paßt» auch das Negative voll zu meinen wunden Punkten. Man spürt intuitiv, daß das die eigene Tragfähigkeit übersteigt. So wird statt dessen der Partner gewählt, dessen negative Seiten gerade noch zu verkraften sind. Die Sehnsucht bleibt jedoch weiterhin aktiv und sorgt für Überraschungen.

Polarisierung

Unabhängig davon, ob die Partnerwahl der Grundbeziehung nach dem Ähnlichkeitsprinzip («Gleich und gleich gesellt sich gern») oder nach dem Ergänzungsprinzip («Gegensätze ziehen sich an») getroffen wurde, empfinden Paare in Konflikten den «Nullpunkt des Fadenkreuzes» *zwischen* sich. Das System legt die Lupe auf den von den Klienten selber als relevant empfundenen Unterschied zwischen ihnen, der in Konflikten das Maß des Erträglichen und für die Gemeinsamkeit Bekömmlichen überschritten hat. Die daraus resultierenden Unwohlgefühle bewirken eine Veränderungsorientiertheit, in der die Gemeinsamkeiten nicht mehr so stark gespürt werden wie die Unterschiede.

Ferner ist zu beobachten, daß sich in schwierigen Beziehungen die Unterschiede zwischen den Partnern zu vergrößern scheinen, mit der Folge, daß die Beteiligten sich «extremisieren» und voneinander «wegpolarisieren» (s. a. Willi, 1975).

Obwohl es in dem Modell weder einen absoluten Nullpunkt noch vergleichbare Distanzen oder Strecken gibt, läßt sich wiederholt feststellen, wie sich Paare in Teufelskreisen vom Nullpunkt weg, progressiv nach außen strebend, beschreiben. Je schlimmer es ausschaut, desto häufiger die Aussage: «Wir sind so verschieden! Das haben Sie noch nicht gesehen!»

Annäherung über «Umwegschlaufen»

Je mehr in einer Paarbeziehung der eine den anderen zu seinem eigenen Gebiet hinziehen will, «damit er endlich so ist, wie ich ihn haben will, wie ich ihn brauche», desto mehr sträubt sich dieser – auf lange Sicht gesehen – und reagiert folgendermaßen: er bewegt sich fluchtartig vom anderen und vom Nullpunkt weg. Dadurch wird der Partner nicht nur frustriert, sondern in seiner eigenen gegensätzlichen Psychodynamik angeregt. So entwickelt sich eine Beziehungseskalation: Keiner fühlt sich vom anderen verstanden, eher abgelehnt, provoziert, bestraft. Die häufigste Reaktion darauf ist nicht ein klärendes Gespräch, sondern «mehr desselben» (Watzlawick, 1974, S. 51 ff.) an Entfremdung, Rückzug und Sich-abgelehnt-Fühlen: Ein Teufelskreis ist in Gang gesetzt worden.

Hypothese: Der Weg zu einer befriedigenden Kommunikation und Begegnung miteinander führt selten vom Stammgebiet zur Mitte, sondern über eine «Schlaufe» zuerst vom anderen weg, bis *von sich aus* das Bedürfnis besteht, sich dem Nullpunkt und damit dem anderen anzunähern.

Wer die Freiheit hat zu gehen, das heißt sich vom Mittelpunkt

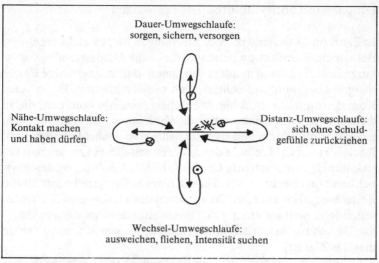

Abb. 18: Annäherung über Umwegschlaufen

beliebig weit zu entfernen, der kommt irgendwann von allein zurück. Jeder Versuch, ihn zu hindern, verstärkt sein Bedürfnis, sich zu entfernen. Dahinter steht der Grundsatz: Gute Beziehungen brauchen Freiheit und Freiwilligkeit. Die Selbstdosierung muß garantiert sein. Das Bedürfnis nach Annäherung entsteht spontan und nicht auf Drängen des anderen. Ein Mensch, der «von Haus aus» eher auf Abgrenzung und Freiraum pocht, kann sich in eine Beziehung erst richtig einlassen, wenn ihm dieser Freiraum gelassen und garantiert wird; so zum Beispiel die gewünschte räumliche Distanz (getrenntes Arbeiten, Schlafen oder Wohnen). Wer den Spielraum hat, den er für sich benötigt, bewegt sich automatisch auf die Mitte zu, und je mehr er sich dem Mittelpunkt annähert, desto bedürfnisloser und toleranter kann er sein. Eifersucht, Besitzergreifen, Abschirmen signalisieren das Bedürfnis nach Absicherung: «Damit ich genug kriege.»

Umgang mit antisymbiotischen Tendenzen

In Paarkonflikten sind die vier Strebungen nicht gleichberechtigt. Bei einem Konflikt zwischen Nähe- und Distanztendenz muß kurzfristig die Distanztendenz gewinnen, damit langfristige Beziehungen überhaupt aufrechterhalten werden können. Denn guter Kontakt kann nur zwischen Menschen zustande kommen, die in diesem Moment dazu bereit sind. Wenn einer nicht wirklich will, Überdruß empfindet und eigentlich allein sein möchte und nur mit Rücksicht auf die Gefühle des anderen mit diesem zusammen ist, so sammelt sich langfristig Groll an. Dieser Groll gegen den Partner kann regelrecht in «Ekel» umschlagen. Das gleiche gilt für die Zeitachse: In einem Konflikt zwischen der Dauer- und der Wechseltendenz muß kurzfristig die Wechseltendenz gewinnen, damit die Beziehung langfristig aufrechterhalten werden kann (wenn dies das Ziel ist).

Es müssen demnach die beiden Tendenzen *kurzfristig* gewinnen, die dem «Ehequadranten» (Nähe-Dauer) diametral entge-

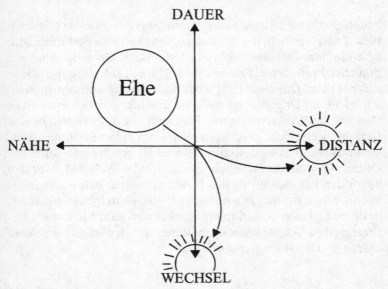

Abb. 19: Die nicht am «Ehequadranten» beteiligten Tendenzen müssen kurzfristig gewinnen

gengesetzt sind. Leider wird häufig nicht nach diesen Grundsätzen entschieden.

Die Nähe-Dauer-Tendenz gewinnt zumeist kurzfristig, zumal sie die Unterstützung durch konventionelle Werte im Rücken hat: Treue, Sicherheit, Harmonie, Ordnung und Ruhe.

Appell an Distanz- und Wechsel-Menschen: Besteht auf Euren Gefühlen, Empfindungen und Wünschen, nehmt sie ernst, besonders zum langfristigen Wohl der Beziehung. *Laßt ebenso Eure Partner derweil Sicherheit und Kontakt suchen und finden, wo sie es für gut halten.* Der anderenfalls anwachsende Groll überschattet sonst jede mögliche positive Situation.

Nebenbeziehungen

Bei langfristigen Grundbeziehungen (Ehe, Partnerschaft) läßt es sich immer wieder beobachten, daß mindestens ein Partner Kontakt zu Menschen sucht, die Saiten in ihm anklingen lassen, welche durch seinen Partner nicht so zum «Klingen» kommen. Wenn diese «Rest- und Komplementärbedürfnisse» lange nicht befriedigt werden, kann das zu einem Ausbruch aus der Grundbeziehung führen. Dieser Ausbruch hält so lange an, bis das ungestillte Restbedürfnis befriedigt ist. Danach wird der Kontakt zum Grundpartner wieder dringend notwendig und gesucht, denn er ist es, der in einer geglückten Beziehung die Grundbedürfnisse weitgehend «abdeckt». So weit, so gut. Jedoch, insbesondere für den anderen Partner, der das erleiden muß: So weit, so beängstigend bis tragisch. Zur Katastrophe kann sich die ganze Geschichte aber ausweiten, wenn der «betrogene» oder verlassene Partner mit einer *Über*eifersucht reagiert. So kann aus einer befürchteten Ablösung schließlich eine tatsächliche Trennung werden. Interventionsrichtung: Das Bedürfnis nach ergänzenden und komplementären (Außen-)Beziehungen wahrnehmen und gestalten, statt unterdrücken (um dann plötzlich davon überfallen zu werden) oder ausagieren!

Wer Außenbeziehungen eingeht, muß sich darüber im klaren sein, daß das auf seinen Partner und die gemeinsame Beziehung Auswirkungen hat. Er ist verpflichtet, sie auszuhalten, statt abzuwerten («Schäm dich, das ist erbärmlich!»), zu ideologisieren («Eifersucht ist ein übles Zeichen von Besitzdenken!») oder zu pathologisieren («Mach nicht so ein hysterisches/neurotisches Theater!»). Der «Verlassene/Betrogene» soll seine Gefühlsreaktion spüren und *ausdrücken*, statt sich in Depression oder Terror zu flüchten.

4. Diagnose und Interventionsmethoden

Wie wirkt sich der persönlichkeitstheoretische Hintergrund auf das Wahrnehmen und Handeln des Klärungshelfers aus? Zunächst ist es ratsam, wenn der Klärungshelfer die Art seiner Kontaktgestaltung variiert, je nachdem, welche Persönlichkeit ihm in dem Klienten gegenübertritt. Dieses behandelt der erste Abschnitt. Sodann folgt ein längeres Beispiel, in dem die prozeßbegleitende Diagnose demonstriert, in welchem Quadranten sich Mann und Frau befinden und woran der Klärungshelfer ihre Position erkennt. In einem weiteren Beispiel zeigen wir schließlich, wie die Persönlichkeitsklärung vonstatten gehen kann, das heißt, wie der Klient seine Eigenarten erkundet und mehr und mehr verstehen lernt, warum er in bestimmten Situationen seiner Ehe so und nicht anders reagiert.

Unterschiedliche Arten, Kontakt zum Klienten zu gewinnen

Besonders am Anfang geht es dem Klärungshelfer nicht vordringlich darum, den Kontakt *zwischen den Klienten* verbessern zu helfen. Zunächst muß er versuchen, selbst zu jedem einzelnen Klienten einen Kontaktfaden zu spinnen. Dies gelingt am ehesten, wenn sich der Klärungshelfer auf die bevorzugte Art der Kontaktgestaltung des Klienten einzustimmen weiß. So hilft es dem Nähe-Menschen, wenn der Klärungshelfer ihm mitfühlend Verständnis und Bestätigung entgegenbringt. Er faßt Vertrauen, wenn er sich zutiefst, das heißt auch in seinen Gefühlen verstanden fühlt.

Die Kontaktbrücke zum Distanzler ist anders zu bauen: Ihm darf man nicht gleich «auf die Pelle rücken». Statt vieler Worte wird ihm der Freiraum des Abwartens geboten und das Überlassen der Initiative für die Annäherung und Öffnung. Natürlich braucht auch dieser Klient Verständnis, aber nicht in dem Maße wie sein Gegen-Typ. So verwundert es den Klärungshelfer nicht, wenn er zum Beispiel beim Doppeln oder aktiven Zuhören die innere Stimmungslage solcher Klienten kaum jemals genau trifft: Die kleinen Ergänzungen und Zurückweisungen garantieren dem Klienten seine Selbständigkeit und seine Distanz.

Zum «Dauer-Menschen» ergibt sich kein guter Kontakt, wenn man seine umständlichen Erklärungen ungeduldig abschneidet, etwa mit der Frage, was er denn «hier und jetzt» fühle. Ihn kann man erreichen, wenn man seinem Wunsch nach einordnenden Erklärungen oder nach der buchhalterischen Genauigkeit in der Darstellung seiner Beziehungschronik entgegenkommt.

Ein Klient vom Pol des Wechsels würde dieses Vorgehen für sich selbst als ungeeignet empfinden und sich darüber beklagen, daß «der Klärungshelfer sich so im Kopf befindet», alles einteilen wolle und das wirkliche Leben nicht verstehe. Bei ihm springt der Klärungshelfer anfangs von Thema zu Thema mit und läßt sich von dem Durcheinander möglichst nicht verwirren.

Die Art der unterschiedlichen Kontaktgewinnung ist vor allem am Anfang relevant, denn hier steht das *Akzeptieren* im Vordergrund. Allerdings sind wir der Auffassung, daß, auf die Gesamtberatung bezogen, ein Kontakt dann am ehesten heilsame Veränderungen ermöglicht, wenn Akzeptieren und Konfrontieren in einer ausgeglichenen Balance stehen:

Akzeptation + Konfrontation = Entwicklung.

Jeder kleine Veränderungsschritt enthält ein Risiko. Um dieses Wagnis einzugehen, braucht der Klient viel Sicherheit, die ihm der Klärungshelfer emotional durch das Akzeptieren vermittelt. Auf der Basis dieser Sicherheit können zunächst kleine, später auch größere Konfrontationen gewagt werden. Für den Nähe-Menschen weisen diese in Richtung Eigenständigkeit, für den Distanzler besteht sie häufig in der Aufforderung, die «Sprache der Nähe» zu riskieren (Selbstoffenbarung, einfühlsames Zuhören). Für die Dauer-Seite gäbe das Stichwort «lockerer werden, nicht alles so eng sehen» die Entwicklungsrichtung an. So zum Beispiel: Man darf sich irren, man muß nicht perfekt sein, man darf seine Meinung ändern, es gibt 1000 Wege nach Rom, und manche wollen gar nicht dorthin... Für ihn mag es ebenfalls eine heilsame «Pferdekur» sein, sich auf kleine Experimente einzulassen, die er nicht planen und auf die er sich nicht vorbereiten kann (s. differentielle Übungen und Interventionen: Schulz von Thun, 1988).

Für die Wechsler-Seite kann die Konfrontation darin bestehen, auf klare Verträge und Abmachungen zu bestehen und ihre Einhaltung pedantisch zu überwachen. Es kann zum Beispiel notwendig sein, mit Nachdruck darauf zu bestehen, daß er/sie zu dem gerade anstehenden Punkt eine klare Position bezieht, statt in eine Vielfalt von Randaspekten auszuweichen und sich wortreich zu verflüchtigen.

«So kann überhaupt kein Klima entstehen»: Prozeßbegleitende Diagnose während der ersten Sitzung

Im folgenden Beispiel wollen wir zeigen, wie das Persönlichkeitsmodell den Klärungshelfer in seiner Wahrnehmung beeinflußt – in welcher Weise es in der Praxis zur Klärung der Persönlichkeit des Klienten angewendet wird. Die so zustande gekommene Diagnose der Betreffenden, ihrer Stellung im Modell und in der Beziehung ist eine vorläufige Hypothese, die anhand kleiner Details auf nonverbaler und vor allem verbaler Ebene gewonnen wird.

Hinweis für den Leser: Die Gefahr bei dieser Vorgehensweise ist, daß der Leser eventuell in Unkenntnis seiner eigenen Position im Koordinationssystem des Modells die Diagnosehinweise nicht als relevant akzeptieren kann, sondern dem Klärungshelfer entgegenhalten würde: «Ich weiß nicht, was Sie da alles herausfinden wollen. Die Frau/der Mann verhält sich völlig normal und einfühlbar.» Die folgenden «Diagnosen» sind nicht identisch mit psychiatrischen Diagnosen, die dem so Etikettierten zum Unheil werden können, sondern es sind feine Hinweise auf Unterschiede zwischen den Menschen, unter denen sie allerdings erheblich leiden können.

Es ist eine Erfahrung, daß Menschen die Andersartigkeit anderer Menschen in ihren positiven und negativen Seiten gut identifizieren, analysieren und beschreiben können, hingegen die eigene Art oft diffus und unterschiedslos als «normal» bezeichnen. Wenn Sie sich als Leser im folgenden besonders gut mit der Art und

Weise des Ausdrucks, der Gefühle oder Reaktionen des einen oder des anderen identifizieren können, dann liegt es nahe, daß Sie im Modell zu einer ähnlichen Position neigen.

Abschließend möchten wir bemerken, daß der Ausdruck «Persönlichkeitsdiagnose» in diesem Zusammenhang mißverständlich sein mag: diagnostiziert wird in Wahrheit die gegenwärtige Beziehungskonstellation. Im Sinne der sogenannten Interaktionspersönlichkeit Jörg Willis (1975) existieren die Charakterstrukturen der beiden Partner nicht losgelöst voneinander, sondern in gegenseitiger Beeinflussung und Wechselwirkung, so daß – wie sich gleichfalls in neueren Untersuchungen gezeigt hat (Scheller, 1986) – sowohl der Mann als auch die Frau in einem anderen Beziehungszusammenhang jeweils ganz andere Verhaltensweisen realisieren könnten.

Erste Sitzung mit Frau Jäckel und Herrn Bluming

Bei der ersten Begegnung weiß der Klärungshelfer ebensowenig über die Klienten wie sie über ihn und sein Projekt. Es stehen sich fremde Menschen gegenüber. Die Begrüßung ist kühl und distanziert, die Klienten machen keine Anstalten, ihre Wintermäntel auszuziehen. Sie setzen sich hin und hören sich die Erläuterungen des Projektleiters über das Projekt, seine Funktion, das Vorgehen und den Klärungshelfer an.

Bevor das Tonband angestellt wird, sagt der Mann, daß er eigentlich nicht hier sein wolle, daß er nicht aus eigenen Stücken gekommen sei. Die Situation ist angespannt. Der Mann ist groß und stämmig, wirkt etwas hektisch, was durch sein nervöses Spielen mit den Autoschlüsseln unterstrichen wird. Die Frau macht zunächst einen unscheinbaren Eindruck.

KHelfer: «Gut, ich habe Ihren Namen gar nicht mehr...»
  Mann: «Bluming.»
  KHelfer: «Bluming – aja – gut, Herr Bluming, Sie wurden hierhin beordert.»

Die Tatsache, daß Herr Bluming auf Drängen von Frau Jäckel zu dieser Sitzung erscheint, läßt vermuten, daß er in der Beziehung – zumindest äußerlich – den regressiven und sie im Moment den progressiven Part innehat, das heißt den machtvollen (Willi,

178

1975). Im Modell ist die Progression oder die Macht oben rechts, das heißt im Dauer-Distanz-Quadranten beheimatet. Warum? Die Dauer-Distanz-Hälfte des Modells ist einerseits gekennzeichnet durch weniger – zugegebene – gefühlsmäßige Abhängigkeit vom Partner – wobei die Fähigkeit zum Nein-Sagen zumindest kurzfristig Macht verleiht.

Andererseits haben die Menschen in diesem Quadranten die Tendenz, sich als moralisch überlegen, auf der «richtigen» Seite stehend zu erleben. Eine Haltung, die dadurch verstärkt wird, daß sich die offiziellen Werte unserer Gesellschaft zum überwiegenden Teil in diesem Quadranten befinden. Durch diese Rückendeckung gewinnt die Dauer-Distanz-Sicht ein ganz besonderes Gewicht, das sich deutlich auf persönliche Beziehungen auswirkt.

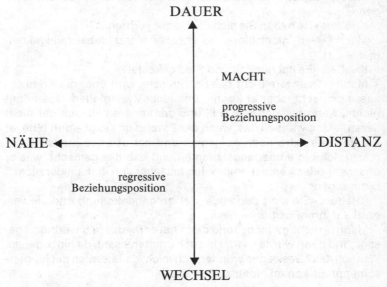

Abb. 20: Die progressive und die regressive Position im Modell

Zurück zur Sitzung (Stichwort: «Hierhin beordert»):

Mann: «Ja.»
KHelfer: «Von Ihrer Frau – von Ihrer Freundin?»
Frau: «... so'n bißchen über... überrumpelt. Es ging also darum,

daß mir am Telefon gesagt worden ist, daß so was also dann nur zu zweit ginge, daß ich alleine nicht kommen könne.»

KHelfer: «Richtig, ja.»

Frau: «Na ja, da habe ich also ganz kurz angedeutet, in der guten Hoffnung, daß der Hermann also mit mir kommt, obwohl ich also ganz genau weiß, daß er ziemlich gegen diese ganzen Sachen ist. Deswegen bin ich auch erstaunt, daß es in so großem Rahmen ausfällt (sie meint das Forschungsteam), und insofern wollte ich von dir wissen, ob du grundsätzlich damit einverstanden bist.»

Mann: «Ich weiß nicht, was du bezweckst damit und was du möchtest. Wir waren bei Gundolf gewesen, und da kam nichts raus dabei. Gar nichts.»

Frau: «Wir haben also schon mal einen Psychologen aufgesucht, und da haben wir drei oder vier Sitzungen gemacht.»

Mann: «Etwas mehr waren es, es waren fünf oder sechs Sitzungen.»

KHelfer: «Da haben Sie sich die Finger verbrannt?»

Mann: «Nee, nicht direkt, es ist aber nichts dabei rausgekommen.»

KHelfer: «Es hat nur Zeit und Geld gekostet?»

Mann: «Das wäre nicht das Schlimmste, wird über die Krankenkasse gemacht, aber er konnte uns nicht weiterhelfen. Das bringt nichts, wenn nur der eine will, und der andere hält sich gar nicht daran. – Und was soll das, wenn der Psychologe sagt – nun bitte, er hat uns das extra noch aufgemalt und hat uns das plausibel gemacht. Ich bin entgegengekommen und hab das gemacht, was er uns mehr oder weniger empfohlen hat, aber von ihr kam gar nichts. Dann sagt er...»

KHelfer: «Sie sind derjenige, der entgegenkommt, und sie verharrt auf ihrer Position!»

Mann: «Richtig, richtig, und dann hat er ihr das ja unverblümt gesagt, und dann wurde es für sie auch uninteressant, da hinzugehen. Was soll das? Deswegen wundere ich mich, daß sie mich mit hierherschleppt. Es kommt nichts dabei raus.»

Hier eine Bestätigung der ersten Vermutung über die Verteilung der progressiven und regressiven Positionen (allerdings immer noch sehr vage). Der Mann definiert sich als denjenigen, der zum Entgegenkommen bereit ist, dem die Beziehung mehr am Herzen liegt; und die Frau als diejenige, die die Nähe nicht will und die Macht hat, ihn jetzt hierher zu zitieren.

180

Nicht wollen, «Nein»-Sagen zur Beziehung deutet auf Distanz; «Herzitiert»-Werden deutet auf eine regressive Position.

Mann: «... und das Verhältnis ist nicht anders geworden. Im Gegenteil. Das Verhältnis ist noch schlimmer geworden.»

KHelfer: «Also, Sie möchten am liebsten jetzt wieder gehen; Sie sagen: Was soll's hier?»

Mann: «Nee, ich hör mir das gerne an, vor allem möchte ich mal wissen, was *sie* vorzubringen hat, wie *sie* reagiert und was *sie* hinterher sagt, das möchte ich gerne wissen.»

KHelfer: «Gut, wären Sie bereit, dann mal hierzubleiben und zu schauen, was sich ergibt?»

Mann: «Das ist richtig.»

KHelfer: «Können Sie mal sagen, wie lange Sie Zeit haben? Also von uns aus ist gedacht eineinhalb bis zwei Stunden, aber wenn Sie das anders begrenzen...»

Mann: «Eineinhalb Stunden ja, aber länger kann ich nicht, weil...»

KHelfer: «Um halb sechs möchten Sie hier zur Türe rausgehen?»

Mann: «Ja, wenn das möglich ist.»

KHelfer: «Ja, das ist möglich. Ich will nichts, was Sie nicht wollen.»

Mann: «Nee, nee, ist klar, ist gut.»

KHelfer: «Gut. (Zur Frau) Ich möchte Sie fragen, wie lange haben Sie Zeit?»

Frau: «Mir ist das egal.» (Lacht)

KHelfer : «Möchten Sie den Mantel anbehalten?»

Frau: «Nee, den kann ich ausziehen.»

KHelfer: «Möchten Sie die Jacke –? Geht? – Gut (er will die Jacke nicht ausziehen).»

Frau: «Ja, ich sehe das also insofern anders, so daß ich da mal etwas vorgreifen muß... Als wir uns kennenlernten...»

Im Vergleich zum Mann spricht die Frau etwas monoton und roboterhaft. Ihre starre Sitzhaltung gibt einen weiteren Hinweis auf die Dauer-Diagnose. Zusätzlich deutet ihr Bestreben, alles richtigzustellen und am liebsten bei Adam und Eva, sprich bei ihrer ersten Begegnung zu beginnen, auf «Dauer». In der gleichen Situation hätte ein Nähe-Mensch über seine Gefühle gesprochen, ein Wechsler hätte es gar nicht so weit kommen lassen, sondern vorher selber die Initiative ergriffen und das Thema gewechselt.

Im Sinne der Akzeptation (s. 176) geht der Klärungshelfer auf ihre Art ein und stellt folgende Frage (entsprechend ihrer Denkweise, daß der Grund allen gegenwärtigen Übels in der Vergangenheit zu suchen sei):

KHelfer: «Wie lange kennen Sie sich schon?»

Frau: «Das war vor viereinhalb, knapp fünf Jahren, wenn wir nach oben abrunden, sind wir also beide mit der Voraussetzung drangegangen, 'ne Freundschaft aufzubauen, die an sich ganz normal ist. Was ich mir jetzt unter ‹normal› vorstelle, ist, daß jeder seine Arbeit macht, daß man mal etwas Gemeinsames unternimmt, Theater oder Fernsehen guckt und darüber spricht, ein Buch liest, spazierengeht oder wie eben auch immer. Und wir haben also beide vorher alleine gelebt, und ich habe den Hermann, relativ, für meine Verhältnisse – da muß ich jetzt immer sehr vorsichtig sein, weil ich das Leben so ganz anders sehe...»

KHelfer: «Als er es sieht?»

Frau: «Als er es sieht, ja – sehr *kaputt* kennengelernt. Und zwar in dem Sinn kaputt, als da sehr viel getrunken worden ist, also, diese Trinkerei ist gar nicht mal das Schlimmste gewesen. Daß aber hinterher grundsätzlich gespielt wurde und Summen verspielt wurden, die ins Uferlose gingen und die er, nach den Gesprächen, die wir geführt haben, nicht gewollt hat. Ich wußte das, und ich wollte ihm also helfen, weil ich auf der anderen Seite viele Eigenschaften an ihm so gut fand...»

In Beziehungen, in denen der eine dem anderen helfen will, und das nicht nebenbei, sondern als Basis und Anfang der Beziehung, ist der «Helfer» sehr oft entweder auf der Nähe- oder auf der Dauer-Seite, je nachdem, ob er aus «Mitleid» helfen will, oder ob er eher den rechten Weg betont, als dessen Anwalt er sich empfindet. Von letzteren werden dann zumeist Worte gebraucht wie «von der schiefen Bahn weg» und «in den Griff bekommen», daß es «schade um ihn» sei, daß man «noch etwas daraus machen könne» usw.

Die «Nähe-Helfer» betonen am Menschen, daß er «ein armer Kerl sei», der «viel leiden» würde, und daß er doch «im Grunde eine guter Mensch» sei usw.

Frau: «... daß ich mir gesagt hab, es ist schade, daß ein Mensch daran scheitert und daran kaputtgeht und daß auch noch Punkte da waren, die für mich es wert waren, auf dieses Risiko aufzubauen.»

Sie möchte eine enge Beziehung aufbauen, spielt gleichzeitig jedoch die vorhandenen Risiken genauestens durch, was wieder auf «Dauer» hinweist. In der gleichen Situation würde ein Wechsler den Punkt Alkohol übersehen, ihn ausblenden, da sich Wechsler weigern, unangenehme Teile ihrer Realität wahrzunehmen, und sich lieber in einer Phantasiewelt bewegen. Im Gegensatz dazu kalkuliert der Dauer-Distanz-Mensch sehr genau Vor- und Nachteile, betrügt sich selber nicht so leicht, da er weniger von Wunschdenken beherrscht wird und sich mehr auf die eigene Wahrnehmung und auf gesellschaftliche Sollwerte stützt. Hingegen würde ein Nähe-Mensch eher das grundsätzlich Positive, Wertvolle und Liebenswerte betonen.

Frau: «Und wir haben dann also ungefähr nach einem Vierteljahr einen Arzt aufgesucht, zu dem wir ein einziges Mal hingegangen sind. Dazu habe ich Hermann im Grunde genommen überredet mitzukommen, er war da also auch...»
  KHelfer: «Heißt *auch*: wie hier?»

Wieder ein Hinweis auf progressive und regressive Positionen. Pointiert gesagt: «Mutter geht mit dem Bub zum Arzt.» Damit sollen die Motive oder Rettungsversuche der Frau nicht lächerlich gemacht werden, sondern es soll aufgezeigt werden, wie schon zu Anfang der Beziehung der Grundstein zur heutigen Konstellation im Modell gelegt wurde: Sie im Dauer-Distanz-Quadranten, er im Nähe-Wechsel-Quadranten. Die Frau möchte also – bezeichnenderweise – mit einem *Arzt*, also einer offiziellen, staatlich approbierten Reparaturstelle dysfunktionierender Menschen kooperieren und für ihren Freund den *rechten* Weg finden.

Frau: «Ja, so'n bißchen, ich hab es damals so gemacht, da ging also so'n... wenn ich jetzt sag ‹Selbstmordversuch›, dann ist das nicht ganz richtig, dann ist das wahrscheinlich nur von mir aus so gesehen worden, es war eine Trotzreaktion aufgrund von Alkohol, daß also mit der Rasierklinge kurz geschnippelt wurde, und ich hab es also mit der Angst gekriegt und hab gesagt, komm, wir gehen irgendwohin und versuchen, das also irgendwie in den Griff zu bekommen.»

Die Frau bezeichnet den Selbstmordversuch ihres Freundes als Trotzreaktion und sagt, daß sie das Ganze irgendwie «in den Griff» bekommen will. Die Verhaltensweise eines anderen als Trotzreaktion zu bezeichnen, bedeutet zugleich, daß man sich selber über ihn stellt und sich damit in die progressive Position begibt: Überlegenheit, Überblick, Durchschauen der Zusammenhänge, Lösungswege für andere wissen. Probleme für andere bei einem Arzt in den Griff bekommen zu wollen, deutet wieder auf progressive Position aus der Dauer-Distanz-Ecke.

Frau: «Und dieser Arzt, mit dem wir also nur ein Gespräch... »
KHelfer (zur Frau): «Darf ich Sie mal rasch unterbrechen? (Zum Mann) Ihre Freundin packt ziemlich aus.»
Mann: «Ja, ja.»
KHelfer: «Ich möchte gerne, daß Sie, wenn es Ihnen zuviel wird, sagen. ‹Stopp, ich will nicht, daß du das hier erzählst.›»
Mann: «Nee, nee, das kann ruhig alles vorgetragen werden. Ich sag meinen Teil auch dazu.»
KHelfer: «Gut.»
Mann: «Ich meine, wenn das nicht vorgetragen wird, dann hat das Ganze hier keinen Sinn.»
Frau: «Sonst kann man meine Reaktion so schwerlich verstehen. – Dieser Arzt hat damals gesagt, es gibt Menschen, bei denen es nicht mehr möglich ist, den Alkohol in den Griff zu bekommen. Und daran habe ich geglaubt, weil der Hermann normalerweise ausgesprochen sparsam ist, kein Geld verschleudert, nur eben aufgrund des Alkohols in diese Spielcasinos rennt. Damit meine ich also jetzt nicht Travemünde, sondern Hansaplatz. So – damit war also mein großer Wunsch: ‹Schluß mit dem Alkohol.› Ich selbst hab nie viel getrunken, ich hab sofort aufgehört, es ist mir auch nicht schwergefallen, das muß ich dazu sagen, das konnte ich so machen, ohne daß ich was entbehrt hab dabei. So haben diese Ausrutscher und dieses Wegbleiben nicht nachgelassen, da fing es an, daß Hermann sagte... »
KHelfer: «Wegbleiben heißt, er bleibt nachts weg und spielt?»
Frau: «Ja, ja, das ist..., also Hermann sagt, er geht, er kommt nach 'ner Stunde wieder, und dann kommt er nicht wieder... »

Dieser Nachsatz «dann kommt er nicht wieder» ist ein kleiner Hinweis darauf, wie sehr sein Verhalten sie enttäuscht; – diagnostisch ist bedeutsam, wie sie diese Enttäuschung ausdrückt. Nicht etwa «Ich bin enttäuscht» oder «Dann sitze ich da und mache mir Sorgen», sondern «Und dann kommt er nicht wieder». In diesem kleinen Satz klingt eine Enttäuschung über Unzuverlässigkeit und Unsicherheit mit, was erneut vermuten läßt, daß sie im Beziehungs-Modell eher «oben», in der Dauer-Hälfte, steht.

Frau: «... dann ist in dem Moment plötzlich da irgend etwas im Kopf losgelöst... So, nun hatte ich also mein Ziel, im Grunde genommen, diese ganze normale Verbindung aufzubauen.»

«Ich hatte mein Ziel» als Redewendung deutet abermals auf die Dauer-Seite hin, ein anderer Mensch würde sagen «Ich wollte» oder «Ich wünschte mir» oder «Ich hatte vor».

KHelfer: «Und ihn folglich aus seiner Situation zu retten, in der er selber nicht zufrieden ist?»
    Frau: «Ja, er sagte auch, er möchte ein ganz normales Leben führen und er möchte alles gar nicht... da mit diesen Leuten zusammenkommen... und dann eben diese Trinkerei und vor allem auch diese Spielerei. Und das Geld, das fehlt irgendwo im Dreieck, und dann auch...»
    KHelfer: «Was ist mit ‹Dreieck›, das habe ich nicht verstanden.»
    Frau: «Na ja, daß 'ne Lücke, die er im Grunde genommen aufreißt, von 5000 Mark, die verspielt sind, die müssen ja irgendwo wieder her.»
    KHelfer: «Das fehlt dann irgendwo.»
    Frau: «Und der Hermann ist unwahrscheinlich fleißig und hat dann gesagt: ‹Ist gut, ich schaff das Geld wieder an.› Aber das hab ich nun wiederum gesehen, das geht aufgrund der Privatzeit, wenn man nun um vier Uhr Feierabend machen könnte...»

Hier ist der erste Hinweis darauf, daß sie sich beklagt, zuwenig von ihm zu haben. Bezeichnenderweise spricht sie nicht von «zu wenig Kontakt» oder «zu wenig Nähe», sondern von «zu wenig Zeit», was wieder auf die Dauer-Seite hindeutet (Betonung liegt auf Zeit, Geld). Erstmals taucht hier ansatzweise die Näheseite auf.

Frau: «... weil das Geld reicht. Wir haben also ziemlich verschiedene finanzielle Vorstellungen. Ich brauch nicht so viel Schmuck. Er hingegen hat seine Vorstellungen von einem großen Auto, nach 'ner Rolex-Uhr und und und...»

Hier kommt eine direkte Selbstdefinition vor im Sinne von: «Ich bin ein Mensch, der...» Nämlich: «Der nicht viel Schmuck braucht», das heißt sparsam, vernünftig, bescheiden ist. Alles deutet auf die Dauer-Seite hin. Im Gegensatz zu ihm, wie sie gleich anschließend schildert, denn er sehnt sich nach einem großen Auto, einer Rolex-Uhr usw., was auf Prunk und Darstellung hindeutet und ihn in die Wechsler-Ecke rückt.

Frau: «So, und dann kamen im Grunde genommen auch die ersten sexuellen Probleme dazu, daß ich mir also den Hermann in dem Moment vom Halse halte. Ich bin ihn suchen gegangen, ich bin abends losgezogen, wenn er nicht da war.»

«Ich bin ihn suchen gegangen» heißt progressive Position. Sie benötigt alle ihre Energie, um ihn einerseits auf den rechten Weg zu bringen und andererseits die Ruhe und Sicherheit für sich herzustellen, die sie selber um sich herum braucht.

KHelfer: «Durch die Spielhöllen?»
  Frau: «Durch all die Spielhöllen. Dadurch habe ich natürlich auch Leute kennengelernt, die mich dann wieder beeinflußt haben, und mal gesagt haben: ‹Was soll das?› und ‹Bleib zu Hause!› und ‹Du machst dein Leben kaputt!›. Das hab ich dann wieder versucht, ihm klarzumachen, und hab gesagt: ‹Paß mal auf, die sagen alle...› Also irgendwie ist das ein ungleiches Verhältnis geworden und...»

«Ungleiches Verhältnis»: Hier benennt die Frau selber, daß es im Moment ein «ungleiches Verhältnis ist und schon lange geworden ist», was auf progressive und regressive Positionen schließen läßt. Ein Mensch in der regressiven Position würde sich eher direkt gegen den Machtvolleren wenden oder sich über ihn beim Klärungshelfer beklagen; wer selber in der machtvolleren Position ist, beklagt sich eher über die Beziehung, das unausgeglichene Verhältnis.

186

Frau: «Dann kam es also so, daß das Sexuelle darunter litt. Daß Hermann anfing und sagte: ‹Ich komm jetzt mit nach Hause, wenn du mit mir schläfst.›»

Das Bild, das man von ihrem Freund erhält, wird immer klarer dem Wechsel-Nähe-Quadranten zugeordnet. Erstens dadurch, daß sie sich oft im Dauer-Quadranten befindet und Ehepaare sich über den Nullpunkt hinweg polarisieren und extremisieren (s. S. 169f).

Zweitens, weil er sich gehenläßt und trinkt, was beides auf die Wechsel-Hemisphäre hinweist; und drittens, weil er als Bedingung und dringlichen Wunsch ausdrückt, daß er mit ihr schlafen möchte. Dies ist hier nicht so sehr «typisch Mann», sondern typisch kleines bedürftiges Kind in der Trotzphase («Ich komm nur, wenn du . . .»).

Das alles gehört zum Wechsler, weil er einen kurzen Spannungsbogen hat zwischen Wunsch und Erfüllung und daher innerlich trotzig auf die Erfüllung seiner Bedürfnisse beharrt und sie mit allen Mitteln zu erreichen sucht.

Frau: «Andere sagen zu mir: ‹Laß ihn doch. Er ist kaputt, damit mußt du dich abfinden, damit mußt du rechnen.› Das kann ich nicht. Auf der andern Seite hab ich nicht mehr die Kraft, hinterher groß zu helfen. Ich kann zwar helfen, indem ich ihn wieder aufsammle, aber ich hab dann nicht die Kraft, zu Hause ruhig auf ihn einzugehen, weil ich da dann eben selbst an mir zu knabbern hab.»

KHelfer: «So, jetzt möchte ich mal sagen, was ich von Ihnen verstanden habe, damit Sie schauen können, ob das überhaupt angekommen ist.

Also, Sie wünschen nichts sehnlicher, als eine einfache, unkomplizierte Beziehung?»

Frau: «Ja.»

KHelfer: «Zwei getrennte Leben. Jeder schaut im Prinzip für sich, wie es finanziell reinkommt. Arbeiten, und am Abend ist man zusammen, hat's schön, einfach, unkompliziert, man krabbelt zusammen ins Bett oder schaut fern, macht eben was gemeinsam.»

Frau: «Mmm.»

KHelfer: «Und Sie haben Hermann kennengelernt und haben erhofft, daß das möglich wäre.»

Frau: «Mmm.»

KHelfer: «... haben aber gesehen, daß die ganze Beziehung doch irgendwie auf ein Risiko aufgebaut ist.»

Frau: «Mmm.»

KHelfer: «Und Sie sind in der Hoffnung in die Beziehung hineingegangen, vor vier, fünf Jahren, daß Sie ihn da rausziehen können, aus dem, womit er selber nicht zufrieden ist mit sich, Alkohol und Spielen. Und jetzt sind Sie enttäuscht und entmutigt, daß er immer mehr hineingerät und Sie immer mehr da hineingezogen werden; und Sie bringen selber Opfer wie Aufhören zu rauchen, finanzielle Unterstützung, nächtelang nicht schlafen. Alles in der Hoffnung, ‹Wenn ich genug gebe, dann kann er auch...›»

Frau: «Ja, ich geb aber insofern nicht genug, weil sich das auf das Geben, was ich eben sagte, beschränkt. Weil ich also versuche, den Hermann zu finden, damit er nicht immer mehr spielt. Ich gebe am nächsten Tag aber nicht das Verständnis, daß ich jetzt ein sexuelles oder ein anderes großes Liebesbedürfnis habe. Ich kann mich nur schwerlich an den Hermann ankrabbeln, weil ich weiß, daß er so viel schwächer ist als ich, und er braucht mich also auch vor allen Dingen am nächsten Tag, wenn er dann völlig kaputt ist. Bloß dann sage ich mir: ‹Zum Kuckuck, jetzt bin ich auch mal kaputt.›»

KHelfer: «Jetzt bräuchte ich auch etwas.»

Frau: «Jetzt bräucht ich was, das hab ich nicht, also rappele ich mich auf, ich rappel mich dann alleine, ich setz mich dann hin und les ein Buch oder, oder guck Fernsehen oder denk nach.»

Hier wieder die gleichen Hinweise auf progressive und regressive Stellung in der Beziehung: «Er ist viel schwächer» und die Erwähnung ihres Kräftehaushaltes nach Erreichen der Sicherheitsgrundlage.

Wenn er dann mal zu Hause ist, so sagt sie: «Jetzt bin ich auch mal kaputt.» Hier beschreibt die Frau, wie sie Krisensituationen bewältigt:

1. Sie rappelt sich auf. Sie läßt sich nicht gehen, sondern reißt sich zusammen; typisch für Dauer.
2. Sie rappelt sich *alleine* auf; Hinweis auf Distanz.
3. Sie liest ein Buch; ebenso ein deutlicher Hinweis auf Dauer.
   Man ist versucht zu sagen: Wie ordentlich in einer solchen Krisensituation! – Menschen aus den unteren oder linken Quadranten würden sagen: «Könnte ich gar nicht.» Aber Dauer-

Menschen brauchen erst mal etwas, das ihnen Ruhe und «Voraussehbarkeit» verschafft, was sie psychisch wieder einatmen läßt.

4. Sie sieht fern oder denkt nach. Sie spricht die Situation nicht mit jemandem durch, was auf Nähe hindeuten würde, sondern sie denkt nach, und zwar allein; Distanz-Hinweis. Weder *fühlt* sie nach, noch flieht sie zur Erholung aus der ganzen Misere.

Zusammenfassend ist die Frau bisher als überwiegend im Dauer-/Distanz-Quadranten diagnostiziert worden, folglich ist der Mann im Nähe-/Wechsel-Quadranten zu vermuten (s. Abb. 21). Es wird sich jetzt zeigen, ob das auch von ihm selbst so dargestellt wird, in seinen Selbst- und Fremdoffenbarungen. Die einzelnen Äußerungen ergeben im kognitiven Orientierungsschema des Klärungshelfers jeweils einen Punkt im anfangs leeren Diagnoseschema. Diese Punkte häufen sich an und verdichten sich zu Gebieten:

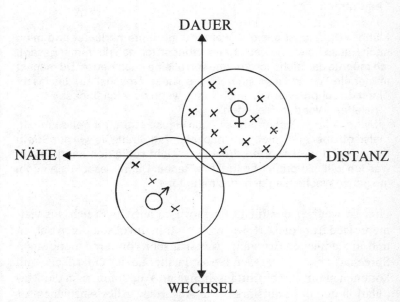

Abb. 21: Die kleinen Diagnosehinweise verdichten sich zu Gebieten

KHelfer (noch zur Frau): «Sie werden eben innerlich irgendwie hart dadurch.»

Frau: «Ich werde dadurch hart und werde angegriffen von ihm. Er sagt: ‹Wenn du mir nicht mehr gibst, dann kann ich das nicht nachlassen.› Ich werde im Grunde genommen als Schuldige hingestellt, bis Hermann weggeht. Er sagt, wenn ich also nicht lieb genug sei usw., *dann* passiere ihm das, bloß ich kann da halt beim besten Willen nicht mehr.»

Mann: «Moment, Nina, das ist nicht richtig dargestellt, das ist sowieso alles verkehrt dargestellt.»

KHelfer: «Ja, sagen Sie überhaupt mal, wie Sie das sehen.»

Mann: «Helfen tust du mir *gar nicht*.»

Die Art, wie er die Worte «gar nicht» betont (und im folgenden in den Sitzungen in jedem Zusammenhang noch zigmal wiederholt), gibt nicht nur inhaltlich einen Hinweis auf seine Unzufriedenheit, sondern es steckt eine starke Forderung dahinter: Zuwendung bekommen wollen, Zuneigung, das Recht auf Befriedigung und Bestätigung. Also alles Bedürfnisse aus dem Nähe-/Wechsel-Quadranten.

Mann: «Du findest das gut, wenn du mir hinterherläufst und mich nach Hause holst und nach Hause bringst. Ich hab dir immer gesagt, ich möchte das nicht. Ich komme von alleine nach Hause. Du machst immer ein Theater, also ein richtiges Theater machst du, das inszenierst du schon, wenn du mich triffst, wenn du mich findest.»

KHelfer: «Vor den Freunden?»

Mann: «Ja, ja. Dann geht es nach Hause – gut, oft gehe ich mit, meist, oft aber auch nicht. So, nächsten Tag Streit. Sie will nur Streit, immer patzige Antworten, frech, gar nicht ruhig. Ich kann sagen, was ich will, sie braucht dann ihre Rache. Dann piesackt sie mich, 'ne ganze Woche lang geht das mitunter.»

Hier ist weniger der Inhalt diagnostisch aufschlußreich, als vielmehr wiederum die Art, wie er es sagt: in unvollständigen Sätzen und in ziemlicher Erregung, was sich sehr von ihrer monotonen Sprechart abhebt. Die Gefühle sind näher an der Oberfläche und kommen mehr durch: Enttäuschung und Wut kommen in der Modulation und der Lautstärke zum Ausdruck. Alles Anzeichen für Nähe/Wechsel.

Mann: «Na ja, so kann überhaupt kein Klima entstehen. Sie gibt nur pampige Antworten, wenn ich was sage dagegen, wenn ich sage ‹Laß uns was machen›, oder wenn ich sage ‹Du, tut mir leid, ich bin verrutscht›. Sie geht da gar nicht drauf ein. Sage ich: ‹Laß uns das machen›, sagt sie ‹Nein, keine Lust›; sagt nicht ‹Gute Nacht›, rein gar nichts. Ich sitz dann meist abends unten, weil ich nicht schlafen kann, guck ein bißchen fern, sie geht hoch, schläft. Morgens, ich steh auf um 6, geh zum Schwimmen, man sagt keinen Ton mehr zueinander, nichts. Irgendwann dann so nach fünf, sechs Tagen...»

Er schildert sich hier als ewig bettelnd, Vorschläge machend, konstruktiv sein wollend, entschuldigend, während er sie als «rein gar nichts gebend» und immer ablehnend charakterisiert.

KHelfer: «Wie gefällt Ihnen diese Zeit?»
Mann: «Mir? Ich leide darunter.»
KHelfer: «Sie leiden darunter?»
Mann: «Ja, ich frag mich auf der einen Seite, was das Ganze soll, was soll ich mit einer *solchen Frau*? Denn das Wichtigste, sie gibt mir nichts, nicht das geringste, nichts, aber auch nicht das Geringste. Ich bin 41 Jahre alt, bin ziemlich vital, fühle mich wohl und bin sportlich, gesund.»
KHelfer: «Sexuell gibt sie Ihnen nicht das geringste, was Sie brauchen?»
Mann: «Ja. Ich weiß jetzt nicht, wie die Regel ist, aber ich bin ein Mann in dem besten Mannesalter, und wenn wir in einem halben Jahr viermal, vielleicht 'ne halbe Minute Verkehr haben, ist das ausreichend in dem Alter?»

Man kann diagnostisch nicht klar einordnen, wieso er seine Unzufriedenheit besonders im sexuellen Bereich spürt. Ist es deshalb, weil er als Mann eher auf Entladung im Sexuellen aus ist oder weil er als Wechsler sowieso eher der sofortigen Triebbefriedigung bedarf und einem kurzen Spannungsbogen unterliegt?

KHelfer: «Ich weiß es nicht für Sie, Sie wissen die Antwort.»
Mann: «Nein, ich könnte jeden Tag mit ihr schlafen. So, jetzt kommt das alle sechs Wochen oder alle acht Wochen einmal vor, dann dreht sie einem den Rücken hin, streckt einem den Hintern hin und sagt: ‹Nun, beeil dich› oder was, 'ne halbe Minute.»

KHelfer: «Da sind Sie nicht zufrieden.»

Mann: «Ja, nee. Kann ich gar nicht sagen. Ich kenn doch andere Verhältnisse, und ich hab doch auch andere Frauen gehabt, das ist ein Ding der Unmöglichkeit, da spielt sich nichts ab, keine Berührung, keine Umarmung, kein gar nichts. Das gibt nun Wochen, Wochen, wo sie nicht mit dem kleinen Finger berührt wird, gar nichts.»

Hier eine Teilantwort auf die oben gestellte Frage: Er sucht nicht die Befriedigung im eigenen Orgasmus, sondern er wünscht sich Berührung, Umarmung und noch viel mehr, denn er beklagt sich über das «Rein-gar-nichts»: Nähe-Hinweis.

Mann: «Gut – ich trinke. Ja, ja, aber das will ich erklären, und zwar ist folgendes: Wenn ich mit Freunden unterwegs bin oder ein Anlaß sich ergeben hat, dann trinke ich ein paar Biere, gut, und bei mir ist das so, ich war mal meinen Führerschein los, zweimal sogar, und ich möchte ihn nicht mehr loswerden.

Bei mir ist es folgendermaßen: Ich trinke zwei Bier, dann fahre ich noch, beim dritten fahre ich nicht mehr, lasse ich den Wagen stehen, nur kommt's darauf an, wo ich bin, mit wem ich zusammen bin. Fremdgehen tue ich nicht, grundsätzlich nicht.»

Hier ein Hinweis auf Nähe/Dauer («Ehe-Quadrant»): Nicht fremdgehen, und zwar «grundsätzlich nicht»!

Mann: «... dann unterhält man sich, dann sag ich: ‹Du, ich muß los, ich kann kein Bier mehr, und nach drei muß ich den Wagen stehen lassen.› Nina macht wieder Theater und die schimpft, und dann geht das vor den andern los. – Theater macht sie sowieso, ob du jetzt kommst oder nachher kommst – und dann kommt es bei mir, dann kommt die Trotzreaktion.»

Trotzreaktionen sind typisch für den regressiven Teil der Beziehung. Der weniger Mächtige wehrt sich auf seine Art und Weise gegen die Übermächtigkeit des Machthabenden; mit einer sogenannten Trotzreaktion.

Mann: «Trotzreaktion: ‹Was soll's, was hab ich zu Hause? Wenn ich nach Hause komme, wird gemeckert, und ich hab die Hölle auf Erden, dann kann ich auch weitertrinken.›

So, dann trink ich weiter, ich bin kein Spieler in dem Sinn, ich würde nie einen Pfennig in einem Casino nüchtern verspielen, aber wenn ich dann so'n gewissen Pegel habe, da kann ich irgendwo sein, ich setz mich ins Taxi und fahr dahin, fahren tu ich nicht mehr, ich fahr dann mit 'nem Taxi, fahr dahin und spiel.»

Selbstdefinition: «Ich bin kein Spieler in dem Sinne.» Das steht in krassem Widerspruch zur Realität. Was ist die Erkenntnis, die daraus gewonnen werden kann? Offenbar existiert eine Spaltung, die den Klärungshelfer später auf das Bild des «Obermannes» und des «Untermannes» bringt, welches er mit Hilfe zweier rechtwinklig aufeinanderliegender Kassetten darstellt.

Der «Untermann» bestimmt den Lauf der Dinge. Der «Obermann» ist der Aufrechte, der jetzt in der Sitzung das Sagen hat, Vorsätze faßt, vernünftig ist, nicht mehr trinken, nicht mehr spielen will, seriöser und zuverlässiger Geschäftsmann ist. Der «Obermann» steht aber auf dem «Untermann», der die Richtung und Geschwindigkeit der Begebenheiten seines Lebens allein bestimmt.

Herr Bluming sagt, er würde nie einen Pfennig in einem Casino in nüchternem Zustand verspielen. Das heißt, Alkohol setzt den «Obermann» außer Kraft, der «Untermann» übernimmt das Steuer.

Mann: «... und die kennen mich auch, die...»
KHelfer: «Die wissen, wenn Sie reinkommen...»
Mann: «Ja, ja, richtig. ‹Ist die Woche wieder gerettet?› Nee, ich hab noch nie gewonnen, noch nie. Mich interessiert das auch nicht. Es stimmt was nicht, das weiß ich selbst – für mich ist wichtig: Ich hab ein kaltes Bier da stehen und einen Stapel Geldchips. Fällt eines runter, laß ich's liegen, schrei nach neuen.»

Hier sieht man buchstäblich ein Kleinkind im Hochstuhl sitzen, das nun irgendwas fallen läßt und dann schreit, bis es das wiedererhält. Ins Modell übersetzt: Sehnsucht nach ständiger Beachtung und sofortiger Bedürfnisbefriedigung deutet auf Wechsel/Nähe hin.

Mann: «Mich interessiert nicht, ob ich gewinne oder verliere. Erst am nächsten Tag kommt mir das große Erwachen.»

KHelfer: «Das ist interessant.»

Mann: «... wenn ich nach Hause komme.»

KHelfer: «Darf ich noch mal zum vorigen Tag zurückkommen? Während des Spielens interessiert Sie das Gewinnen gar nicht? Das Verlieren auch nicht?»

Mann: «Ich bin ja... nee, nee.»

KHelfer: «Interessiert Sie das Bier und...?»

Mann: «Ja, und daß ich mitmache, ne.»

KHelfer: «Das Dabeisein.»

Mann: «Ja, ja.»

KHelfer: «Sind dann noch andere Freunde dabei?»

Dies ist eine diagnostische Frage, die darauf abzielt herauszufinden, was es genau in dem Moment ist, was ihn an den Spieltisch bringt, ihn dort hält und was ihm Ersatzbefriedigung bietet.

Ist es das Dabeisein? Das «Königspielen»? Oder Bewunderung zu erhalten für die verschwenderische Großzügigkeit und Unbekümmertheit gegenüber Geld und Erfolg?

Die Antwort ist diffus, so daß sie inhaltlich nicht eindeutig diagnostisch ausgewertet werden kann. Vermutlich weiß er es selber nicht genau (Selbstanalysen sind weniger die Stärke der Wechsel-Menschen, sondern im Gegenteil ein Dauer-Symptom).

Mann: «Na, man kennt sich; im Laufe der Jahre kennen Sie alle, mehr oder weniger, Freunde nicht. Nina dachte, der eine ist ein Freund, aber es sind keine Freunde, die wollen nur mein Geld.»

KHelfer: «Hm, und das machen Sie mit? Jedesmal immer wieder neu?»

Mann: «Immer wieder neu, richtig.»

KHelfer: «Aber nur, wenn Sie besoffen sind.»

Mann: «Nur, wenn ich besoffen bin. Ich komme am nächsten Tag nach Hause, oft nicht, meist kommt sie dann und sucht mich. Ich hab ihr gesagt: ‹Mach das nicht, was hast du da verloren?› Am nächsten Tag hält sie mir das vor: ‹Ich habe die ganze Nacht nicht geschlafen, bin hier rumgelaufen, da rumgelaufen.› Ich sage: ‹Das ist doch deine Schuld, bleib doch zu Hause, ich hab dich doch nicht abgeholt, ich wollte dich nicht haben.›»

Frau: «Soll ich da noch eben was dazu sagen, er hat einen Geldwechsel unterschrieben, also Hermann verspielt seine Armbanduhr, meistens. Also jetzt hat er eine goldene Rolex, dann werden Wechsel unterschrieben, und dieses Unterschreiben der Wechsel geht ins Uferlose...»

Mann: «Nina, Wechsel unterschreiben! – In vier Jahren war das zweimal oder dreimal.»

Frau: «Aber sonst, Hermann, wird Geld geliehen. Weil sie dich kennen, weil du zurückzahlst. Egal wie, wenn irgendwelche Schmuckstücke ins Pfandhaus wandern, und der Pelzmantel wandert weg oder was, es wird zurückbezahlt. Er ist da ein sehr ehrlicher Typ. Und die wissen ganz genau, wenn sie ihm 3000 Mark geben, der geht ohne einen Pfennig los, der braucht keine zehn Mark mehr. Selbst das Taxi wird ausgelöst von denen, weil das eben ein guter Kunde ist. Und insofern ist es eben, daß ich mir sage, wenn ich dabei bin, dann gibt keiner mehr Wechsel, weil ich dann anfange, mit der Polizei zu drohen und so weiter, damit ich ihn da rausbekomme, weil ich Angst habe, daß Hermann eines Tages aufwacht und gar nichts mehr hat und Schluß.»

KHelfer: «Sie versuchen, das Schlimmste zu verhindern, und dafür haben Sie noch gerade Kraft, aber für das, was er nachher möchte, bleibt nichts mehr übrig.»

Frau: «Ist aus, ja.»

Mann: «Da gibt's schon drei, vier Jahre nichts mehr. Gar nichts. Ich habe zu ihr gesagt – das muß ich vorausschicken, ich hatte schon 'ne Zeit früher gemacht, und ich hab mir immer gesagt, gut, ist passiert, das holst du wieder auf, ich habe das auf die leichte Schulter genommen. – Ich sag: ‹Das ist materiell, das ist Geld, das kannst du verdienen, das verdienst du wieder und das zahlst du ab und hab gelacht darüber.»

Hier steht eine ganz klare Aussage zu seinem Verhältnis zu Geld und Schulden: auf die leichte Schulter nehmen, lachen und abbezahlen. – Es macht ihm keine Sorgen (Wechsel) – im Gegensatz zu ihr.

Hier scheint ein Widerspruch zur obigen Feststellung zu sein, daß ihm das Materielle wichtig sei (Prahlen mit Prunk). Gerade weil er das Materielle auf die leichte Schulter nimmt, kann er damit leichtfüßig umgehen und prahlen. Sie hingegen ist eher sparsam und bescheidener und beschränkt sich auch im Verbrauch («Ich brauch wenig»), weil es ihr eben mehr bedeutet.

Mann: «Seit ich sie kenne und bei ihren Eltern mal reingekommen bin, zu Hause, in die Familie so mitaufgenommen bin, da hatte ich 'ne andere Einstellung zum Geld, da wollte ich es nicht mehr. Ich wollte nicht mehr spielen.»

Hier ist ein interessanter Hinweis über die Veränderung: Seitdem er mehr in die Familie aufgenommen war und die Hoffnung auf Geborgenheit und Zugehörigkeit hatte, bekam Materielles einen anderen Stellenwert für ihn: Wenn er mehr Nähe erhält, die er braucht, wandert er im Modell zugleich etwas mehr in Richtung Dauer. Das scheint eine individuelle Gesetzmäßigkeit für ihn zu sein.

Wahrscheinlich ist es sein «ursprüngliches» Ziel, eine Heimat zu finden; dazugehören, Geborgenheit, in einer Beziehung und einem größeren Familienrahmen. Wenn er das nicht hat, «tobt» er sich auf die Wechsel-Art aus. Wenn er es aber hat, wandert er zugleich mehr in Richtung Dauer, was ihm anscheinend eher ein Heimatgebiet im Modell wäre (Nähe/Dauer), da er ja auch von sich sagt, daß er «aus Prinzip» (Dauer) «nicht fremdgehen» (Nähe) würde und Schulden immer zuverlässig zurückzahlt.

Mann: «Ich wollte nicht mehr spielen, ich wollte mehr oder weniger von dem ganzen Milieu weg. So, den Wunsch hatte ich, was ich früher nicht hatte. Früher war es mir egal, aber seit ich gemerkt hab – gut, wir sind jetzt länger zusammen, vielleicht wird da mal was draus.

Sie hat gedacht, daß wir immer zusammenbleiben wollten, heiraten, und sie wollte mal Kinder haben und so, 'ne Familie gründen wollte sie und nicht nur mal so abends zusammen.»

KHelfer: «Und Sie?»

Mann: «Und ich wollte am Anfang, ich aber habe mehr oder weniger daneben gestanden und wollte mal sehen, was kommt. Dann habe ich, als ich ihre Eltern kennenlernte und als sich das so ein bißchen verfestigt hat, hatte ich auch den Wunsch und das Bedürfnis. So, nun war ich aber durch den ganzen Lebenswandel geprägt, ich meine, wenn man das fünfzehn Jahre lang macht, dann kann man nicht von heute auf morgen aufhören. Wenn irgendwas – ich bin ziemlich impulsiv –, wenn irgendwas mir über die Leber läuft, dann trink ich ein Glas Bier.»

Hier kommt wieder die direkte Selbstdefinition: Er sei impulsiv. Und dies nicht nur im positiven Sinne – aus Lebensfreude beispielsweise –, sondern «wenn was über die Leber läuft», wenn er etwas erlitten hat, demnach Wechsel (kurzer Spannungsbogen zwischen Leiden, Frustration, Bedürfnis und Abreaktion, Befriedigung, Erlösung).

Mann: «... allerdings nicht mit der Absicht, dann hinterher spielen zu gehen; nüchtern würde ich nicht eine einzige Mark in so ein Ding setzen. Aber wenn ich dann getrunken habe, hakt 'ne Schranke aus oder was, ich weiß es nicht, wenn ich zuviel habe, wenn ich total voll bin und nicht mehr weiß, was ich tue, steuere ich zielstrebig dahin.»

Wenn er nicht mehr weiß, was er tut, dann steuert er zielstrebig ins Casino. Das ist eine Untermauerung der These vom «Untermann», der dann die Führung übernimmt, wenn der «Obermann» mit Alkohol betäubt und ruhiggestellt ist.

Mann: «Früher – jetzt laß ich es schon, weil es danach auch keinen Sinn hatte –, wenn mir das passiert ist, bin ich am nächsten Tag hin, hab gesagt: ‹Du, entschuldige, ich bin verrutscht.› Was soll's? Ich hab Blümchen mitgebracht und gesagt: ‹Ich versuche das, daß es so schnell nicht wieder vorkommt.› Interessierte sie gar nicht. Guckte die Blumen nicht an und gar nichts und akzeptierte das überhaupt nicht, es ist bei ihr dann keine Versöhnung zu kriegen. Sie braucht erst ihre Rache. Sie muß sich erst abreagieren, sie weiß, ich bin irgendwie ein bißchen weich, daß sie mich trifft. Und das nutzt sie aus.»

Hier ganz typisch eine «Wechsel-Aussage»: «Einmal ist keinmal» – das Motto vieler Ausrutscher der Wechsel-Menschen. «Mach doch nicht so ein Theater!»: Wechsel-Hinweis. In der Art des «Schwamm darüber» oder «Gras drüber wachsen lassen», einfach, als wäre nichts geschehen, und zudem mögliche negative Gefühle beim Partner vorsorglich mit ein paar Blümchen besänftigen. Entsprechend empfindet er dann ihr Verhaftetsein in der Vergangenheit (Dauer) als Rache, als unnötiges Auf-ihm-Herumtrampeln, als absichtliches Verlängern seiner Schmach.

KHelfer: «Weiß sie das?»

Mann: «Ja, sicher weiß sie das.»

KHelfer (zur Frau): «Wissen Sie das? Daß ihn das trifft, wenn Sie so abweisend reagieren?»

Frau: «Nee, das kann ich nicht sagen.»

Mann: «Sei doch ehrlich, sicher weißt du das.»

Frau: «Nee, ich weiß es nicht.»

Mann: «Tausendmal hab ich es dir gesagt.»

Frau: «Nee, ich war nicht ganz sicher; ich habe schon das Gefühl, daß Hermann mich gerne mag, aber ich habe auch das Gefühl, daß ihm vieles wichtiger ist. Insofern glaube ich das nicht so ganz mit dem Gernhaben. Für seine frühere Freundin hat er irrsinnig geschwärmt, und heute schwärmt er von mir, aber ich seh das viel neutraler.»

Hier treffen wir auf den typischen Vorwurf der «Oben-rechts»- gegen die «Unten-links»-Menschen:

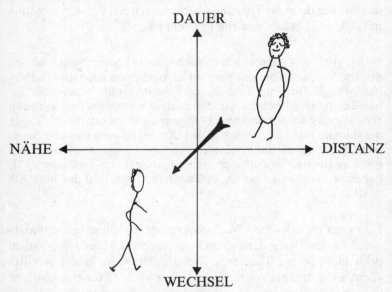

Abb. 22: Darstellung eines typischen Vorwurfes

«Deine Begeisterung und Liebe gilt gar nicht mir persönlich, sondern ich bin eben gerade zufällig das austauschbare Objekt deiner Begierden und deiner Überschwenglichkeit.»

KHelfer: «Das Gernhaben meinte ich noch gar nicht, aber daß ihn das trifft, wenn Sie so neutral sind, vermutlich kalt, kühl, abweisend, nachforschend.»

Frau: «Das trifft ihn, das weiß ich.»

KHelfer: «Das wissen Sie, daß ihn das trifft. (Zum Mann) Aha, sie weiß es.»

Mann: «Und das kostet sie die ganze Woche lang aus.»

KHelfer: «Warum glauben Sie, daß sie das auskostet?»

Hier wieder eine Diagnosefrage. Es gilt herauszufinden, inwiefern der Mann die Hintergründe der Frau kennt (was ein Hinweis auf Kommunikation wäre), oder was er sich über sie «phantasiert»; welche naive Verhaltenstheorie er über sie hat.

Mann: «Ja, sonst würde sie es doch nicht tun.»

KHelfer: «Ja, warum, warum?»

Mann: «Das ist so ihre Rache, weil ich nicht spüre, so wie sie es möchte. Am liebsten hätte sie, daß ich eine Marionette wäre und sie zieht die Fäden, das möchte sie am allerliebsten. Und das ist auch ihre ganze Art.»

Hier also im Klartext seine Erbitterung über seine regressive Stellung in der Beziehung: er als Marionette und sie mit den Fäden «im Griff». Was er hier über sie sagt, muß nicht wahr sein, um es diagnostisch zu verwerten. Das gilt allgemein: es sind jeweils nicht nur die Tatsachen, die aufschlußreich sind, sondern ebenso die Subjektivität der Sichtweise der Klienten. Da beide anwesend sind, erfährt der Klärungshelfer sofort, ob der andere zustimmt oder nicht.

Frau: «Ich möchte nur, daß das mit dem Alkohol aufhört, weil das Thema Alkohol das Spielen beinhaltet. Ich habe also nicht das Gefühl, daß ich dominierend bin, ich habe etwas das Gefühl, daß die Achtung vor dem andern sehr viel kaputter geworden ist, daß ich vieles vielleicht mehr kritisiere, als ich das bei einem Menschen machen würde, zu dem ich mehr Achtung hätte. Ich werde intoleranter bei Kleinigkeiten. Aber mein Wunsch ist an sich, alleine das Thema Alkohol in den Griff zu bekommen.»

Sie gebraucht hier eindeutige Dauer-Worte: «Achtung», «in den Griff bekommen», und sie zeigt Intoleranz bei Kleinigkeiten.

Fassen wir zusammen. Auf den vorangegangenen Seiten haben wir die erste Phase einer Erstsitzung mit einem Klientenpaar ausführlich im Originaltext zitiert. Es wurde dabei sichtbar, wie beim Klärungshelfer ein Bild der «Persönlichkeiten» entsteht und wie er es diagnostisch auswertet. Ebenfalls wurde erkennbar, wie *vielfältig* und *winzig* die diagnostisch verwertbaren Hinweise sein können. Allgemein läßt sich sagen: Die Diagnose im Persönlichkeitsklärungsquadranten findet auf allen Ebenen der Kommunikation statt, auf der inhaltlichen wie auch auf der formalen Ebene: Wortwahl, Ausdrucksweise, Sprechart, Modulation, Stimme.

Die Diagnose ist kein einmaliger und abschließender Vorgang, sondern ein Begleitprozeß der Klärungshilfe. Natürlich ist dieses begleitende Bewußtsein erst einem erfahrenen Klärungshelfer möglich: Auf solche Dinge kann er erst dann achten, wenn er nicht mehr mit der Kontaktgestaltung «bis zum Hals» beschäftigt ist, sondern bestimmte Reaktionsfähigkeiten soweit *automatisiert* hat, daß er zu ihrer adäquaten Ausführung keine Bewußtseinsenergie mehr braucht. In den ersten Jahren seiner Praxis wird der Klärungshelfer mit den elementaren Dingen der Kontaktgestaltung und der Moderation ausreichend zu tun haben.

Für die Diagnose ist es inhaltlich besonders aufschlußreich, was jeder über sich selbst sagt (Selbstdefinition oder Selbstbild), wie er den anderen wahrnimmt und definiert (Fremdbild), was er über die Beziehung sagt und wie er einzelne äußerliche Ereignisse im Unterschied zum Partner schildert. Direkte Hinweise zur Diagnose sind Aussagen, die sich auf eine Krisensituation des Klienten beziehen: Wie geht er damit um?

Der Diagnosevorgang selber besteht in der Verallgemeinerung von Vermutungen, die sich aus konkreten Hinweisen in der obengenannten Art ergeben.

Als Ordnungsschema benutzt unser Klärungshelfer ein von ihm erweitertes System- und Strukturmodell, das auf den «Vier Grundformen der Angst» von Fritz Riemann (1975) basiert. Diese stehen in der Tradition der psychoanalytischen Charakterlehre über Angst- und Abwehrtypologien. Dieses in der Psychoanalyse ursprünglich auf die Pathologie der neurotischen und psychotischen Persönlichkeitsstruktur angewandte Modell wurde von Christoph Thomann auf das nicht-psychiatrische, «normal-neurotische» oder normale und alltägliche Gebiet der zwischenmenschlichen Beziehungen übertragen. Dabei werden die vier Grundstrebungen des Menschlichen als etwas Natürliches, zu Beachtendes und Wertvolles angesehen.

In diesem Sinn sprechen wir ungern von «Diagnose» und «diagnostizieren», sondern eher von «sich ein Bild von der Beziehung machen und den aktualisierten und sichtbaren Teilen der Menschen darin».

Es ist ferner zu beachten, daß derartige theoretische Modelle in starkem Maße vereinfachen und ganz bestimmte Teilaspekte auswählen. Sie können nie den Anspruch erheben, den Menschen so zu beschreiben, wie er «ist». Trotzdem sind sie für den Klärungshelfer sehr wichtig, denn sie helfen ihm, in der Vielfalt des Geschehens den Überblick zu behalten und sich auf die geschilderten Vorfälle des Beziehungslebens einen Reim zu machen.

Der interventionspsychologische Nutzen dieser Diagnosen liegt in folgenden Aspekten:

1. Kontakt herstellen
Der Klärungshelfer «behandelt» die verschiedenen Klienten unterschiedlich. Je nach seiner Persönlichkeitsdiagnose initiiert und vertieft er den Kontakt individuell (s. S. 175f).

2. Den Partnern «ihre Welten» erklären
Gerade wenn die Klienten den Eindruck haben, «Wir sind so verschieden, es scheinen Welten zwischen uns zu liegen», ist es hilfreich, wenn der Klärungshelfer diese «Welten» mit deutlich erkennbarem Bemühen zu ergründen versucht und Teile seiner Ergebnisse hin und wieder verkündet. Dies kann zum Beispiel durch das Doppeln (vgl. S. 108ff) geschehen, etwa in der Art: «Weißt du, Gerda, ich bin ein Mensch, dem seine Gefühle nicht so rasch klar sind wie dir. Um überhaupt auf Gefühle zu kommen, brauche ich erst einmal etwas, woran ich mich halten kann, was fest und unumstößlich ist. Und das sind zum Beispiel Fakten, Tatsachen, Zahlen und alles, was sachlich zu begründen ist. Deswegen reagiere

ich immer so sachlich und reite so auf den Fakten herum (wie du das ausdrückst), wenn du mit deinen Gefühlen auf mich losgehst. Nicht, daß ich keine Gefühle hätte, aber ich brauche erst einmal einen festen Halt, um sie überhaupt zulassen zu können.»

3. Hinweise für die Suche nach Lösungen

Häufig geht es in der Klärungshilfe um konkrete Probleme und um die Suche nach konkreten Lösungen. Diese Lösungen müssen in Übereinstimmung mit der Persönlichkeitsstruktur der Klienten sein, anderenfalls sind sie auch dann aussichtslos, wenn sie plausibel klingen und gut begründet sind.

«Ich will immer machen, daß die anderen zufrieden sind»: Beispiel für eine Persönlichkeitsklärung

Während im Beispiel des vorangegangenen Abschnittes die Persönlichkeitsdiagnose sich gesprächsbegleitend im «Hinterkopf» des Klärungshelfers abspielte, haben wir im folgenden eine Sitzung ausgewählt, in der die Persönlichkeitsklärung eines Klienten thematisch im Vordergrund steht.

Hier gilt es, individuelle Eigentümlichkeiten und persönliche Gesetzmäßigkeiten zu erkunden. Das Modell von Riemann, das auf überindividuelle Dimensionen zielt, erweist sich hier als zu grobmaschig.

Herr und Frau Meier sind seit zehn Jahren verheiratet und kinderlos. Der Mann arbeitet in untergeordneter Stellung in einem Dienstleistungsbetrieb. Er wirkt sehr verhalten, bedächtig, fast leidend. Er ist hager, großgewachsen, bewegt sich langsam und spricht leise. Beim Reden überlegt er meistens sehr genau und nimmt sich Zeit für seine Antwort. Er ist kein «Spring-ins-Feld»-Typ, eher zerbrechlich und abwartend. Seine Frau stammt aus Skandinavien und wirkt im Vergleich zu ihm etwas lebendiger und spontaner, obwohl auch sie eher ruhig ist. Sie ist klein, und ihr Gesicht ist offen. Sie sagt wenig.

Zur Klärungshilfe haben sie sich angemeldet, weil der Mann Angst vor Menschen hat, übermäßig Alkohol trinkt und organisch nicht erklärbare – sogenannte funktionelle – Magenstörungen hat, die er als «Faust im Bauch» beschreibt.

Die Sitzung verläuft sehr ruhig, zum Teil schleppend, zum Teil nachdenklich. Die Klienten sind der Klärungshilfe und dem Klärungshelfer wohlgesonnen und stellen untereinander ein versöhnliches Klima ohne Vorwürfe her.

Am Anfang der 2. Sitzung beklagt sich die Frau darüber, daß ihr Mann zumeist ihre «kleinen» Bitten nicht erfüllt, wie zum Beispiel im Hause etwas zu reparieren oder im Haushalt mitzuhelfen.

Frau: «Er schiebt das immer hin und hin und hin.»
KHelfer: «Für Jahre?»
Frau: «Ja.»
KHelfer: «Gut. Was wäre Ihr Anliegen für die heutige Sitzung?»
Frau: «Ja, was steckt denn dahinter? Das ist irgendwie ein Widerspruch, finde ich.»
KHelfer: «Sie möchten ihn kennenlernen in dem Punkt?»
Frau: «Ja.»
KHelfer: «Gut, möchten Sie ihn auch verändern?»
Frau: «Schlecht zu sagen ‹verändern›. Wie wir letztes Mal gesagt haben, geht Veränderung in der einen oder anderen Richtung nicht so schnell.»
KHelfer: «Also, Sie möchten nur wissen, was dahintersteckt, also nicht mit der Peitsche oder dem Zaunpfahl winken…»
Frau: «Nein, das hat keinen Sinn bei ihm. Das weiß ich. Dann macht er gerade das Gegenteil. Wenn man sagt: ‹Mach mal› und ‹Du mußt›, dann macht er extra nichts.»

Die Grundhaltung, die in diesem Dialog zum Ausdruck kommt – Kennenlernenwollen ohne Veränderungsdruck –, ist von Bedeutung. Dies nicht als bloße «Lektion» für den Klienten, sondern allgemein für die therapeutischen Interventionen im Quadranten der Persönlichkeitsklärung. Das Gegenteil davon wäre, mit dem Zaunpfahl zu winken, sobald etwas Unerwünschtes oder Negatives auftritt, oder gar mit der Peitsche; das beschleunigt zur Veränderung zu treiben, was sich erst zaghaft zu zeigen beginnt.

Eine zweite Grundhaltung zur Klärung der Persönlichkeit eines Klienten bedingt, daß sich der Klärungshelfer nicht zu einem unmittelbaren Zweck einspannen läßt und selber keine unmittelbare Lösung sucht.

In diesem Fall hat der Klärungshelfer nicht die Einstellung «Warum zum Kuckuck tut der Mann das nicht gleich, dann wäre es erledigt?» oder gar «Wie könnte ich ihn dazu bringen, die kleinen Wünsche der Frau sofort zu erfüllen, damit die Ehe besser wird?»

KHelfer (zum Mann): «Ich möchte wieder eine Bitte an Sie richten: Wenn Sie den Stich im Bauch spüren, sagen Sie das gleich oder halten Sie die Hand darauf. Auch wenn der Stich nicht so stark ist, daß Sie die Hand darauf halten müssen – damit das irgendwie klar wird. Es ist ein Signal. Bei Ihnen muß man ja die Körpersignale lesen, da darf man sich nicht an die Worte halten – schon auch, wenn da Worte sind.»

Bevor die Frau nun «auspackt», erinnert der Klärungshelfer den Mann an das in der letzten Stunde ausführlicher erkundete Symptom «Faust im Bauch». Der Klärungshelfer hofft, eine eventuelle Verknüpfung des Symptoms mit zwischenmenschlichen Begebenheiten entdecken zu können.

In der letzten Stunde wurde allerdings auch herausgefunden, daß der Mann sich schlecht und zu spät mit Worten ausdrücken kann. Mit Gesten hingegen kann er sich sofort und direkt äußern.

Der Klärungshelfer akzeptiert diese persönliche Gesetzmäßigkeit als gegenwärtige «Gebrauchsanweisung» für den Umgang mit dem Klienten. Er bittet ihn daher, seine Verfassung mit Gesten zu zeigen, und drängt ihn nicht zu verbalen Äußerungen.

Die Frau erzählt, daß der Mann ein wackelndes Tischbein lange nicht repariert habe. Er erklärt dazu, das Tischbein wackle zwar ein bißchen, aber es lägen Zeitschriften darauf, und dann sei es nicht so wichtig für ihn.

KHelfer: «Ja, dann ist klar, daß Sie es nicht reparieren.»
    Mann: «Das sollte ich vielleicht doch machen.»
    KHelfer: «Da bin ich nicht sicher, bin ich nicht sicher...»

Hier entsteht langsam aus einer Selbstklärung («Wie kam das, daß Sie es nicht taten?») eine Persönlichkeitsklärung («Was sind Sie für ein Mensch?»). Noch bleibt die Erkundung auf ein einzelnes

Vorkommnis zentriert. Doch ist der Übergang zur Persönlichkeitsklärung fließend: Das «sollte» in der Antwort des Klienten zeigt dem Klärungshelfer an, daß Herr Meier in diesem Moment die Ebenen wechselt: Von der Beobachtung und Beschreibung seines Verhaltens und Fühlens geht er auf die «Soll-Ebene» der Ziele und Wunschvorstellungen.

Der Klärungshelfer sagt deshalb: «Da bin ich nicht so sicher.» Ebensogut könnte er auf der theoretischen Ebene sagen: «Lassen Sie uns zurückkehren auf die reine Beobachtung und die Ist-Beschreibung Ihres Verhaltens und Empfindens.» Der Klärungshelfer nimmt die Position eines Anwaltes der Persönlichkeit des Klienten ein. Es muß etwas «dahinterstecken», wenn er das Tischbein nicht repariert. Wer sich bereits des häufigeren etwas vorgenommen hat und es dann doch nie tut, muß sich selber besser kennenlernen.

Um diesen Punkt seiner Persönlichkeit aufzuhellen, bringt der Klärungshelfer das Beispiel auf eine allgemeinere Ebene. Er generalisiert es nach dem Prinzip: Es wäre schön, aber dem ist ja nicht – und es soll von dem ausgegangen werden, was ist.

KHelfer: «...denn es geht ja hier nicht um das Tischbein, sondern grundsätzlich darum, daß Sie (Mann) etwas für nicht so wichtig halten, was Sie (Frau) als wichtig erachten. Sie (Frau) wollen es aber nicht selber tun, und Sie (Mann) sollten es daher tun. Das gibt es ja im Leben. Und daß Sie (Mann) dann nicht sagen: ‹Das stinkt mir› oder ‹Mach das selber›...»

Hier versucht der Klärungshelfer, die Grenzen des Klienten zu erkunden: Was liegt noch innerhalb, was bereits außerhalb? Es gehört gleichfalls zur Persönlichkeitsklärung herauszufinden, was *nicht* zu seiner Persönlichkeit, zu seiner Art gehört.

Mann: «Nein, so nicht.»
KHelfer: «Das würden Sie nie sagen?»
Mann: «‹Mach das selber!› würd ich nie sagen. Aber es kann sein, daß ich zu mir sage: ‹Das stinkt mir, daß ich jetzt schon wieder was machen muß.›»
KHelfer: «Aha, es ist ein Unterschied zwischen dem, was Sie sich selber und was Sie zu ihr sagen.»

Mann: «Ich würde ihr nicht sagen: ‹Das stinkt mir jetzt!›. Zu ihr sage ich: ‹Ja, ich mach das schon.›»

Hier generalisiert der Klärungshelfer und bringt es auf eine höhere Abstraktionsstufe, um etwas Allgemeingültiges herauszufinden. Dieser Persönlichkeitszug des Klienten wird immer klarer. Der Klärungshelfer versucht, ihn mit folgenden Interventionen drastisch und pointiert zu präsentieren: die Theorie vom «Außen-Franz» und vom «Innen-Franz».

KHelfer: «Ihr (Frau) Ziel ist ja herauszufinden, was in ihm drin passiert. Ich vermute, im Moment, wo Sie etwas wollen von ihm, daß er nicht unbedingt will, dann antwortet Ihnen ein – wie ist Ihr Vorname?»
Mann: «Franz.»
KHelfer (zur Frau): «...dann antwortet Ihnen ein ‹Außen-Franz›: ‹Ja, ja (beflissen), mach ich dir brav, ich bin ein braver Junge, ich mach das›; und ein ‹Innen-Franz› sagt: ‹Ja, ja (gähnend), rutsch mir den Buckel runter...›»
Frau: «...‹laß sie mal reden›» (ergänzt sie für Franz).
KHelfer: «Und der ‹Außen-Franz› sagt: ‹Ja, ja, gern, na ja, gern gerade nicht, aber irgendwann mach ich das.›»
Frau: «Tatsächlich, seine häufigste Antwort ist: ‹Ja, laß mal liegen, mach ich schon.›»
KHelfer: «Und ich vermute, (zum Mann) daß Sie dann wirklich dabei denken: ‹Ja, ja, das könnte ich mal machen.› Nicht, daß Sie da bewußt vertrösten oder so, daß Sie wirklich den Vorsatz haben.»
Mann: «Ja.»

Diese Theorie vom «Außen-» und «Innen-Franz» ist die auf seinen konkreten Fall zugeschnittene «Top-dog-» und «Under-dog-Spaltung» von Fritz Perls, wozu ebenso gehört, daß der Underdog immer gewinnt und so einen beklagenswerten Zustand herbeiführt. Diesen Zustand der Persönlichkeit des Mannes erklärt der Klärungshelfer nun der Frau. Die Persönlichkeitsklärung erhält dadurch eine zwischenmenschliche Funktion: Der Partner erfährt, wie der andere «funktioniert». Frau Meier «weiß» nun, wie sie das einordnen muß, daß ihr Mann «Ja» sagt und «Nein» tut.

Die Richtung der Klärungshilfe ist damit bereits gegeben: Aussöhnung der Spaltung durch Integration der beiden Tendenzen, häufig auf Kosten des Top-dogs, der mit seinen überspannten Anforderungen dem Menschenmöglichen nicht gerecht wird. Das Selbstkonzept muß redigiert werden, um sich der alltäglichen Praxis anzupassen, nicht umgekehrt. In diese Richtung soll es weitergehen (Übergangsstelle von der Klärungshilfe zur Therapie):

KHelfer: «Können Sie sich vorstellen, im Moment, wenn eine Anforderung kommt, zu sagen: ‹Dazu habe ich keine Lust›? Kennen Sie diesen Satz überhaupt? Können Sie den sagen: ‹Dazu habe ich keine Lust›?»

Hiermit wird zweierlei bezweckt: Zum einen ist der Klärungshelfer vom Grundsatz geleitet «Was innen ist, soll außen sein». Der Klient soll sich so ausdrücken können, wie er sich innerlich fühlt. Nicht, damit es in der Beziehung schöner wird, sondern damit es wahrer wird; dies würde allerdings ebenso mehr Konflikte mit sich bringen.

Zum andern zielt der Klärungshelfer mit seiner Frage: «Kennen Sie den Satz, können Sie den Satz sagen?» auf eine Persönlichkeitsklärung seiner Möglichkeiten und Grenzen hin. Wir beobachten häufig, daß Menschen zum Teil nicht die sprachlichen Instrumente zur Äußerung ihrer inneren Wahrheit zur Verfügung haben. Daß sie also nicht sagen können, wie es ihnen geht, es deshalb möglicherweise nicht einmal empfinden können. In solchen Fällen könnte man auf eine «Bewußtseinsentdeckungsfahrt» gehen, um sich allmählich zum zutreffenden Gefühl vorzutasten. Hier versucht der Klärungshelfer den umgekehrten Weg: Von der sprachlichen Äußerung hin zur «Innerung» – über Sätze, die der Klient – wie beim Kauf eines passenden Kleidungsstückes – «anprobiert», um herauszufinden, ob sie ihm «stehen» und zu ihm passen.

Ein zweiter Aspekt beim Ausprobieren wichtiger Grundreaktionsarten ist der verhaltenstherapeutische: Ein Selbstausdruck wird im «Trockenen» eingeübt, um ihn dann im «Ernstfall» als Empfindungs- und Ausdruckshilfe präsent zu haben. Weitere Sätze, die im Verhaltens- und Empfindungsrepertoire vieler Klienten fehlen, sind zum Beispiel:

- Ich möchte schon, aber ich traue mich nicht.
- Das stört mich.
- Dieser Zug an dir macht mir Mühe.
- Du bist (oder Sie sind) mir sympathisch. Ich möchte dich (Sie) kennenlernen.
- Moment mal, so wie es jetzt läuft, ist es mir nicht mehr wohl. (Meta-Äußerung)
- Ich möchte ... und kannst du das oder willst du das auch?
- Ich bin jetzt sprachlos. («Mir bleibt die Spucke weg!»)

Zurück zur Sitzung:

Mann: «Schlecht kann ich diesen Satz sagen, weil ich immer irgendwie versuche, das doch zu machen.»
    KHelfer: «Ist das ein verbotener Satz in Ihrem Leben. ‹Dazu habe ich keine Lust›?»

Da der Klient jetzt auf die Konzept-Ebene geht («Versuche, das doch zu machen»), der Klärungshelfer hingegen die Persönlichkeitsklärung begünstigen will, bringt er nun drastischer den Ausdruck des «verbotenen» Satzes ins Spiel.

Mann: «Ich meine, ja.»
    KHelfer: «Was wäre passiert, wenn Sie mal in Ihrer Jugend zu Vater oder Mutter gesagt hätten: ‹Dazu habe ich keine Lust›?»
    Mann: «Dann wurde mir geantwortet: ‹Das hat jetzt damit nichts zu tun, das muß gemacht werden.›»
    KHelfer: «Aha: ‹Es kommt nicht auf deine Lust an, mein Junge...›»
    Mann: «Du machst das jetzt.»
    KHelfer: «‹...es spielt gar keine Rolle, wie es dir innerlich geht, du hast zu funktionieren.› Wurde das eingebleut oder war das selbstverständlich?»
    Mann: «Das wurde einem beigebracht.»

In der folgenden Szene versucht der Klärungshelfer, die Befunde aus der Vergangenheit in das heutige Leben zu transponieren und zu generalisieren. Er präsentiert es als Vermutung.

KHelfer: «Stimmt das, daß Ihr Leben ganz stark von dem geprägt ist, was man ‹soll›, was andere Leute von Ihnen wollen? Daß Sie gar nicht richtig wissen, was Sie wollen, was Ihnen guttut, was Sie nicht wollen, was Ihnen nicht guttut – sondern es muß erst mal das gemacht werden, ‹was ich soll› und ‹was die anderen von mir wollen›. Ist das auch noch heute so?»

Mann: «Ja, ich will machen, daß die anderen Leute zufrieden sind.»

KHelfer: «Gut, diesen Satz ‹Dazu habe ich keine Lust› gibt es also nicht in Ihrem Leben. Folglich, weil es den Satz nicht gibt, bleibt es liegen. Das liegengebliebene Tischbein sagt Ihnen (Frau) jedesmal...»

Frau (unterbricht): «Er hat es nicht gemacht.»

KHelfer (fährt fort): «...sagt Ihnen jedesmal: ‹Dazu habe ich keine Lust›.»

Daß das wackelnde Tischbein der Frau sagen soll, daß ihr Mann keine Lust hat, es zu reparieren, wäre eigentlich eine Banalität, wenn es nicht im Umfeld der Klärungshilfe und Persönlichkeitserkundung geschehen würde. In diesem Lichte entsteht aus einer derartigen Banalität eine individuelle Gesetzmäßigkeit des Klienten:

Er drückt sich nicht mit Worten, sondern mit Taten respektive Unterlassungen aus. Sosehr dies für die Frau zu beklagen ist, muß sie davon ausgehen: So ist es jetzt einmal; das heißt noch lange nicht, daß es sich nicht ändern kann. Doch vorerst muß sie seine persönliche Gesetzmäßigkeit als «Gebrauchsanweisung» akzeptieren. Bei Menschen redet man ungern von Gebrauchsanweisung, geschweige denn, daß man sie entsprechend belehrt und sie ebenso lernen. So kommt es, daß die meisten Menschen andere so behandeln, wie es ihren eigenen Bedürfnissen entspräche; gemäß ihren eigenen Gesetzmäßigkeiten. Nach dem Motto: «Was du nicht willst, das man dir tu, das füg auch keinem andern zu», nun auch: «Was du brauchst, das man dir tu, das füge reichlich andern zu.» Meistens geht es gut. Aber besonders an den Reibungspunkten kommen wiederholt unterschiedliche Gesetzmäßigkeiten hervor. Die Frau kommt nun ebenfalls auf ihre Kindheit zu sprechen. Sie habe genau die gleichen Erfahrungen gemacht.

KHelfer: «Und jetzt machen Sie den gleichen Erziehungsprozeß, den Sie erlitten haben, mit ihm.»

Frau (erstaunt und erschreckt): «Das, was ich selber erleiden mußte...»

KHelfer: «Ja, das ist normal, völlig normal. Das ist wie eine anstekkende Krankheit: Was Sie erlitten haben von Ihrer Mutter – die hat das auch angesteckt bekommen –, müssen Sie jetzt irgendwie weitergeben, zum Beispiel an Ihren Mann. Das ist das Tragische beim Zusammenleben: Man steckt sich gegenseitig mit den Sachen an, die man selber erlitten hat. Man spürt meistens das ‹Angestecktwerden›, das ‹Selber-Weitergeben› spürt man nicht so.»

Im folgenden berichtet die Frau, daß sie zudem über seine Unordnung unzufrieden sei. Darauf erwidert der Mann, daß er gern seine Zeitungen auf dem Boden liegen lasse und seine Frau sie immer auf den Tisch räume.

KHelfer: «Ah, auf diesen überflüssigen Tisch, den man sowieso nicht braucht?»

Mann: «Der ist doch nicht überflüssig; bloß das Bein wackelt, das ist doch nicht schlimm.»

KHelfer (lächelnd): «Ich sehe plötzlich einen Zusammenhang: ‹Der Tisch, der wackelt ja, der darf ruhig noch mehr wackeln, dann bleiben endlich die Zeitungen dort liegen, wo ich sie brauche.›»

Dies ist eine gewagte Interpretation, und der Klärungshelfer sagt sie lachend, weil sie ihm selber als spekulativ erscheint. Technisch gesehen stellt sie eine Kombination aus zwei bisher unabhängigen Elementen dar:

Element 1: Herr Meier findet die Ordnung seiner Frau übertrieben und möchte die Zeitungen gerne um sich herum auf dem Boden haben.

Element 2: Die Frau beklagt sich darüber, daß das Bein des Zeitungstisches wackelt und er es nicht flickt.

Kombination daraus: Er flickt es nicht, damit die Zeitungen auf dem Boden liegen bleiben können.

Hierbei ist folgendes zu beachten: Solange man beispielsweise eine Vermutung, einen Hinweis oder einen «Gedanken-Purzelbaum» zur Überprüfung formuliert, in dem Sinne, daß der Klient am besten über sich selber Bescheid weiß, so lange wird nicht viel riskiert. Herrscht dabei eine konstruktive und kooperative Atmosphäre, so kann viel herausgefunden werden. In der folgenden Zusammenfassung formuliert der Klärungshelfer den lebensgeschichtlichen Hintergrund von Mann und Frau als Erklärung gegenseitiger Einwirkungsversuche und der Hindernisse zur Erfüllung gegenseitiger Wünsche.

KHelfer: «Also, Sie müssen wissen (zur Frau): Wenn Sie ihn um etwas bitten, kommt irgendwie seine Mutter durch, die sagt: ‹So, dalli, und jetzt sofort!›
Und Sie müssen wissen (zum Mann), daß da auch etwas durchkommt, denn da war auch mal eine Mutter, die sagte: ‹Das wird jetzt gemacht!›, und das Kind konnte sich damals nicht wehren, das ging nicht. Es konnte nicht sagen: ‹Nein, dazu habe ich keine Lust.› Aber heute – direkt geht es auch nicht –, aber so mit einem ‹Bißchen-sein-Lassen› geht das. Und das gilt nicht nur Ihnen (Frau), es trifft Sie zwar ganz, es gilt aber nicht Ihnen, es ist auch eine späte Antwort auf die Mutter.»

Der Persönlichkeitsklärungsprozeß ist abgeschlossen: Aus einer Klage der Frau und der anschließenden Selbstklärung des Mannes wurde eine individuelle Persönlichkeitsklärung, die hier abschließend der Frau das Handeln des Mannes «übersetzt» und damit erklärt.

Nachdem sich die Frau mit dieser Erklärung zufriedengibt und sagt, daß sie diese «Lieblosigkeiten» ihres Mannes nun besser verstehen könne, ist für beide das Thema zunächst einmal erledigt. Man wendet sich einem anderen Problem zu, seinem Alkoholkonsum.

Die Frau berichtet, daß ihr Mann an Wochentagen drei große Flaschen Bier trinkt und am Wochenende erheblich mehr.

KHelfer: «Haben Sie sie heute schon hinter sich oder liegen die noch vor Ihnen?»

Mit dieser Frage drückt der Klärungshelfer implizit aus: «Laßt uns mal ‹rangehen›. Was auch immer hervorkommt, ich will es unerschrocken erkunden.»

Mann: «Noch vor mir.»

KHelfer: «Ich muß Sie zuerst fragen: Wollen Sie überhaupt darüber sprechen?»

Mann: «Doch, darüber können wir sprechen.»

Daß der Klärungshelfer das Einverständnis des Klienten braucht, um dessen Persönlichkeit zu klären – hier konkret sein Suchtsymptom und den Suchthintergrund –, zeigt, daß die Persönlichkeitsklärung nicht in erster Linie als Diagnose für den Klärungshelfer, sondern vor allem als Selbsterfahrung für den Klienten verwendet wird. Da seine Persönlichkeit als sein Hoheitsgebiet betrachtet wird, holt sich der Klärungshelfer vor dem Betreten eine «Eintrittserlaubnis» bei ihm.

Mann: «Ich weiß, ich kann nicht so weitermachen.»

KHelfer: «Ja, warum nicht? Es ging ja gut. Vom Bier stirbt man nicht. Warum sollen Sie nicht so weitermachen?»

Mann: «Weil das kein Zustand ist.»

KHelfer: «Ist doch ein Zustand. Es geht ja gut zwischen Ihnen: Es gibt doch keinen Krach. Bier ist auch nicht so teuer wie Branntwein. Ich sehe nicht ein, warum Sie etwas ändern sollten oder wollen.»

Mann: «Das ist doch nicht Ihre ehrliche Meinung.»

KHelfer: «Ich *seh* es nicht. Ich seh vor allem die Vorteile, die es für Sie bringt. Nachteile sehe ich im Moment keine, außer gelegentlichen Spannungen zwischen Ihnen und Ihrer Frau. Die Vorteile überwiegen.»

Mann: «Es ist vielleicht ein Vorteil, ein kleiner Vorteil, daß ich dadurch vielleicht ruhiger werde und nicht aufbrause...»

KHelfer: «Genau.»

Mann: «...aber im Grunde gesehen ist das nicht richtig. Wenn einem – was einem nicht paßt im Moment, daß man das auch sagt: ‹Das paßt mir nicht.› Aber das wird durch das Biertrinken auch etwas eingeschläfert.»

KHelfer: «Wenn Sie das so sagen, höre ich: ‹Eigentlich würde ich Grund haben zum Aufbrausen, aber ich will das nicht, ich will das einschläfern.›»

Mann: «Aufbrausen nicht in dem Sinne, daß ich hochgehe, wie sonstwas, das möchte ich nicht sagen, aber daß man dann eben mal was sagt, da drauf.»

KHelfer: «Das Bier hindert Sie daran, Auseinandersetzungen

überhaupt einzugehen, oder hilft, ihnen aus dem Weg zu gehen: Eigentlich fänden Sie es gut, Auseinandersetzungen zu haben.»

Mann: «Das wäre sicherlich besser.»

KHelfer: «Also, wenn das Bier nicht wäre, dann wären mehr Auseinandersetzungen zwischen Ihnen beiden.»

Mann: «Das möchte ich nicht unbedingt sagen, daß da mehr Auseinandersetzungen wären, aber dann würden wenigstens die Auseinandersetzungen, die sind, dementsprechend verarbeitet werden.»

Hier kann man ein Mosaiksteinchen im Persönlichkeitsklärungsprozeß entstehen sehen: Aus dem «So kann ich nicht weitermachen» entsteht ein relativ klares Bild über das «so» in diesem Satz. Durch Zusammenfassen, Verallgemeinern, Abstrahieren, Provozieren, Rückmelden und Nachfragen wird die Funktion klar, die sein Biertrinken gemäß seiner Persönlichkeit in der Ehe einnimmt, nämlich konkret: Er versucht, sein Aufbrausen mit Bier zu besänftigen, weil er Auseinandersetzungen nicht aushalten kann.

Mann: «Ich denke eben bloß an solche Fälle, wenn sie eben auftauchen, daß ich dann eher bereit wäre, darauf einzugehen und sie zu besprechen.»

KHelfer: «Und trotzdem sind Sie es nicht, sondern trinken Bier und haben Ihre inneren guten Gründe dafür, warum Sie Bier den Auseinandersetzungen vorziehen.»

Mann: «Ich möchte in dem Sinne keine Auseinandersetzungen. Ich möchte nur Ruhe haben.»

Wie bereits vorher zu sehen war, neigt der Klient dazu, sich zu beklagen oder sich selbst zu «prügeln», wenn er einer Erwartung oder Norm nicht entspricht. Damit handelt er gegen sich selbst: Er bricht den Kontakt zu sich selber ab (Was führt mich denn dazu, so zu sein, wie ich bin?) und verpaßt damit die Gelegenheit, sich selber ein Stückchen mehr kennenzulernen. Um dem entgegenzuwirken, lenkt ihn der Klärungshelfer zu einer Erforschung seiner selbst und verspricht ihm – als Lohn für seine Erkundung – gute Gründe, die er bei sich finden wird.

Da dies eine typische Intervention für den Persönlichkeitsquadranten darstellt, sollen die wesentlichen Punkte benannt sein, die in den Äußerungen des Klärungshelfers enthalten waren:

– Anti-Veränderungsdruck

Aus gutem Grund enthält sich der Klärungshelfer jeglichen Ver-
änderungsdruckes («Sie sollten aber wirklich sehen, daß Sie vom
Alkohol herunterkommen!»). – Ja, noch mehr: Indem er dem
Klienten «gute Gründe» für den Alkoholgenuß unterstellt, scheint
er ihn in seinen «Unarten» sogar noch zu unterstützen. Die Frau
mag sich hier große Sorgen machen. Dennoch ist dieses Vorgehen
therapeutisch wichtig, denn nach dem «paradoxen Gesetz der
Veränderung» (Rogers 1973) kann eine konstruktive Entwicklung
nur von innen heraus stattfinden und auch nur dann, wenn der
Außen-Druck wegfällt und somit keine Abwehrenergien notwendig macht. «Die Stimme der Vernunft» ist in dem Klienten selbst
wirksam, er braucht sie nicht zusätzlich von außen – und, da in
diesen Dingen der «Untermann» ohnehin das Sagen hat, ist es dieser Stimme nicht möglich, etwas auszurichten.

– Lust auf Selbsterfahrung

Zugleich induziert der Klärungshelfer beim Klienten, indem er
«gute Gründe» in Aussicht stellt, eine Neugier an sich selbst, im
Sinne von: «Aha? Ich bin interessant. Da gibt es etwas zu entdekken? Da bin ich ja mal gespannt. Da sieht ein anderer offenbar
eine Goldader, die ich selber nicht sehen kann.»

– Anti-Expertentum

Mit der Aufforderung, daß Herr Meier die «guten Gründe» selber
bei sich finden kann, drückt der Klärungshelfer aus, daß er der
erste und maßgebende Experte für diesen Fall ist. Es impliziert die
Aussage «Sie sind der, der über sich selber am besten Bescheid
weiß».

Natürlich wird das alles nicht so aufgetragen und verstanden,
wie es hier explizit ausformuliert wird. Es sind eher «homöopathi-
sche Dosen», die auf die Dauer durch ihr unterschwelliges Mit-
schwingen ihre Wirkung entfalten können.

– Therapeutische Beziehung

Durch das Unterschieben von «guten Gründen» stärkt der Klärungshelfer zudem die therapeutische Beziehung: Der Klärungshelfer erscheint nicht als «Moraltherapeut», sondern als jemand,
der den Klienten annimmt, und zwar so, wie er ist (und nicht, wie
er nach vollbrachter Persönlichkeitsentwicklung sein könnte).

Nach dieser allgemeinen Einsicht in den Inhalt seiner Sucht und ihres Umfeldes in der Persönlichkeit, der Beziehung und seiner Lebenssituation versucht der Klärungshelfer – nach dem Prinzip: «Nimm niemandem etwas, was er gebraucht, bevor du ihm nicht etwas Besseres gegeben hast» – herauszufinden, wie er nun auf direkterem Weg zu der Beruhigung und Harmonie kommen könnte, die er so dringlich braucht.

Der Klärungshelfer fragt den Klienten, was ihn sonst noch – außer Bier – beruhige. Seine Antwort lautet: Zum Fenster hinausschauen, finnische Landschaft, Zärtlichkeit.

KHelfer: «Gut. Ich möchte mal zusammenfassen, was ich bis jetzt gehört habe: Sie (Frau) regen sich auf, daß er Bier trinkt und daß er es verheimlicht, und Sie (Mann) trinken Bier, weil Sie Ruhe statt Streit haben wollen, und verheimlichen es, weil Sie nicht noch wegen des Bieres zusätzliche Probleme haben wollen. Das kommt mir vor, als wollte man mit einem Tintenlappen, der frisch mit Tinte vollgesogen ist, Bröseln vom weißen Papier wegwischen. Je mehr Sie wischen, desto mehr Tintenflecken kommen auf das Papier. Also wollen Sie mit dem Biertrinken Probleme wegmachen und schaffen zu dem, was ist, zusätzlich noch eines mehr.»

Der Klärungshelfer versucht, die gesammelte Information zusammenhängend in einer These, in einem Bild zu vermitteln, dessen formale Struktur für jede Sucht allgemeingültig ist: Die Sucht kommt zustande, weil das Suchtmittel eine scheinbare Sofortbefriedigung eines Grundbedürfnisses verspricht, aber eine wirkliche Befriedigung nicht bieten kann. Da das Grundbedürfnis weiterhin und dringlicher noch als vorher nach Befriedigung sucht, versucht der Mensch mit der weiterhin falschen Methode, das Richtige zu erreichen. Das soll ihm die Brösel-Tintenlappen-Metapher verdeutlichen.

Da der Klient nicht darauf reagiert, läßt der Klärungshelfer das Bild fallen und kehrt auf den Boden der realen Begebenheiten zurück: «Seit wann? Wieviel? In welchem Zusammenhang? Wann mehr? Wann weniger?»

Es ist wichtig, daß Herr Meier diese Sucht-Metapher nicht einfach glaubt, sondern die Struktur selber erkennt. Daher kehrt der

Klärungshelfer zur Grunddatengewinnung und ihrer Zusammenhangserkennung zurück:

KHelfer: «Wie lange ist das schon so mit diesem Trinken? Ist das erst in letzter Zeit gekommen oder ist das schon länger so?»
   Mann: «Seit '78.»
   KHelfer: «Da waren Sie noch in Frankfurt?»
   Frau: «Ja, das ist da mehr geworden.»
   KHelfer: «Glauben Sie von sich selbst, Sie seien Alkoholiker?»
   Mann: «Das haben Sie mich schon letztes Mal gefragt. Ich sage: Ja.»
   KHelfer: «Ist es Ihnen ein Problem? Nicht Ihrer Frau, sondern Ihnen selbst? Oder wird es nur zum Problem, weil sie dann wütend wird?»

Je konkreter die Grunddaten sind, desto abgesicherter ist die Verallgemeinerung, die herausgearbeitet wird. Deshalb bittet der Klärungshelfer hier um Genauigkeit seiner Angaben im Zusammenhang mit seinem Problem. Er versucht, gezielt und ohne Umwege zum Ziel zu kommen, wo er das Gefühl erhält, daß er den Klienten versteht, daß er ihm einfühlbar und nachvollziehbar ist.
   In verschiedenen Schritten versucht er, diese Klarheit für sich zu erlangen:
– Auswahl eines Problems oder Problemfeldes,
– Zentrierung auf das Problem,
und bei alledem liebevoll erkennen und wissen, daß es ein Teil ist, der allerdings für mehr stehen könnte. Der Klärungshelfer versucht, in diesem Fall herauszufinden, ob das Problem Alkohol für den Klienten eine Störung des Selbst oder eine Bedrohung der Symbiose darstellt. Von der Antwort abhängig, zielen die weiteren Diagnosefragen in die vom Klienten angegebene Richtung.

Mann: «Das nicht so sehr, aber ich meine, irgendwie muß ich die Kurve kriegen, damit man mal damit aufhört. Nicht, daß man sich dann wieder sagt am Sonntag: Jetzt hast du wieder so viel Bier getrunken am Wochenende.»
   KHelfer: «‹Man sich sagt›, heißt: Sie sagen es sich, oder Ihre Frau sagt es Ihnen?»
   Mann: «Ich mir.»

Dies ist ein kurzes Beispiel einer Persönlichkeitsklärung durch Konkretisierung und Übernahme der persönlichen Verantwortung: Aus «man» wird «ich».

KHelfer: «Aha, Sie wissen schon, was läuft mit Ihnen. Sie sehen die Flaschen auch, wenn sie nicht dastehen.»
   Mann: «Ja, so kann man das sagen.»
   KHelfer: «Jeder hat so seine Gründe, warum er trinkt. Das können Sie oder beide zusammen herausfinden: Was trägt dazu bei, eine Vielfalt von Gründen, daß Sie trinken? Gibt es Situationen, wo Sie nicht trinken? Gibt es Situationen, wo Sie mehr trinken? Was sind die Situationen, die vor allem dazu führen?»
   Mann: «Ich möchte so sagen: Ärger auf der Arbeit, das ist nicht der Fall. Das ist eigentlich alles mehr im häuslichen Bereich. Vor kurzem hatten wir den Fall, da waren wir mit dem Auto unterwegs, und da ist das Ding liegengeblieben. Ich hatte keine Ahnung, wie man das wieder in Gang kriegt, da hab ich mich auch schon wieder furchtbar darüber aufgeregt, weil eben etwas, das dazu dient, daß es ihr (Frau) besser ist, kaputtgegangen und ich nicht fähig war, das selber in Ordnung zu bringen.»

Zur Überraschung des Klärungshelfers berichtet der Klient als den Alkoholkonsum stimulierende Situation nicht eine Begebenheit, die in erster Linie Spannung, Zank und Krach zwischen ihm und seiner Ehefrau darstellt, sondern sein Nicht-Genügen für eine Anforderung, die er selber an sich stellt. Diese Anforderung versucht der Klärungshelfer auf eine drastische Formel zu bringen:

KHelfer: «Ich sollte alles Menschenmögliche tun, damit es ihr gut und besser geht.»

Der Klärungshelfer versucht, die impliziten Selbstinstruktionen des Klienten oder auch die Regeln, mit denen er in bezug auf seine Frau handelt, herauszufiltern, um sie einer rationalen und emotionalen Überprüfung zugänglich zu machen. Der Mann antwortet:

Mann: «Ja, jedenfalls versuchen sollte ich es, aber bei solchen Fällen... Sie hat kein Wort gesagt und sicher auch nicht gedacht, weil ich ja auch nichts dafür kann, wenn das Auto kaputtgeht. Aber ich bilde mir ein: Siehst du, da geht schon wieder die Kiste kaputt.»

KHelfer: «Ich bin alleine dafür verantwortlich, daß es dir gutgeht.»
Mann: «Ja.»

An diesem Punkt bekommt der Klient feuchte Augen und beginnt, kurz darauf zu weinen. Das zeigt, daß die letzten Interventionen ins Schwarze getroffen haben und er jetzt an einem Kernpunkt seiner Persönlichkeitsklärung angelangt ist. Weinend sagt er folgendes:

Mann: «Das ist eben die Idee, die ich die ganze Zeit hatte, seit ich sie kenne, daß ich es ihr irgendwie so herrichten wollte, daß sie zufrieden ist, daß alles in Ordnung ist.»
KHelfer: «Daß Sie das alleine machen sollten, so fest Sie können.»
Mann: «Ja. – (Pause) Mehr kann ich nicht sagen: Das ist das, was ich denke und immer gedacht habe.»

An diesem Punkt ist Herr Meier am Ziel seiner Klärung angelangt. Die Stimmung ist dicht. Alle Anwesenden sind berührt. Der Klärungshelfer hat dabei das Gefühl: «Jetzt haben wir's.» Sie sprechen beide sehr langsam, der Klärungshelfer leise und klar.

KHelfer: «Ja, es ist nicht nötig, daß Sie mehr sagen, es ist so klar. Sie setzen sich selber sehr ein, aber dadurch auch unter Druck.»

Hier wird die Schattenseite seines Einsatzes angesprochen, im Sinne von: «Alles hat zwei Seiten – und es gibt nichts, was nur gut oder schlecht ist. Laß uns ohne Furcht, Scham und Scheu die schwierigen und belastenden Punkte deiner Person anschauen und erkennen, was ihre Vor- und Nachteile, Sonnen- und Schattenseiten sind.»
Anschließend fährt der Klärungshelfer fort:

KHelfer: «Sie stellen einen Maßstab auf, dem Sie nicht genügen. Diese Meßlatte, die Sie aufstellen, die fällt Ihnen auf den Kopf bzw. aufs Herz. Das gibt dann dieses Grundgefühl: ‹Ich bin nicht genug. Ich gebe mir ja Mühe, aber ich sehe: Ich bin ein Versager. Ich sollte mehr und möchte mehr... Ja, Sie stehen ganz ordentlich unter Druck, innerlich. Dann verstehe ich, was Sie mit ‹Aufbrausen› meinen.»

218

Mann: «Wie meinen Sie das jetzt?»

KHelfer: «Dieser innerliche Druck, den Sie spüren und den Sie mit Alkohol zu beruhigen versuchen, der ist natürlich da, der könnte natürlich aufbrausen und dann noch in der falschen Richtung, und das ist ja grad das, was Sie nicht wollen. Diese Kräfte müssen Sie zähmen.»

Hier stellt der Klärungshelfer einen Zusammenhang zwischen dem Hinweis über inneren Druck, Aufbrausen und äußerlichem Trinken her. Er erklärt dem Klienten die Zusammenhänge seiner inneren Gegebenheiten, die er nun in Beziehung zu seinen Ansprüchen sich selber gegenüber stellen kann, zu seiner Beziehung der Frau gegenüber, zu belastenden Situationen und zu seiner Alkoholsucht.

Da er sieht, daß seine Worte vom Klienten wie von einem trockenen Schwamm aufgenommen werden, versucht er zusätzlich herauszufinden, wie der Inhalt oder die jetzige Klärungssituation mit seinem zweiten Symptom, der «Faust im Bauch», zusammenhängt.

Daher fragt er nach kurzer Zeit:

KHelfer: «Tut es Ihnen im Moment hier (Bauch) weh?»

Mann: «Nein.»

KHelfer: «Das ist interessant. Ich habe mir immer vorgestellt, daß, wenn Ihnen etwas sehr unangenehm ist, es Ihnen hier weh tut.»

Mann: «Im Moment nicht.»

KHelfer: «Weinen Sie sonst auch, oder ist das eine seltene Situation?»

Mann: «So selten ist das nicht.»

KHelfer: «Es ist nicht so selten. Ist das möglich, wenn Sie gegen außen weinen, das gegen innen nicht Essig ist? Und der Essig Ihnen da (Bauch) weh tut? – Verstehen Sie, es ist ein Bild.»

Mann: «Ja. Irgendwie erleichtert das Weinen auch.»

Für den Klärungshelfer wird ein neuer Zusammenhang erkenntlich: In der 1. Sitzung deutete Herr Meier einmal an, daß er negative Gefühle wie Enttäuschung, Ärger, Groll oder gar Wut ganz allgemein schlecht äußern könne, seiner Frau gegenüber nie. Auf die Frage, wie er denn damit umgehe, erklärt er, daß er in einem langwierigen inneren Prozeß «aus Essig Zuckerwasser» mache, und diese Umwandlung greife seine Magenschleimhaut an.

Hier, in der 2. Sitzung, kommt das dem Klärungshelfer wieder in den Sinn, und er versucht, es in Zusammenhang zu bringen mit der jetzigen Begebenheit, daß der Klient weint und keine Bauchschmerzen hat.

Verallgemeinernd steht der Appell dahinter: «Wenn Sie Ihre Gefühle ausdrücken, dann brauchen Sie sie nicht innerlich umzuwandeln und Ihren Magen darunter leiden zu lassen.» Der Klärungshelfer gibt keine langen theoretischen Erklärungen mehr dazu, weil er annimmt, daß das soeben Erlebte dem Klienten mehr sagt als tausend Worte, und es für die verstandesmäßige Einordnung genügt, wenn das Bild vom Essig noch einmal in Erinnerung kommt.

In dieser langen Persönlichkeitsklärungssequenz versucht der Klärungshelfer herauszufinden, was es mit dem Alkohol auf sich hat. Dazu muß er erforschen, was äußerlich passiert (wann trinkt er, wieviel bzw. wann trinkt er nicht oder weniger?) und was sich parallel dazu innerlich abspielt: Empfindungen, Gedanken, Wahrnehmungen, Ziele, Normen, Werte.

Die verschiedenen Informationen müssen auf ihren Zusammenhang untereinander analysiert werden. Der Klärungshelfer wird durch einen Impuls angetrieben, eine Erkenntnisneugier und den Drang, es so zu verstehen, wie es der Klient selber versteht. Dieses Vorgehen entspricht einer für die Einzeltherapien verschiedener Schulrichtungen geltenden schrittweisen Exploration und Diagnoseerhebung. Subjektiv empfindet der Klärungshelfer diesen Dialog als wechselseitiges, behutsames Vordringen in zum Teil unbekanntes Gelände. Er ermutigt und gibt behutsam Rückhalt. Er ist der Unterstützer, aber auch Antreiber dieses Erkundungsvorganges. Dies geht nur, wenn er zum Klienten sowohl grundsätzlich eine gute, von Vertrauen und Offenheit geprägte Beziehung hat als auch für das «Königreich» ein entsprechendes Visum.

Die Erkundung eines Persönlichkeitsbereiches braucht diese zwei Personen. Den Klienten, der Besitzer, Eigentümer und Fachmann des Bereiches ist, nicht aber neutral, sondern von jedem Schritt in seiner Existenz betroffen. Alleine würde er sich kaum in den ihm unbekannten und beängstigenden Teil begeben.

Daher bedarf es hier einer Unterstützung und nondirektiven Führung. Diese Zusammenarbeit von Klärungshelfer und Klient erinnert an das oft als unmöglich dargestellte Witzbild des Blinden, der einen Lahmen führt. Der Gelähmte ist der Klient, der Blinde der Klärungshelfer. In dieser Entdeckungsreise stützt der blinde Klärungshelfer den gelähmten Klienten, der in die Richtung – er sieht ja – getragen wird, die er angibt. Da der Klärungshelfer nicht sehen kann, was der Klient sieht, ist er darauf angewiesen, daß der Klient es ihm sagt, und dieser ist darauf angewiesen, daß der Klärungshelfer ihn weiterträgt. Zurückübersetzt heißt das, daß er aus den geschilderten Bäumen einen Wald macht. Durch Nachfragen, zur Weitererkundung Aufmuntern, durch Kombinieren, Generalisieren, Widersprüche aufdecken, durch Analysieren und Zusammenhänge herstellen, durch Zusammenfassen, Drastifizieren, Wiederholen und Rekonstruieren wählt der Klärungshelfer aus, ordnet ein, deutet um und steuert so den Gang der Dinge mit.

Nach welchen Kriterien und nach welcher Theorie wird vom Klärungshelfer eingeordnet und ausgewählt, umgedeutet und ausgelassen, gesteuert und Zusammenhänge hergestellt?

Es gibt ausschließlich zwei Indikatoren dafür: Zum einen ist es die eigene Wahrnehmung des Klärungshelfers, der wie beschrieben zwar blind ist, hingegen gut hören, gut empfinden und spüren kann. Widersprüche können von ihm demnach bemerkt und angesprochen werden.

Zum anderen leiten ihn formale Kriterien in der Ausarbeitung der inneren Landkarte des Klienten. Er hat die Erfahrung anderer Persönlichkeitserkundungen, kennt das Konzept der Handlungssteuerung durch naive Handlungstheorien, und inhaltlich hat er Orientierungspfosten: Beim Klärungshelfer unseres Projektes sind es die Persönlichkeitstheorie von Riemann (1975), die Grundbedürfnisse und Motivationstheorie von Maslow (1973 und 1977), die «Kollusionstypen» von Willi (1975) und das Menschenbild der Gestalttherapie (Perls, 1976; Petzold, 1973; Biedermann, 1976; Thomann, 1977).

Wie sich nun im einzelnen die Abfolge der verschiedenen Interventionen des Klärungshelfers gestaltet, hängt von dem zu erkundenden Gelände und der Sehschärfe des Lahmen (= Klienten) ab.

Allgemein gesagt ist es ein Hin- und Herpendeln zwischen der Konzentration auf einen Einzelpunkt (Nachfragen, Drastifizieren, Pointieren, Hervorholen, Entdecken) und einer Überblicksschau und einem In-Zusammenhang-Stellen bereits erkannter und gesicherter Informationen über verschiedene Punkte (Begebenheiten, Empfindungen, Tatsachen, Werte, Gedanken und Ziele).

Zurück zum Sitzungsprotokoll:

Zu einem etwas späteren Zeitpunkt fragt der Klärungshelfer, um wieder Kontakt zum Klienten zu bekommen:

KHelfer: «Gehen die Gedanken auch jetzt noch durcheinander?»
Mann: «Bißchen.»
KHelfer: «Bißchen? Kann ich ein bißchen zuhören? Wenn Ihre Gedanken eine Stimme bekommen, dann kann ich mal zuhören, was da so vor sich geht.»
Mann: «Das springt alles durcheinander. Das springt von Schulzeit, von Klasse, mit den Eltern, mit Urlaub, mit Auto, mit Geld und vielleicht auch Bier und was sonst noch alles.»
KHelfer: «Ja, sind alles wichtige Stationen. Das ist das Netz, in dem Bier eine wichtige Entlastungsfunktion spielt: Auto, Schule, Eltern, Vater, Beruf. Und es ist jetzt klar: Aus diesem Netz kann man nicht einfach das Bier herausschneiden, dann ginge das ganze Netz auseinander. Das ist nicht möglich. Aber es ist wichtig, Ihr ‹Trinken› einmal aus dieser Perspektive zu sehen. In der augenblicklichen Situation brauchen Sie diese Beruhigung, und im Moment ist das Bier der beste Therapeut.»

Diese Sequenz läßt noch einmal deutlich werden, daß der Alkoholkonsum eine wichtige Funktion in der Struktur der Persönlichkeit und des Lebens des Klienten innehat. Es ist zugleich eine paradoxe Intervention, die den Klienten vom unmittelbaren Veränderungsdruck von außen entlasten soll und so eine Vorbedingung zur intrinsisch motivierten Veränderung schafft.

Damit will die Frau sich aber nicht zufrieden geben, denn sie befürchtet, daß sich die Alkoholsucht ihres Mannes steigern werde. Sie hat allerdings auch Verständnis dafür, daß sich die Sucht nicht so leicht verändern läßt. Sie berichtet über eigene Süßigkeiten-Sucht, die aber jeweils nur zwei Tage anhält und dann vorbei ist.

KHelfer: «Ihre Sucht ist periodisch, seine Sucht ist kontinuierlich. Sie möchten jetzt gerne, daß er seine Sucht so gestaltet wie Sie Ihre.»

Rigoros verbietet der Klärungshelfer ihr hier, implizit irgendeine Einwirkung auf sein Alkoholverhalten nehmen zu wollen, gemäß dem Grundsatz für den Umgang mit der Sucht: «Der einzige, der gegen deine Sucht ankommen kann, bist du. Erst wenn du zugibst, daß du schwächer als deine Sucht bist, bist du für eine Veränderung bereit.» (Erstes Prinzip der AA – Anonyme Alkoholiker.)

Frau: «Daß er sie wenigstens vermindert.»
   KHelfer: «Ja, das geht nicht.»
   Frau: «Ich kann es nicht wollen, auch nicht wünschen – er muß das wollen.»
   KHelfer: «Genau, jeder muß seine Sucht selber behandeln. Es gibt ja tausend Süchte, Alkohol ist nur eine, Fernsehen ist auch eine. Jeder hat seine Sucht.»

Diese Sitzung hätte in ähnlicher Weise in einer Einzeltherapie ablaufen können. Allerdings ist das Dabeisein der Frau von größter Bedeutung, zumal die Beziehungsimplikationen der Schwierigkeiten mehrmals deutlich angeklungen sind. Er sagt selbst: «Das ist eigentlich alles mehr im häuslichen Bereich . . .» (S. 217)

In der nächsten Sitzung wäre es nun an der Zeit, vom Quadranten der Persönlichkeitsklärung hinüberzuwechseln zur Systemklärung und zur Kommunikationsklärung, was auch geschehen ist. Im Rahmen der Systemklärung wäre der Anteil der Frau an dem ganzen Geschehen deutlicher zu erkunden. Grundlagen und Beispiele für die Systemklärung behandeln wir im nächsten Kapitel.

VII Systemklärung

1. Einleitung: Der zwischenmenschliche Teufelskreis

- «Die Reichen werden immer reicher, die Armen immer ärmer.»
- «Je mehr Menschen es gibt, desto mehr Geburten; bald sind diese Kinder schon selbst wieder Eltern vieler Kinder usw. bis zur Bevölkerungsexplosion.»
- «Je weniger er sich bewegte, desto schwächer wurden seine Muskeln, was es ihm dann noch mühsamer machte, sich zu bewegen.»

Diese drei Aussagen haben eines gemeinsam: das ungebremste Aufschaukeln von Ursache und Wirkung zu deren Verschmelzung im Teufelskreis. Was hier im allgemeinen von Systemen gesagt wird, gilt besonders auch in zwischenmenschlichen Beziehungen:

- «Je mehr er sich an sie klammerte, um so mehr machte sie sich von ihm los, und je mehr sie sich losmachte und ihre Freiheit suchte, um so anhänglicher wurde er und kämpfte er um die Gemeinsamkeit.»

Und wenn «es» immer schlimmer wird bei Paaren, in Familien oder Gruppen, der Ton untereinander zunehmend schärfer, die Auseinandersetzungen immer hektischer und lauter werden, oder umgekehrt die Luft immer «dicker» wird und sich bis zum feindseligen Schweigen verhärtet, dann ist wahrscheinlich ein Teufelskreis im Gange: Keiner fühlt sich mehr verstanden, jeder wähnt sich angegriffen und muß «richtigstellen». Ein Wort gibt das andere, die Geschosse werden immer gröber, und der eigentliche Anlaß – ohnehin meist eine Bagatelle – geht im «Sowieso schon immer», im «Überhaupt typisch» und «Du (plus Schimpfwort»)» unter. Bis schließlich mindestens einer weint, zuschlägt oder einlenkt, beide schweigen oder man sich trennt – was natürlich noch lange nicht das Ende des Teufelskreises bedeutet, sondern nur eine Kampfpause vor der nächsten Runde.

Was heißt das nun für die Klärungshilfe?

Die Menschen, die zusammen zur *Beziehungstherapie* kommen, befinden sich meistens chronisch in einem Teufelskreis der

226

Beziehung und akut in einer «Kampfpause». Es sitzen also vorerst dem Klärungshelfer ruhige und vernünftige Leute gegenüber, die persönlich zu berichten beginnen, weswegen sie gekommen sind, was ihre Nöte und welches ihre Hoffnungen sind. Der
Klärungshelfer ist nun gut beraten, mit offenen Augen und Ohren, wachem Geist und der «Beziehungs-Eskalations-Brille» aus
den einzelnen Berichten die Mosaiksteinchen herauszufinden,
die dann für das Aufzeigen eines Teufelskreises wichtig und entscheidend sind.

Betrachten wir als einleitendes Beispiel noch einmal das schon
bekannte Paar Bluming – Jäckel, das wir unter dem Aspekt der
prozeßbegleitenden Persönlichkeitsdiagnostik im Kapitel VI,
S. 178 ff kennengelernt haben, nun unter dem systemischen
Aspekt ihres Teufelskreises.

Von Zeit zu Zeit, in zunehmend kleineren Intervallen von zuletzt etwa vier Tagen, «verrutscht» Herr Bluming. Das heißt, daß
er gegen Abend in seine Stammkneipe geht, dort Bekannte trifft
und zwei kleine Biere zu sich nimmt. Soweit nichts Tragisches,
wenn er sich nicht jedesmal anschließend in Geldspielsalons begeben würde, wo er – an der Kasse als gerngesehener Gast erkannt – seine teure Golduhr gegen Spielmarken eintauscht und in
ein paar Stunden «spielend» 4000 bis 9000 DM verliert. Frau Jäk-
kel, durch die Abwesenheit ihres Partners zu Hause unter Druck
und in Panik geraten, geht ihn in den Lokalen suchen und bringt
ihn nach Hause. In den folgenden Tagen (und Nächten) versucht
er sich zu entschuldigen, ist lieb und sucht Nähe und Geborgenheit, was für sie aber unter *den* Umständen nicht möglich ist. Sie
verhält sich neutral bis abweisend, «sucht Streit und gibt patzige
Antworten» (Herr Bluming), was ihn unter Druck setzt («Das ist
die Hölle!»), worauf er sich nach etwa vier Tagen (die so dringend benötigte) Unbeschwertheit und Zugehörigkeit in seiner
Stammkneipe sucht, trinkt und spielt, sie sich dadurch wiederum
unter Druck gesetzt fühlt und er sich durch ihren Rückzug in der
nächsten Zeit abgelehnt fühlt und so weiter.

Während die Sprache willkürlich einen Anfang und ein Ende
setzen muß, gelingt es bei einer bildlichen Darstellung, die Struktur eines Kreislaufes ohne Anfang und Ende sinnfällig zu machen:

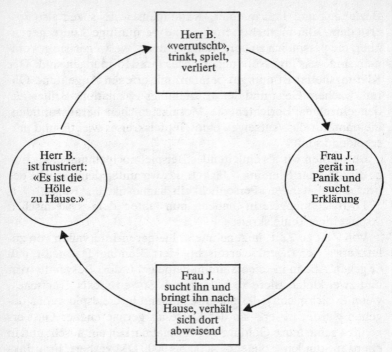

Abb. 23: Der Teufelskreis von Herrn Bluming und Frau Jäckel

In diesem Kreislauf steckt eine allgemeine Struktur, auf die wir noch zurückkommen werden (s. S. 279). Es scheint uns nämlich, daß jeder Teufelskreis zwischen zwei Personen aus mindestens vier Stationen besteht, wenn man sowohl äußere Verhaltensweisen als auch innere Befindlichkeiten beider Partner einbezieht.

Herr Bluming und Frau Jäckel kennen sich seit fünf Jahren, und solange läuft auch dieses «Spiel ohne Ende» zwischen ihnen ab. Es ist Frau Jäckels Hauptgesprächsthema, daß ihr sein Alkoholkonsum ein Dorn im Auge sei und daß für ihn einfach mehr Selbstdisziplin dringend nötig sei. Da er die aber offensichtlich nicht habe, wolle sie ihm helfen. Und er macht ihr seit viereinhalb Jahren Vorwürfe, weil sie ihn sexuell abweise. Sie hat ihn schon einmal zum Arzt geschickt, und beide haben bereits einmal eine Eheberatung (fünf Sitzungen) besucht – «wenn aber nur einer Veränderung zeigt, nützt das nichts» (Herr Bluming). Unmittelbar vor der Sitzung hatten sie wieder einen neuen Anlauf genommen und eine Wette abgeschlossen – sie gibt das Rauchen auf und er das Trinken (beides hatten sie schon ein paar Mal versucht).

Es scheint so, als wäre gegen einen Teufelskreis kein Kraut gewachsen. Wie kommt es, daß zwischenmenschliche Teufelskreise so langlebig und von außen so schwer beeinflußbar sind? Dazu sechs Thesen:

1. These: Keine Gesamtübersicht

Jeder an einem Teufelskreisgeschehen Beteiligte sieht sich selbst nicht als «beteiligt» oder gar «mitschuldig», sondern allenfalls «hineingezogen», auf die «bösen» Taten des anderen *re*agierend, *als Opfer*, das schauen muß, mit einigermaßen heilem Selbstwertgefühl davonzukommen.

2. These: Falsche Veränderungstheorie

Die in Abbildung S. 228 dargestellte kreisförmige Struktur wird im Leben von beiden nicht gesehen: Herr Bluming argumentiert:
– «<u>Weil</u> du mir zu Hause das Leben zur Hölle machst, weiß ich mir irgendwann nicht mehr zu helfen und verrutsche dann eben wieder! Meine Fehler sind durch dich verursacht.»
 Frau Jäckel hingegen:
– «<u>Weil</u> du so disziplinlos bist und unter dem Alkohol dann ‹Haus und Hof› verspielst, <u>muß</u> ich dich dann immer wieder retten. Klar, daß ich dann schlechter Laune und auf dich nicht gut zu sprechen bin.»
 Da die «böse Täterschaft» ja so «eindeutig» beim anderen liegt, ist man natürlich berechtigt, dagegen zu Felde zu ziehen. Da dieses typische Gefühl, «im Recht zu sein», beide erfüllt, ist hier ein konfliktverschärfendes Moment in den Teufelskreis eingebaut.

3. These: Hoffnung auf bessere Zeiten

Der «gesunde Menschenverstand» trägt das seine dazu bei, daß sich Teufelskreise verstärkt weiterdrehen, weil die üblichen Hausmittel wie:

gut zureden,
Vorsätze fassen,
sich zusammennehmen,
sich Mühe geben,
Hoffnung schöpfen und
Willensanstrengungen
dabei nicht nur nichts nützen, sondern *selber ein Teil des Problems werden*.

Während der akuten Phase des Teufelskreises (bei einem Ehepaar auch «gewöhnlicher Ehestreit» genannt) sind die allseitigen Leiden so groß, daß jeder nur bei seinen eigenen Verletzungen und Enttäuschungen ist und kein nährender Kontakt entsteht. *Schmerz macht egoistisch.* Ist dann aber diese akute Phase vorbei und konnte man sich wieder versöhnen, so wird aus Angst vor neuen Gewitterstürmen und dem Aufreißen alter Wunden oft kein Klärungsversuch mehr unternommen. «Es wird schon wieder gut, wenn etwas Gras darüber gewachsen ist.» Der Druck ist weg und damit auch das Empfinden der Dringlichkeit, daß da noch «etwas» besprochen und bereinigt werden müßte. Doch im Hintergrund summieren sich diese vergessenen Erlebnisse.

4. These: Einsicht allein ändert nichts

Es ist zwar wichtig, daß die Teufelskreis-«Teilnehmer» das Wesen und die Automatik der Beziehungseskalation erkennen und ihren spezifischen Teufelskreis kennenlernen, aber rationale Einsicht allein und bewußtes «Dagegenarbeiten» stoppen ihn nicht.

5. These: Eigendynamik

Wenn sich einmal eine fixe Folge von «Taten» und Reaktionen darauf, die von dem/den anderen Beteiligten wiederum als neue Taten empfunden werden, kurz: wenn sich einmal ein Teufelskreis eingeschliffen hat, dreht er sich schon fast automatisch. Das heißt, er erhält die Qualität der Eigenverstärkung. Besonders durch die Automatik der unbewußten Gefühlsreaktionen, die sich auf subjektiver Ebene etwa so formulieren ließen:
– «Das kann ich nicht auf mir sitzen lassen» oder

– «Dieser Gemeinheit muß ich ein Gegengewicht entgegensetzen»
oder auch
– «Wenn ich das durchgehen lasse, dann gewinnt der andere»
oder
– «Wenn er es so nicht verstehen will, muß ich eben noch etwas
   deutlicher werden.»

6. These: Alte Gefühle als Hilfsmotoren

Nicht genug der Drehenergie und Drallkräfte. Zusätzlich haben
Teufelskreise oft Kindheitsgefühle als Zusatzmotoren: Die Frau,
der als Zweijährige mit dem Aquariumsschlauch eingebleut
wurde (s. S. 257f), daß man nie lügen darf – was sie dann zeit-
lebens auch einhielt –, reagiert auf ihren Gatten, der ihr etwas
verheimlicht oder abstreitet, mit *mehr* als der situationsgerechten
Enttäuschung, nämlich mit Empörung und jenem fanatischen Mo-
ralismus, der – das Recht auf der eigenen Seite wissend – zu allen
Mitteln greift. Auf diese Weise eskaliert das Ganze ungemein
schnell, da natürlich der Mann seinerseits gefühlsmäßig auf die
aktuelle Überreaktion reagiert.
  Solche «alten» Gefühle können nicht nur durch Inhaltliches
(wie zum Beispiel die Angst, verlassen zu werden) den Teufelskreis in Schwung halten, sondern auch durch formale Reize ausgelöst werden. Wenn etwa die Botschaft heißt:
– «Ich verstehe dich jetzt nicht mehr, bitte sage mir, was jetzt los
   ist, daß du weinst», der Ton aber signalisiert:
– «Du Heulsuse. Mit dir kann man ja nie vernünftig reden. Zwischen uns ist Hopfen und Malz verloren»,
dann besteht ein Widerspruch von Form und Inhalt.

Zusammenfassend kann festgehalten werden, daß sich Teufelskreise brems- und stoppresistent drehen, weil jeder Beteiligte aufgrund des fehlenden Blicks aufs Ganze in seiner gefühlsmäßigen
Reiz-Reaktions-Automatik verharrt, die noch durch die subjektive Lerngeschichte der Kindheit (Hilfsmotoren) «überreaktions-
bereit» gemacht wird. Zusätzlich schlagen alle Verbesserungs-
möglichkeiten fehl, die sich auf «den anderen» beziehen oder «dagegen arbeiten» (Hoffnung, Wille, Vorsätze) und werden perfi-
derweise selber zusätzlich zum «Problem des Problems».

2. «Und das geht jetzt rundherum, rundherum...
   bis die 30 Jahre voll sind.»

Aus den Sitzungsprotokollen des Ehepaares Horn möchten wir im folgenden etwas ausführlicher zitieren, um zu zeigen, wie der Klärungshelfer den ehelichen Teufelskreis herausarbeitet, zwischen Ahnung und Überprüfung hin- und herpendelt, und wie er ihn schließlich bearbeitet.

Die Eheleute Horn haben die Beratung aufgesucht, weil sie, auf die 70 zugehend, um ihren harmonischen Lebensabend fürchten. Herr Horn wirkt bodenständig und ein wenig herausfordernd. Er schaut dem Klärungshelfer direkt in die Augen. Er macht den Eindruck, daß er es gewohnt ist, aller Lebenslagen Herr zu werden oder es werden zu wollen. Psychisch ernste Situationen umgeht er gern mit einem Witz.

Frau Horn scheint das «Gegenteil» von ihm zu sein. Klein und zierlich. Ihr Blick ist auf den Boden gerichtet und wirkt traurig und müde. Sie macht eher einen leidenden und schutzbedürftigen Eindruck. Sie spricht sanft und leise.

Assoziationen des Klärungshelfers: Sie zerbrechlich, er ein «Klotz».

Frau Horn ist Anfang 60, Herr Horn ist 67 Jahre alt. Wie sich im Verlaufe des Gespräches herausstellt, ist er seit fünf Jahren selbständig im Handelssektor, sie ist Hausfrau. Sie wohnen in einem eigenen Haus, wo auch die Geschäftsräumlichkeiten liegen.

1. Sitzung: Die ehelichen Teufelskreise

Die Frau berichtet, daß sie in der letzten Zeit so deprimiert gewesen sei, oft aus heiterem Himmel weinen würde und selber nicht wisse, warum.

«...und mein Mann will dann immer von mir wissen, ich solle ihm den Grund sagen, und ich kann ihm in dem Moment nichts sagen, obwohl ich oft Gelegenheit habe, obwohl wir uns auszusprechen versuchen, und dann weiß ich auch 'nen Grund.»

Auch kurz vor der Sitzung habe sie wieder Angst gehabt – wie als Kind vor dem Zahnarzt. So ein gemischtes Gefühl zwischen Gejagtsein und Zurückgehaltenwerden. In solchen Momenten würde sie mitten in der Hausarbeit aufhören, um zu weinen. Auch zittere die rechte Hand, und innerlich sei sie oft aufgewühlt in den häufigen Auseinandersetzungen mit ihrem Mann. Dieser würde trinken. Und das Schlimmste: Nichts würde mehr helfen und sie wieder aufrichten. Die verschiedenen Ärzte?

«Im Gegenteil, das bringt mich alles immer weiter runter...»

Der Mann betont zunächst seinerseits, daß er völlig freiwillig hierher gekommen sei, und er könnte nicht von sich behaupten, daß er depressiv sei, «jedenfalls nicht bewußt». Dann erzählt er von seinem Geschäft, das er vor fünf Jahren praktisch aus dem Nichts aufgebaut habe und dessen Ausweitung ihm gewisse finanzielle und auch sonstige Belastungen bringe. Er sei auch nun nicht mehr der Jüngste und schaffe es auch nicht mehr immer allein. Das Alter..., das Selbstvertrauen...

«...um zu glauben, daß ich doch darüber hinwegkomme, greife ich zur Flasche. Das Zur-Flasche-Greifen – meine Frau ist so rücksichtsvoll und hat das nicht erwähnt –, das ist noch einmal gar nicht das Schlimmste...»

Sondern er besorge sich die Flasche heimlich und verstecke sie in seinen Geschäftsräumen hinter einem Ordner, damit es seine Frau nicht merke. Sie merkt es aber doch,

«...und dann sind natürlich die Puppen am Tanzen, wie man da so schön sagt...»

Was erkennt der Klärungshelfer daraus? Tatsachen und Vermutungen:

Wie man leicht sehen kann, werden dem Klärungshelfer bei diesem Paar schon in den ersten zehn Minuten Hinweise auf einen Teufelskreis sichtbar. Zum Teil fallen einem seine einzelnen Komponenten wie reife Früchte in den Schoß. Das hat seinen Hintergrund: Gebeutelt durch die letzten 29 Jahre ihrer Ehe, haben beide «genug» von den negativen Seiten ihres ehelichen Beisammenseins. Für die Teufelskreis-Diagnose lassen sich bereits klare Hypothesen formulieren.

Klar ist:
– daß bei der Frau körperliche Symptome auftreten: scheinbar unmotiviertes Weinen; Zittern der rechten Hand; Angstgefühle, die sich lähmend auf ihre Muskeln auswirken;
– daß alles nicht im «luftleeren» Raum passiert, sondern sie es selber in einem deutlichen Zusammenhang sieht mit der Beziehung zu ihrem Mann, ist ein erstes Anzeichen für einen Teufelskreis,
– daß das Verhalten ihres Mannes auf sie zum Teil eine verschlimmernde Wirkung hat («... und je mehr er mich fragt, desto weniger weiß ich, warum...» oder «... das bringt mich immer alles weiter runter...»), was ein deutliches Kennzeichen und Wesensmerkmal des Teufelskreises ist;
– daß auch der Mann Symptome (einer Überforderung) zeigt: Alkoholmißbrauch;
– daß er die Überforderung im Geschäft, im Alter und in der Frau sieht.

Den Teufelskreis vorläufig formulieren

So kann schon nach relativ kurzer Zeit ein vorläufiger noch lückenhafter Hilfsteufelskreis formuliert werden, da die Frau das Teufelskreis-Indiz Nr. 1 von sich aus genannt hat: «Alles wird immer schlimmer», und nichts würde mehr helfen zwischen ihnen:

Er ist belastet und trinkt zur Entlastung. Das versucht er zu verheimlichen, was ihm aber nicht gelingt. Darauf läßt die Frau «die Puppen tanzen», was unweigerlich zu einem Ehestreit führt. Das wiederum wühlt sie so auf, daß sie noch hinterher zittert oder «aus heiterem Himmel» weint, was ihn zusätzlich zum Geschäft belastet, worauf er einen trinkt.

Natürlich sind diese Zusammenhänge z. T. nur Vermutungen, die für die weitere Teufelskreis-Hypothese so lange richtungsweisend sind, bis sie sich als falsch erweisen. Dann würden sie sofort fallengelassen.

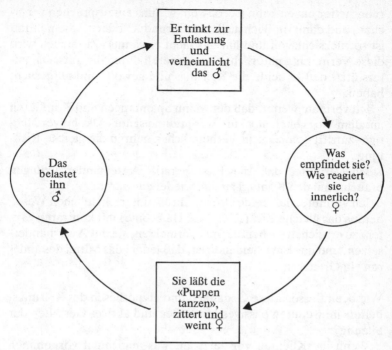

Abb. 24: Vorläufiger, noch lückenhafter Teufelskreis

Die Gedanken des Klärungshelfers waren zu diesem Zeitpunkt etwa folgende:

«Wenn ich mir diese Flaschen hinter dem Ordner und die Suchaktion der Frau konkret vorstelle und weiß, daß sich das schon längere Zeit immer wiederholt, finde ich es grotesk und zunächst uneinfühlbar. Als Mann würde ich mir da bessere und auch immer wieder neue Verstecke einfallen lassen. Als Frau wäre es mir ‹schon› nach einem Jahr zu blöd, ihm das immer wieder zu beweisen und dieses Spielchen mitzumachen. Das ist mir ein Indikator dafür, daß möglicherweise noch ein ‹Hilfsmotor› (s. S. 249 ff) mit im Spiel ist, der die Hartnäckigkeit des Teufelskreises (seit 12 Jahren) erklären würde.

Ich vermute weiter, daß die beiden sich aber nicht trennen wollen und genug positive Kräfte vorhanden sind, auf die ich als Klärungshelfer bauen kann (...obwohl wir uns auszusprechen versuchen, und dann weiß ich auch 'nen Grund... oder ...meine Frau ist so rücksichtsvoll und hat das nicht erwähnt). Zusätzlich wird diese Vermutung natürlich schon generell durch die Tatsache unterstützt, daß ja beide die Klärungshilfe gewollt und aufgesucht haben.

Ich vermute weiter, daß der Mann Spannungen und Konflikten aus dem Weg gehen möchte – was ja zumeist auf ‹Alkoholverdächtige› zutrifft –, auch sein Verheimlichen geht in die gleiche Richtung.

Ich vermute, daß die Frau gerade Auseinandersetzungen braucht, um den Kontakt zu ihm wieder zu spüren.

Ich vermute, daß beide also aus ihrem unterschiedlichen Wesen heraus das gleiche Ziel (Ruhe und Harmonie) mit konträren Mitteln zu erreichen suchen. Er mit Vermeiden, sie mit Auseinandersetzen, und das Entscheidende ist, daß jedem das Mittel des anderen ein Greuel ist.»

Wie beeinflussen diese Gedanken und Hypothesen des Klärungshelfers im weiteren passives Mitfließen und aktives Gestalten der Sitzung?

Wenn die Klienten von jetzt an, was manchmal vorkommen kann, schweigen würden im Gefühl «Wir haben jetzt unser Problem dargelegt, und nun ist der Fachmann dran», dann würde der Klärungshelfer mit dem Versuch beginnen, jede einzelne Hypothese mit entsprechenden Fragen zu explorieren und zu verifizieren. Da sich aber dieses Ehepaar sehr mitteilungsfreudig zeigt, fließt er eher passiv mit den von ihnen gelieferten Inhalten und Begebenheiten mit. Dabei behält er immer diese Hypothesen im Kopf und steuert manchmal etwas, um sie verifizieren oder falsifizieren zu können. Dabei mag dann das Gefühl entstehen, das ein geübter Kreuzworträtsellöser hat, wenn die freien Felder immer weniger werden.

Zurück zur Sitzung mit Herrn und Frau Horn. Schon in den nächsten Sätzen erhärten sich die Vermutungen des Klärungshelfers über den Teufelskreis. Die Frau schildert ihren inneren Zustand während eines Ehestreits (sie tobt, bebt am ganzen Körper, wird ausfällig, «...und schleudere ihm die ganzen Häßlichkeiten der Welt an den Kopf»). Wo so intensive Gefühle und Empfindungen in einem Beziehungsstreit auftreten, da ist ein Teufelskreis in Gang. Öl ins Feuer sei für Frau Horn besonders, wenn ihr Mann unleugbare Tatsachen abstreitet, zum Beispiel die ausgetrunkenen Flaschen («Die sind nicht von mir!»).

Anschließend beruhigt sich das Sitzungsgespräch wieder etwas beim Aufzählen all ihrer ergebnislosen Anstrengungen, gegen ihr Elend und sein Trinken anzukämpfen: Arztbesuch, Alkoholikergruppen, Kuren, Wohnung auf Mallorca usw. Bis der Mann so nebenbei fallen läßt, was ihn an seiner Frau besonders aufrege: In solchen ‹Unterhaltungen› würde er jeweils «die ganze Litanei der letzten 30 Jahre aufs Brot gestrichen» bekommen, und zwar den negativen Teil davon.

Zusammenfassung und Absicherung

An dieser Stelle, als sich die Problemschilderung des Paares fürs erste abrundet, überprüft der Klärungshelfer sowohl
– inhaltlich: ob er die Einzelheiten richtig verstanden hat;
als auch
– Teufelskreis-diagnostisch: ob er sie richtig zusammensetzt.

KHelfer: «Ich möchte Ihnen mal sagen, was ich bis jetzt verstanden habe.»
Mann: «Bitte schön.»
KHelfer: «Für Sie ist das Geschäft etwas ganz Wichtiges und Zentrales im Leben. Und Sie führen dieses Geschäft mit Ihrem Stiefsohn zusammen. Und in der fortschreitenden Wirtschaftsentwicklung, aber auch in Ihrem gleich fortschreitendem Alter kommt da eine leichte Überforderung hinein, die Ihnen zu schaffen macht.»
Mann: «Richtig, das haben Sie richtig formuliert.»
KHelfer: «Und in diesen Überforderungsmomenten greifen Sie dann zum Alkohol. Dazu können Sie aber nicht stehen. Vor sich nicht, geschweige denn vor Ihrer Frau. Sondern sie verstecken die Flasche hinter dem Aktenordner und verstecken es auch vor ihr, sagen neinnein, neinnein. Und das bringt sie (die Frau) auf die Palme.»
Mann: «Richtig.»
KHelfer: «Sie sind sich dessen bewußt, wie ich vermute, daß es

Ihre Frau auf die Palme bringt, erstens, daß Sie trinken, und zweitens, daß Sie es nicht zugeben. – Und da war noch etwas?»

Mann: «Vertrauensbruch.»

KHelfer: «Genau, Vertrauensbruch, daß Sie ihr das nicht mal zugeben. Und ich vermute, daß Sie das selber vor sich nicht zugeben können.»

Mann: «Hm.»

KHelfer: «Ich bin aber nicht ganz sicher – im Moment sprechen Sie sehr offen darüber, so daß mir scheint…»

Mann: «Deshalb sind wir ja hier.»

KHelfer: «Eben: so daß mir scheint, jetzt ist für Sie die Zeit da, um zu sagen: Doch, so ist's. Meine Situation ist so. – Habe ich Sie da richtig verstanden?»

Mann: «Ja. Das haben Sie richtig verstanden, ja.»

KHelfer: «Gut. – Und von Ihnen (zur Frau) habe ich verstanden, daß Sie nichts wütender macht, als wenn er Ihnen etwas verheimlicht. Das läßt Sie hochgehen.»

Frau: «Ja, hm.»

KHelfer: «Da werfen Sie ihm alle Bosheiten an den Kopf, was ihn dann besonders reizt, weil Alkohol ja enthemmt. Und dann kommt bei Ihnen die gesammelte Unzufriedenheit der letzten 30 Jahre hervor.»

Frau (lacht): «Hm, ja.»

KHelfer: «Hab ich das richtig begriffen? (Frau: «Ja.») Und dann kommen die alten Vorwürfe hervor: Das hast du nicht… – und hier hast du… – und schon damals hast du… – und jetzt besonders… Und das führt dann zu der ‹Unterhaltung› in Anführungszeichen. Es sind ja eigentlich Wortprügeleien, wo Sie dann beide mit blauem Auge davon- oder nicht davonkommen, nein gar nicht: mit eingeschlagenem Schädel… davongehen. (Zur Frau) Bei Ihnen wirkt das so, daß Sie scheinbar ohne Grund weinen müssen, auch wenn gerade nichts ist. Immer hinterher… vielleicht aus Verzweiflung über die Situation, vielleicht aus Trauer.»

Frau: «Ja, ja, ich bin ja auch so, in den letzten Jahren überhaupt sehr traurig.»

Man kann sehen, daß die Klienten zum Teil korrigierend und ergänzend eingreifen und den Rest vorbehaltlos bestätigen, was für den Klärungshelfer eine erste Absicherung seiner Diagnose bedeutet.

Bei seinem Vorgehen in dieser Zusammenfassung ist es ersichtlich, daß er von einfachen, von den Klienten selber genannten Tatsachen und Ereignissen ausgeht, zu immer riskanteren und von ihnen schwieriger zuzugebenden und einzusehenden Gefühlen und Zusammenhängen. Grammatikalisch sind die Sätze so formuliert, daß die Klienten darauf mit einem «Ja» antworten können, was u. a. auch einen positiven und damit wirkungsvolleren Rapport zum Klärungshelfer aufbaut.

Weitere Mosaiksteine zur Teufelskreis-Konstruktion

Nach dieser Zusammenfassung und ihrer Billigung durch die Klienten erscheint dem Beobachter der weitere Sitzungsverlauf als gemeinsames «Sich-weiter-auf-den-Weg-Machen». So kann der Klärungshelfer sich im folgenden auf vier ausführliche und vorher noch zusammenhanglos präsentierte Geschichten der Frau einlassen. Es geht um Kuren und Sanatorienaufenthalte, um den Tod ihres Bruders und ihrer Mutter und um Träume.

Auch der Mann kommt mit weiteren Beispielen, die belegen sollen, daß er an allem Schlechten in der Ehe allein die Schuld habe. Diese «Kollektivschuld» bekennt er halb ironisch, und doch auch ernst gemeint. Seine schlimmsten Vergehen seien, daß er vor 12 Jahren einmal eine Freundin gehabt habe, und natürlich das tägliche Trinken und Lügen. Dann bringt er einen neuen Punkt ins Gespräch:

Mann: «Dann behauptet meine Frau immer, ich hätte eine Mauer vor mir aufgebaut. Und da kann sie nicht drüber. Oder auch nicht mal drüber weggucken. – Das ist gar nicht so. Ich habe gar keine Mauer vor mir aufgebaut. Ich meine, ich will ja nicht nur immer Nehmender sein in unserem Verhältnis, sondern ich möchte ja auch geben.
Aber vielleicht bin ich zu egoistisch, daß ich zuviel nehmen muß, um einmal geben zu können. Ich brauche 100 Mark, um eine Mark weggeben zu können.»

Nebenbei bestätigt sich hier die frühere Hypothese des Klärungshelfers, daß der Mann seiner Frau für ihr Bedürfnis zu wenig Kontakt und Auseinandersetzung bietet. Aus dem Persönlichkeitsklärungsquadranten gesprochen, vertritt sie in dieser Beziehung den Nähe-, er den Distanzpol (s. Kapitel VI).

Um dafür ein Gefühl zu bekommen, fragt der Klärungshelfer die Frau:

KHelfer: «Spüren Sie gerade jetzt die Mauer auch?»
   Frau: «Ich spüre – nein, jetzt nicht.»
   Mann (erstaunt): «Jetzt spürst du bei mir keine Mauer?»
   Frau: «Nein, jetzt bist du ja ganz anders, jetzt sprichst du offen und sprichst praktisch Klartext, was du ja sonst nicht tust.»

Aus dieser Überprüfung entwickelt sich im weiteren ein Dialog zwischen den beiden, der für die Teufelskreis-Diagnose weitere Mosaiksteinchen bringt:

Mann: «Wenn ich zu dir spreche, dann spreche ich immer in Klartext. Und du verstehst das nur verkehrt und kriegst das in den falschen Hals – und zwar in deinen negativen Hals. Alles, was ich sage, ist dann nicht richtig. Wenn ich meine Frau einmal kritisiere, dann dreht sie sich um, wird ‹mucksch›, fängt an zu weinen – sagt irgendwas, was weiß ich. – Das hat dann gar kein Hand und Fuß mehr. (Aufgeregt) Was war denn das heute morgen: Da hat – nur mal ein Beispiel –, da hat meine Frau gesagt: (zur Frau) – Wie war das mit dem Reden?»
   Frau: «Weiß ich nicht.»
   Mann: «Wie wir am Frühstückstisch saßen. – Da hast du zu mir gesagt: ‹Du sagst nichts und ich sag nichts.›»
   Frau: «Das war gestern, ja.»
   Mann: «Da hat meine Frau gesagt: ‹Du bist so schweigsam, du sagst nichts.› – Und ich sag: ‹Und du sagst auch nichts. Ist doch gut. Dann kriegen wir doch wenigstens keinen Streit.› Und dieses Wort ‹Streit›, das hat meine Frau wieder so in Harnisch gebracht, daß sie geweint hat deswegen. – Ja, aber wenn wir beide zusammensitzen und nichts sagen, dann können wir beide doch keinen Streit kriegen.
   Wenn wir uns was sagen und uns gegenseitig jetzt kritisieren – wir sprechen ja nicht über die Länge der neuen Mode oder so etwas –, dann könnte doch dadurch ein Disput, ein Streit oder eine Meinungsverschiedenheit entstehen. Und so was morgens beim Frühstück, dann ist doch der ganze Tag gelaufen! Und wenn ich nun gar nichts sage, und sie sagt nichts, dann können wir doch keinen Streit kriegen.»
   KHelfer: «Von Ihnen aus gesehen.»

Mann: «Ja.»

Frau: «Streit kann man dann *so* wohl nicht kriegen. Aber durch diese Schweigsamkeit bin ich wieder so deprimiert – und wenn ich dann noch in demselben Atemzug gesagt kriege ‹Nun, ist doch gut, dann kriegen wir doch keinen Streit›, dann habe ich direkt so einen mit dem Hammer gekriegt.»

In dieser Sequenz wird besonders die Unterschiedlichkeit der beiden Partner sichtbar, und es werden die daraus resultierenden Enttäuschungen greifbar.

Die Frau ist enttäuscht, weil sie die große Distanz zu ihrem Mann zu spüren bekommt, was ihre Einsamkeitsängste aktiviert. Der Mann ist enttäuscht, weil er es ihr nicht recht machen kann, zumal er ein «gebranntes Kind» ist, wenn er nicht schweigt: «... alles, was ich sage, ist nicht richtig.» Das muß nicht wahr sein, aber es zeigt seine Verarbeitung der negativen Erfahrungen mit ehelichen Auseinandersetzungen. Also schweigt er, um Auseinandersetzungen auszuweichen, läuft aber mit diesem Verhalten geradewegs in eine solche hinein.

Die Unterschiedlichkeit der beiden ist hier «nur» eine Schwierigkeit, deren Lösung aber zum gravierenden Problem werden kann, das sich selber verstärkt und automatisch am Leben bleibt.

Vor dem geistigen Auge des Klärungshelfers erscheint hier ein zweiter Teufelskreis, der nun den kommunikativen Umgang der beiden miteinander betrifft und von dem zu vermuten ist, daß er mit dem ersten Teufelskreis (s. Abbildung S. 235) in einem Zusammenhang steht (s. nächste Seite).

Im weiteren Verlauf der Sitzung kommt das Gespräch erneut auf das Thema Alkohol, und der Klärungshelfer bemüht sich, dieses Thema in einen systemischen Zusammenhang zu stellen. Der Mann beklagt sich in aufgebrachter Weise darüber, daß seine Frau immer wieder in ihn dringe mit Fragen wie: «Warum hast du getrunken?», «Warum hast du heimlich etwas gekauft?», «Warum hast du die Flasche versteckt?» – und er darauf eben auch keine Antwort wisse.

Der Klärungshelfer doppelt den Mann:

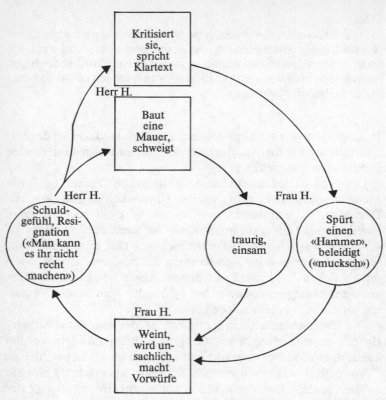

Abb. 25: Unterschiedliche «Lösungsversuche» im Teufelskreis des Ehepaars Horn

KHelfer (zur Frau): «Weißt du, Hilde, was mich am meisten hilflos macht, ist, wenn du jeweils wissen willst, *warum* ich eine Flasche gekauft habe. Das weiß ich selber auch nicht. Und ich verstehe dich, daß das für dich so wichtig ist zu wissen, warum ich das tue. – Weil du dann etwas dagegen unternehmen könntest. – Aber das hat mir dir gar nichts zu tun. Du bist dabei nur noch ein verschlimmernder Faktor. Je mehr du mich ‹Warum› fragst, desto mehr schweige ich, desto weniger Kontakt ist zwischen uns – desto weniger Vertrauen ist zwischen uns.»

Mann: «Desto mehr kapsel ich mich ab.»

KHelfer: «Desto mehr kapsel ich mich ab. (Zum Mann) Stimmt das, was ich bis jetzt gesagt habe?»
Mann: «Ja... ja, so könnte ein großer Teil dessen sein.»

Das spricht die Frau direkt an; an ihrer Antwort ist zu sehen, daß sie es innerlich aufgenommen hat:

Frau: «Ich weiß nicht, wie ich mich verhalten soll. Ich bin einfach überfordert. Ich möchte gern wissen, wie ich das machen soll, daß ich mich nicht so aufrege, daß ich das gelassen hinnehme und daß ich helfen kann. Ich weiß, daß es so nicht richtig ist, wie ich das mache. Aber ich weiß nicht, wie.»

An dieser Stelle wird zwar keine Lösung gefunden, aber vielleicht ist diese nachdenkliche Suchhaltung der Frau bereits ein wichtiger Teil der Lösung! Außerdem ist im Sinne der Klärungshilfe eine Entflechtung zwischen seinem Alkoholtrinken und ihren Bekämpfungsversuchen geschaffen.

Sodann kommen die Klienten noch auf andere Inhalte zu sprechen: Sie resigniere ob so vieler Enttäuschungen, es komme ja noch ganz anderes zum Problem Alkohol hinzu: der Tod der Mutter vor 12 Jahren und der des Vaters. Auch den Bruder habe sie «zu Grabe gepflegt». Sie träume davon, wieder einmal frei aufatmen zu können, wieder einmal herzhaft zu lachen. Auch er klagt (nun doch!) über depressive Verstimmungen: «Da läßt man die Unterlippe hängen bis auf den Holzschuh.»

Alles sei trist und würde ja auch an ihm selber liegen:

Mann: «Vielleicht bin ich zu egoistisch. Aber wenn meine Frau jetzt lachen würde, vielleicht würde ich dann auch wieder lachen.»
KHelfer (zum Mann): «Und sie sagt, wenn mein Mann mich verstehen würde, würde ich auch lachen.»
Frau (lacht überrascht auf).

Hier pointiert der Klärungshelfer noch einmal die den Teufelskreis erhaltende Sackgasse, die in der Haltung «Wenn meine Frau anders wäre, dann...» bzw. «Wenn mein Mann anders wäre, dann...» liegt. Im folgenden versucht der Klärungshelfer, eine den Teufelskreis aufhaltende Lösung auszumalen, aber unter dem Vorzeichen, daß es ja *so* leider nicht gehen könne. Damit will er erreichen, daß sich beide die Hoffnung aus dem Kopf schlagen, *der andere* könne doch einmal ganz dem Wunschideal entsprechen.

KHelfer: «Sie sind wie zwei Welten, die ganz mühsam Kontakt kriegen. Aber: Wenn es Ihnen gelänge (zur Frau), ihn mal selber gegen den Alkohol kämpfen zu lassen, so in dem Sinn und Geist: ‹Deine Flasche gehört dir. Du machst dich selber kaputt. Du weißt genau, was läuft mit dir – mich kannst du nicht mehr hochtreiben. Dann kommst du besoffen ans Essen, das ist mir Wurscht. Jetzt bist du hier – schau, ich hab was gekocht.› – Wenn Ihnen das gelänge...»

Frau: «Das hab ich mir schon so oft vorgenommen. Ich hab schon so oft gesagt, wenn ich das nur könnte, aber dann hab ich doch auch kein Gefühl mehr für ihn, wenn mir das gelingt. Dann ist es mir doch egal, was aus ihm wird.

Das ist doch dann 'ne zweite Frage, die ich mir dann selbst stelle. Wenn ich so weit gekommen bin, daß ich sage: ‹Das ist deine Flasche. Mach dich kaputt, du lebst ja dein Leben, ich leb meins.› Ich kann das nicht.»

Mann: «Hm.»

Frau: «Ich bring das nicht.»

KHelfer: «Gut, ich will nur mal ein Beispiel geben (immer noch zur Frau): Wenn es Ihnen gelänge zu sagen: ‹Ich hab dich lieb, und es tut mir weh zu sehen, wie du dich kaputtmachst. Aber ich weiß haargenau, ich kann es nicht verhindern. Nur du kannst es.› (Zum Mann) Und wenn es Ihnen gelänge, zu ihr zu stehen, innerlich, im Sinn und Geist: ‹Du bist eine liebe Frau – und du brauchst vor allem Verstandenwerden. Dich muß man verstehen. Und nun erzähl mir – setz dich hin und erzähl mir, wie geht's dir? Wovon hast du geträumt? Was hat dir deine Mutter heute nacht gesagt? Was hat dir dein Bruder gesagt im Traum? Was denkst du dazu? Usw....› Dann wäre der Kontakt wieder möglich. Aber das sind wie zwei Welten. Ich glaube, das eine ist für Sie (zum Mann) sehr schwierig – auf solche ‹Hirngespinste›, auf *so was* einzugehen, auf Gefühle und Launen und so. Das ist für Sie...»

Mann: «...unbequem.»

KHelfer: «Genau, unbequem, das ist das Wort. (Zur Frau) Und Ihren Mann zu akzeptieren, wie er ist, das ist für Sie schlichtweg unmöglich, weil – es ist gekoppelt an: Liebe und Verantwortung übernehmen für den anderen.»

Frau: «Hm.»

KHelfer (für die Frau): «‹Und wenn *du* nicht kämpfst gegen den Alkohol, dann mach *ich* es.› – Und schon haben Sie den Streit miteinander.

Also, so sehe ich's. So funktioniert's bei Ihnen. Aber das Ideale, das ist nichts für Sie.

Das Heil liegt also weder in der Veränderung des anderen (‹Wenn *er/sie* doch nur mal anders reagieren würde, dann könnte *ich* auch...›) noch im Sich-Mühe-Geben, um sich in die gewünschte Richtung zu verändern. Wenn dies etwas nützen würde, wäre der Teufelskreis gar nicht entstanden.»

Hier verbarrikadiert der Klärungshelfer den Klienten den Weg zu den üblichen Fehllösungen.

Im weiteren Verlauf berichtet der Mann von seinen täglichen Gewohnheiten, zum Beispiel Radio als Hintergrundgeräusch, den Hund streicheln und anderes mehr. Zitat: «... der (Hund) will gestreichelt werden, seine Streicheleinheiten haben...» Daraufhin fragt ihn der Klärungshelfer, ob er sie selber auch bekomme. «Nein, gar nicht», und er würde sehr viel brauchen, aber er hätte es eben verscherzt mit dem ganzen Trinken, seinem Verheimlichen und dem Vertrauensbruch. Er wolle sich aber Mühe geben. Dieses ist für den Klärungshelfer erneut ein Stichwort, um noch einmal den gegenseitigen Veränderungstendenzen eine Absage zu erteilen (vergleiche Thesen 3 und 5, S. 229f) und paradox zu appellieren:

KHelfer: «Sie können ja nicht von der Flasche bleiben, es ist unmöglich.»

Diese Lösung zweiter Ordnung ergänzt er nun mit einem Lösungsvorschlag erster Ordnung (Watzlawick, 1974, s. auch S. 293f):

KHelfer: «Ich denke an etwas ganz anderes. Ich vermute, daß Sie irgendwie Ihr Geschäft umstrukturieren müssen, dem Sohn mehr Verantwortung übergeben müssen – nur noch die Arbeiten ausführen, die Ihnen gefallen. Irgend so etwas – ich weiß es nicht – *Sie* kennen Ihr Geschäft.»

Mann: «Hmm. – Ja, mit dem Beispiel haben Sie nicht ganz unrecht. Wenn ich lediglich nur Arbeiten machen müßte, wozu ich keine Entscheidung brauche – und diese Entscheidung, die wird stündlich von mir abgefordert –, wenn ich die nicht mehr brauchte, wenn ich lediglich – wollen wir's mal ganz banal sagen – die Ablage mache, wissen Sie, nach A, B, C die Briefe einsortieren und die Belege von der Bank holen oder Einfuhrpapiere von der Reederei oder… – dann würde mir innerlich, glaube ich, wohler sein.»

Diesem Vorschlag schließt sich der Klärungshelfer an, da er vermutet, daß das Geschäft und seine Position (Gründer, Inhaber, Chef) eine «heilige Kuh» sei und deshalb niemand richtig wage, über seinen Abtritt zu reden.

Hier wird besonders deutlich, daß die Therapie des Teufelskreises natürlich nicht ausschließlich aus der Absage an die falschen Lösungen bestehen kann. Es gibt reale Außenfaktoren (Beruf, Wohnung, Freizeitgestaltung, Freundeskreis), die auch wesentlich zum Teufelskreis beitragen und die systematisch nach Veränderungsmöglichkeiten erster Ordnung untersucht werden müssen. Bei der Teufelskreis-Therapie läßt sich häufig auch beobachten, wie «kleine Änderungen» große Wirkungen einleiten, zum Beispiel:
– einmal in der Woche die Kinder für einen Nachmittag in eine Spielgruppe geben;
– getrennte Betten oder Schlafzimmer für ein Paar;
– einen Teppich ins Badezimmer legen usw.

Solche kleinen Änderungen auf der inhaltlich-sachlichen Ebene können ihrerseits wieder Ermutigung und Kraft mobilisieren; ihr Vorteil liegt häufig auch darin, daß sie Gewohnheiten aufweichen und damit ein fest eingefahrenes System heilsam durcheinanderbringen.

Interventionen, die sich auf das Teufelskreisgeschehen beziehen, sind nicht nur am Schluß einer Stunde oder nach Präsentation eines gezeichneten Teufelskreises denkbar, sondern werden schon während der Sitzung an passender Stelle gegeben.

In diesem Fall hat der Klärungshelfer die übliche, den Teufelskreis *erhaltende* Lösung («Ich muß eben aufhören zu trinken und zu verheimlichen») zerstört, indem er sie als unrealistisch abgetan hat – was zugleich eine paradoxe Intervention ist. Daran schließt sich eine Selbstklärung im Sinne von «Was denn sonst, wenn *das* nicht?» an.

Das Resultat ist in dem vorliegenden Fall, daß den Klienten seine Zentralstellung im Geschäft zwar kaputtmache, eine Randstellung oder gar Rücktritt ihn aber zerstören würden.

KHelfer: «Da würde ich auch lieber die Überforderung wählen, wenn Sie Ihre Lebenswahlmöglichkeiten als ‹Überforderung oder gar nichts› sehen, dann würde ich auch die Überforderung wählen. Da ist man wenigstens noch zu etwas nütze.»
Mann: «Richtig. So sehe ich das.»

Dies ist ein eindrucksvolles Beispiel für die allgemeine Erfahrung, daß gut gemeinte und wirklich «vernünftige» Ratschläge und Lösungen für die Klienten doch nicht akzeptabel sind: denn jede Verhaltensänderung würde das Gleichgewicht eines Gesamtsystems durcheinanderbringen, in welchem etwa Elemente wie Arbeitsrhythmus, Eheführung, Überforderung, Alkohol, geschäftliche Sorgen und existenzielles Sinnempfinden mit unbewußter Sorgfalt aufeinander abgestimmt sind. – Das heißt auf der anderen Seite wiederum nicht, daß es falsch oder unnütz wäre, solche Themen anzuschneiden, oder (mit höchster Sparsamkeit) solche Ratschläge auszusprechen: So ein Gespräch wird in der Regel innerlich weiterwirken und kann zu einem passenden Zeitpunkt eine innere Vorbereitung bedeuten, die dann adäquate Entscheidungen erleichtert.

Nach etwa einer Stunde dieser ersten Sitzung regt der Klärungshelfer eine Zwischenauswertung an. Bei dieser Gelegenheit wiederholt die Frau ihre Ratlosigkeit, daß sie immer noch nicht wisse, wie sie sich richtig verhalten solle.

KHelfer: «Wie wäre denn das für Sie, wenn ich sagte: ‹Haben Sie keine Hoffnung, daß er ‚die Flasche' jemals aufgibt. Er wird es nie tun›?»

Aus dieser Einstellung wäre ein den Teufelskreis verstärkender Faktor schon ausgeschaltet, nämlich ihr Kampf gegen den Alkoholgenuß ihres Mannes. Diesen Kampf kann und darf nur er selber führen. Der Klärungshelfer formuliert es aber so vorsichtig, weil dieses Aufgeben von zwei erfolglosen, aber altbekannten Lösungsbemühungen auch ein Schock sein könnte.

Der Mann reagiert auf das Zuletztgesagte, überhaupt auf die ganze Stunde, mit Erleichterung und wünscht sich auch Empfehlungen in der Art, wie sie seine Frau erhalten hat, um sie besser verstehen zu können. Doch zuerst schließt sich eine Diskussion über Teufelskreise an. Das Wort «Teufelskreis» haben die Klienten ganz leicht aufgenommen, sogar von sich aus zuerst gebraucht.

Der Klärungshelfer erklärt jetzt noch jedem spezifisch seine Seite, natürlich in Anwesenheit des anderen:

KHelfer: «Ich habe beobachtet, was bei Ihnen beiden der Teufelskreis ist und was ihn anheizt: Nämlich (zur Frau) Ihre Frage: ‹Warum hast du wieder getrunken?› – Das heizt den Teufelskreis an, ist wie ein Schwungrad, dessen Kurbel auf Ihrer Seite ist. Sie drehen die Kurbel ‹Warrrum›.»

Frau: «Hm, hm (bejaht).»

KHelfer: (führt vor, wie sie das Rad dreht, kommt aus der Puste) «Und jedesmal: ‹Jetzt hast du doch… und jetzt, wo? Hier… versteckt usw.› Das bringt den Teufelskreis weiter… (Zum Mann) Und auf Ihrer Seite ist auch 'ne Kurbel, die den Teufelskreis andrehen kann. – Ihre Reaktion darauf: wütend werden.»

Mann: «Das ist ganz normal.»

KHelfer: «Ist *alles* ganz normal.»

Mann: «Das betrachtet man doch nicht als Teufelskreis. Nein, Teufelskreis ist doch immer eine Situation, die sich dauernd wiederholt.»

KHelfer: «Genau.»

Mann: «Deren Ende nicht abzusehen ist.»

KHelfer: «Genau. Und jeder im Teufelskreis sagt: ‹Ich reagiere nur, weil du…› Sie sagt: ‹Ich bin nur so ausfällig, weil du nicht zugeben willst…›»

Mann: «Ja, richtig.»

KHelfer: «Und Sie sagen dann: ‹Ich gebe es nicht zu, weil das meine Sache ist, und weil dich das nichts angeht. Du spionierst ja sowieso schon hinterher, du weißt ja sowieso schon alles…›»

Mann: «Hm.»

KHelfer: «Und sie (die Frau) sagt wieder: ‹Ich kann dir nicht vertrauen, weil du mich hintergehst.›

Und Sie (zum Mann) sagen: ‹Und ich hintergehe dich, weil du mir nachspionierst.›

Und Sie (zur Frau) sagen: ‹Ich spioniere, weil ich dir nicht vertrauen kann.›

Und sie sagt – und so weiter – und jeder hat das gute Recht, und es ist völlig normal, wie sich jeder verhält. Aber es kommt schlecht heraus. Das hab ich kennengelernt bei Ihnen beiden, und das sehe ich.»

Gegen Schluß der Sitzung erbittet der Mann erneut eine Empfehlung, wie er sich anders verhalten könne. Der Klärungshelfer regt an (und macht es an einem Beispiel vor), den inneren Empfindungen seiner Frau «einfach» mit Verständnis zuzuhören, ohne Lösungen und Ratschläge zu geben.

Beim Abschied erbitten die Klienten die Tonkassette, auf der die Sitzung gespeichert ist, und fragen, ob es möglich wäre, diese nach Hause mitzunehmen, um sie noch einmal anzuhören. Der Wunsch ist ungewöhnlich, ihm wird natürlich stattgegeben.

Die zweite Sitzung: Zusätzliche Motoren und Hausaufgaben

Gleich zu Beginn zeigt sich, daß in der Zwischenzeit – seit der ersten Sitzung sind 14 Tage vergangen – einiges passiert ist; Frau Horn fühlt sich wesentlich besser:

«Ich habe in der ganzen Zeit nicht einmal geweint, habe mich nicht aufgeregt.»

Zwischen ihnen sei auch weniger Streit gewesen. Darauf fragt der Klärungshelfer sie, ob sie sich *zusammengenommen* habe. Erst bejaht sie, wird dann zögernd und verneint schließlich ganz. Der Klärungshelfer meinte dazu später im Interview:

«Das ist mir wichtig. Daher habe ich *kontra*suggestiv gefragt. Also nicht: ‹Das ist einfach so passiert, nicht wahr? Ohne daß Sie sich besonders Mühe geben mußten!?› Ich mißtraue allen Verbesserungen grundsätzlich, es sei denn, sie hätten sich spontan eingestellt. Ich glaube schon, daß man sich für kurze Zeit und ‹dem Therapeuten zuliebe› verändern kann, aber das ist eben keine dauerhafte Lösung, die dann dem Alltag standhalten würde.»

Was hat das nun mit dem Teufelskreis zu tun? (Da dieser Fall nur unter diesem Aspekt hier beschrieben wird.) Die Tränen der Frau und den Streit zwischen ihnen betrachtet der Klärungshelfer als Komponenten des Teufelskreises, daher wird er hier hellhörig. Solche «Miniveränderungen» sind Hinweise darauf,

– daß das Paar auf die Klärungshilfe der letzten Stunde positiv anspricht;
– daß sich die Veränderung tatsächlich in der angestrebten Richtung ergibt;
– daß die Teufelskreistheorie bestätigt wird: Da muß ein Zusammenhang sein zwischen den bisher von den Klienten isoliert gesehenen Komponenten wie Tränen, Streit, Alkohol, Kontaktdefizit der Frau usw., sonst hätten weder das Weinen der Frau noch die Streitigkeiten zwischen dem Paar nachgelassen, da in der ersten Sitzung keines dieser Symptome direkt «behandelt» worden war, sondern der Schwerpunkt auf dem Alkoholproblem gelegen hatte.

Auch beim Mann hat sich etwas getan. Er hat seine Trinkgewohnheiten dahingehend verändert, daß er mit seiner Frau zusammen eine Flasche Cognac gekauft hat, um sie zu Hause in den offiziellen Getränkeschrank zu stellen. Das ist ein Fortschritt: vom Verheimlichen zum Offensein. Das ist aber nur eine Seite. Eine zweite Flasche habe er sich noch heimlich besorgt, heimlich getrunken und wie üblich hinter einem Ordner versteckt. Der Klärungshelfer nimmt das akzeptierend mit einem Nicken zur Kenntnis. Die Frau habe sie gefunden, sei aber ruhig geblieben.

Auch der Mann scheint auf die Teufelskreis-Diagnose gut anzusprechen: Offensichtliches Resultat ist sein selteneres Trinken und nur einmaliges Verschweigen in 14 Tagen (sonst gewöhnlich fünf- bis zehnmal). Das eindrucksvollste Resultat, das direkt den Teufelskreis abschwächt, ist natürlich das Ruhigbleiben der Frau beim Entdecken der Flasche. Es ist vermutlich zurückzuführen auf die Interventionen während der ersten Sitzung. Am Sonntagnachmittag hätten beide sich noch einmal zusammengesetzt und sich gemeinsam die ganze Sitzung vom Tonband schweigend angehört. Das anschließende Gespräch sei «sehr nutzbringend» gewesen:

Mann: «So daß wir die einzelnen Phasen noch einmal überdenken konnten und wir auch darüber noch eine Unterhaltung hatten. Wir haben uns hinterher auch noch eine ganze Zeitlang über die einzelnen Abschnitte des Gesprächs unterhalten und unsere gegenseitige Meinung dazu gesagt. Natürlich sagte meine Frau dann: ‹Na ja, also da hast du ja wieder zuviel erzählt.› Oder ‹So hättest du das ja nun nicht zu erzählen brauchen›, aber das machte nichts, das war alles in Ordnung. Wir haben uns prima unterhalten, und wir sind auch gut auseinandergekommen, ohne Stachel dabei.»

Offenbar war das Miteinanderreden «plötzlich» befriedigend gewesen, und zwar nicht dadurch, daß beide sich nun bemüht hätten, sich besser zu verhalten und dadurch gleichsam im «Sonntagsanzug» der idealen Kommunikation einander begegnet wären. Auch bei diesem Gespräch zum Beispiel hatte die Frau an ihrem Mann einiges auszusetzen, «aber das machte nichts, *das war alles in Ordnung*». Diese Änderungen in der Qualität der Interaktionen, die offenbar «von selbst» entstehen, deuten auf einen möglichen Wechsel von einem Teufelskreis in einen «Engelskreis» hin.

Ein neues Thema kommt auf. Im folgenden nennt die Frau ein Verhalten ihres Mannes, das sie sehr stört und das ihr beim Abhören des Tonbandes drastisch aufgefallen sei:

Frau: «Was ich da so an ihm festgestellt habe und... ich den Grund gefunden habe, daß ich immer ruhiger wurde (in der letzten Sitzung): Das ist seine Art, alles an sich zu reißen. ‹Alle habt ihr jetzt Pause, jetzt bin ich da, jetzt rede nur ich.› So ungefähr empfinde ich das, und alle anderen haben ruhig zu sein, und das ist etwas, das er ja auch im Leben oftmals macht und was mich irgendwie so klein macht.»

Sie würde dann auch körperlich klein, quasi in sich hineinkriechen. Als sie das mit dem Körper demonstrieren will, spürt sie plötzlich diese Brustschmerzen wieder, wegen derer sie jahrelang erfolglos in ärztlicher Behandlung war. Ihr geht ein Licht auf: Der Zusammenhang ihrer körperlichen Symptome mit seinem unpartnerschaftlichen Gesprächsstil. Es ist noch nicht klar, ob das auch wirklich zutrifft, aber der Klärungshelfer hat eine Hypothese, die sich in das Kreisschema der Beziehungseskalation einfügt:

Aus irgendeinem Grund «reißt er das Gespräch an sich», und damit reißt auch der Kontaktfaden zwischen Mann und Frau ab. In dieser Kontaktlosigkeit wird sie depressiv und verkriecht sich in sich hinein, was ihre Brustschmerzen auslöst. Diese sind vermutlich Signale für Kontakthunger: «Ich möchte auch wieder gehört werden, mit dir Austausch haben und nicht von dir mit Monologen abgeschmettert werden.»

Sein Lautwerden und ihre Brustschmerzen, körperlich dargestellt als ein In-sich-selbst-Hineinkriechen, bilden in dieser Sitzung nun den Ausgangspunkt. Wie in der ersten Sitzung geht es jetzt darum, Zusammenhänge zu finden zwischen isoliert gesehenen Gefühlen, Symptomen und Ereignissen.

Typisch für den Kommunikationsansatz der Klärungshilfe ist hier die Grundansicht: Alles ist Kommunikation! Nicht nur das Offensichtliche, was gesagt oder nonverbal gezeigt wird, sondern eben auch zum Beispiel Symptome. Symptome lassen sich auffassen als «geronnene Botschaften», die früher einmal, in wichtigen Schlüsselsituationen des Lebens, hätten gesagt sein wollen, möglicherweise auch ausgedrückt worden sind, aber unerhört blieben. Und vieles von dem, was später «unerhört» anmutet, erweist sich als versteinertes Fossil einer Botschaft, die früher *un-erhört* blieb! In der Klärungshilfe, in erster Linie wohl auch in der Therapie, kommt es nun darauf an, das «Versteinerte» wieder zu verflüssigen und in hörbare und verstehbare Botschaften rückzuübersetzen.

Der Klärungshelfer läßt sich von ihr genau beschreiben, wie sie ihre Brustschmerzen empfindet und in welchen Situationen sie auftreten. Außerdem fragt er sie, ob sie dieses Gefühl von irgendwoher kenne. «Ja, das kenne ich schon aus meiner Kindheit.»

Ganz klar nennt sie dann zwei Ereignisse, wo sie sich schon damals am liebsten verkrochen hätte, zum Beispiel wenn sie mit ihrem Bruder, der ein schwarzes Schaf in der Familie gewesen sei und im Dorf als Taugenichts gegolten habe, zusammen hatte heimgehen müssen. Und sie erzählt von einem autoritären Lehrer, vor dem sie Angst gehabt hatte. Beim Schönschreiben sei er immer mit dem Rohrstock herumgegangen und habe Schläge auf den Rücken verteilt.

Es zeigt sich also an diesem Beispiel, daß es nicht nur Verhaltensweisen und Gefühle aus der aktuellen Situation der zwischenmenschlichen Beziehung sind, sondern daß zusätzliche Motoren im Rahmen der Persönlichkeitsklärung zu finden und zum Verständnis der gegenwärtigen Situation nutzbar zu machen sind. Daraus folgt aber auch: der Ehemann, Herr Horn, ist – entgegen seinem Gefühl, an allem hundertprozentig schuldig zu sein – keineswegs der Verursacher der körperlichen Symptome seiner Frau, sondern nur der Auslöser. Er aktivierte mit seinem Verhalten ihre alten, «negativen» Gefühle. Als der Klärungshelfer sich ihm gegenüber in diesem Sinne äußert, reagiert er zunächst ganz ungläubig, erstaunt und will seine Teilentlastung noch nicht wahrhaben.

KHelfer: «Ich glaube, daß Sie sich gegenseitig Anstöße geben für diese unangenehmen Gefühle. Ihr (zur Frau) altes, unangenehmes Gefühl in der Brust ist schon seit langem so angelegt; es ist wie ein alter Geldschein, er ist einfach so gefaltet. Und wenn man ihn in die Luft wirft, dann entfaltet er sich vermutlich schon von selber. Und ich nehme an, daß, wenn Sie (Mann) sich nicht exakt richtig verhalten, daß Sie (Frau) eben nicht das machen (sich wehren, öffnen), sondern das (sich schließen, Brustschmerz). Man könnte sich fast verhalten, wie man wollte, Sie kämen wieder in diese alten bekannten Gefühle zurück. Ich sehe Sie (Mann) als Auslöser dafür. Ich glaube aber auch, daß Sie (Mann) sich dann 100%ig schuldig fühlen, denn Sie sehen die Wirkung.»

Mann: «Meine Frau ist doch keine 18 mehr. Das muß doch mal aus dem Körper raus irgendwie… verblaßt das nicht mit der Zeit?»

KHelfer: «Nein, es verblaßt leider nicht, sondern es wird überlagert noch und noch mit neuen dazu passenden Erfahrungen.»

Herr Horn staunt über diesen «Mechanismus» bei seiner Frau. Es ist ihm nicht geheuer dabei. Trotzdem ahnt er, daß da etwas stimmt, sonst würde seine Frau auch nicht immer wieder mit der Nennung alter, belastender Ereignisse «hervorkommen», was ihn sehr unter Druck setzt.

Im folgenden kürzen wir etwas ab. Wir verzichten darauf, den weiteren Prozeß der zweiten Sitzung detailliert nachzuvollziehen und beschränken uns auf die wichtigsten Ergebnisse. Zum Vorschein kamen sowohl ein aktueller Teufelskreis dieser Ehe als auch für beide Partner jeweilige individuelle Zusatzmotoren.

Der aktuelle Teufelskreis: Aus den einzelnen Äußerungen der beiden Partner über sich, den anderen oder die Beziehung konnte im gemeinsamen Vorgehen allmählich wieder ein klarer Teufelskreis herausgeschält werden. Im Verlaufe der Sitzung war folgendes gesagt worden:

Frau: «Wenn mein Mann am Reden ist, und ich jetzt mal in seine Unterhaltung reinmöchte, dann wird er einfach lauter. So drückt er den anderen praktisch herunter, das geht nicht nur mit mir so.»
    Mann: «Ich muß aus dem Grunde schon ein bißchen lauter werden, weil meine Frau in unserer Unterhaltung meist nicht mehr sachlich bleibt: muß ich mich ja irgendwie gerademachen können, ... damit sie mit ihrer Unsachlichkeit wenigstens da bleibt, wo sie ist.»

Es stellt sich heraus, daß die «Unsachlichkeit» seiner Frau ihm nicht nur lästig ist im Hinblick auf eine gewinnbringende Gesprächsführung, sondern auch bedrohlich im Hinblick auf die brisanten Inhalte, die dann hervorkommen könnten (zum Beispiel Vorwürfe über sein Fremdgehen vor zwanzig Jahren, was einen bis jetzt noch nicht bearbeiteten und geheilten Riß dieser Ehe mit sich gebracht hatte). Sein «Dagegenarbeiten» gegen diese Unsachlichkeit wirkt sich aber auf den Teufelskreis verstärkend aus. Ein Beispiel dafür, wie die Lösung eines Problems mit der Zeit zum eigentlichen Problem werden kann.

KHelfer (doppelt den Mann): «‹Weißt du, Hilde, ich werde nur lauter, wenn du mir unsachlich kommst. Das ist etwas, was ich überhaupt nicht vertragen kann. Unsachlichkeit, also Gefühle, deine Gefühle, die können mir eigentlich den Ton abstellen, aber das weiß ich, das will ich nicht. Und dann richte ich mich auf und werde lauter und lauter und lauter.› – Stimmt das?»
    Mann: «Na ja, durch die Konfrontation werden natürlich Sachen auf den Tisch gebracht, die mit der beginnenden Unterhaltung keine Verbindung mehr haben ... Das sind meistens Sachen, die ich vollzogen habe, und die jetzt aus der Versenkung geholt werden. Es wäre richtiger, wenn man bei einem Thema bleiben und dann nicht aus einem Thema zehn Themen machen würde.»

Diese neuen Themen sind von früher, und er empfindet sie als unsachlich. Am liebsten würde er sie «unten» lassen. Dann wird er also lauter, jedoch verfehlt dies seine Wirkung, im Gegenteil:

Mann: «Trotz lauter Stimme. Dann krieg ich was anderes aufs Brot, das kommt vom Hundertsten ins Tausendste.»

Es ist typisch für das Funktionieren eines Teufelskreises, daß die vermeintliche Gegenmaßnahme genau das verstärkt, was sie bekämpfen soll. Der Unterschied zwischen einer monadischen Betrachtungsweise und der hier bevorzugten zirkulär-funktionalen Betrachtungsweise wird offenkundig: Nach der monadischen Betrachtungsweise erscheint Herr Horn als ein roher, lauter Bengel. Man kann sich mit ihm nur schwer unterhalten, weil er das Sagen hat. Es ist eben seine Art, sich durch Überschreien der Gegner im Mittelpunkt zu halten. Nach der zirkulär-funktionalen Betrachtungsweise wird sein lautes Reden und das Vermeiden eines Dialoges verständlich und «sinnvoll» vor dem Hintergrund der latenten Beziehungsdynamik mit seiner Frau. Wenn sie nämlich zum Zuge käme, würde er zusätzlich zu seiner inneren Überzeugung, daß er an aller Tragödie in seiner Ehe allein schuldig ist, auch noch ihre Vorwürfe auf sich nehmen müssen, die er inhaltlich als gerechtfertigt betrachtet. Seine ruppig lauten Reaktionen haben in der Ehe die Funktion, daß er sich «nur» hundertprozentig schuldig fühlen muß und nicht zweihundertprozentig (natürlich ist beides viel zuviel).

Das hat dann die Wirkung, daß die Frau von ihrem «Lebenselixier» – Auseinandersetzung mit dem Partner – zuwenig bekommt, am Aushungern ist und sich einsam fühlt.

Solange sie sich un-erhört fühlt, werden die alten Geschichten nie erledigt sein und immer wieder hervorkommen, entsprechend «muß» er immer wieder durch laute Ruppigkeit ihre «Unsachlichkeit» bekämpfen.

Zurück zu den Einzeläußerungen der Partner über den Ablauf ihres Teufelskreises: Frau Horn ist es unangenehm, sich hier in der Sitzung von ihrem Mann sagen lassen zu müssen, daß sie die Vergangenheit immer wieder hervorhole. Sie empfindet es als wunden Punkt bei ihr, dem sie ausgeliefert sei. Darauf der Mann:

«Ja, aber wie wollen Sie so etwas eliminieren? Das ist ziemlich schwierig, wenn einer in Erregung ist und Grund hat, dem andern etwas vorzuwerfen. Dann muß der andere sich auch den Rest der Schweinereien anhören.»

Herr Horn hat offenbar die Theorie oder die Meinung, daß er, einmal in Schuld geraten, immer alles «auslöffeln» muß. Im Sinne: Wer A tat, muß ewig B erleiden. Damit dieses «ewige B» einmal ein Ende hat, benutzt er «Hämmer» gegen sie.

Mann: «Wenn meine Frau zu mir ins Büro kommt, einen Ordner herauszieht und eine Flasche findet, das ist dann für sie ein Hammerschlag.»
Frau: «Ja, ja, wenn er mir etwas vorlügt.»

Das Benutzen dieser Hämmer macht ihn allerdings noch schuldbeladener. Eigentlich will er sich damit nur verteidigen, sieht aber die verheerende Wirkung bei ihr.

Mann: «...das ist bei ihr so extrem schlecht, daß sie dann am liebsten ins Bett gehört... und gepflegt werden muß... mit drei Waggons Liebe...zu 35 Tonnen... und das ist gar nicht so einfach.»

Der aktuelle Teufelskreis, der in dieser Sitzung deutlich geworden ist, stellt sich dem Klärungshelfer etwa folgendermaßen dar (s. nächste Seite!).

Individuelle Zusatzmotoren. Kommen wir nun zu den Teufelskreis verschlimmernden zusätzlichen Motoren, die häufig in der frühen Biographie der Klienten ihren Ursprung haben. Für die Frau ergeben sich in dieser Sitzung folgende Erkenntnisse:

KHelfer (zum Mann): «Haben Sie eine Ahnung über die Hammerschläge? Was sind solche Hammerschläge für Ihre Frau?»
Mann: «Hmm. Hammerschläge? Wenn meine Frau zu mir ins Büro kommt, einen Ordner herauszieht und eine Flasche findet.»
KHelfer: «Das ist dann ein Hammerschlag. Kennen Sie noch andere Hammerschläge?»
Mann: «Mir fällt gerade keiner ein.»
KHelfer (zur Frau): «Und vielleicht Sie, wissen Sie noch Hammerschläge?»

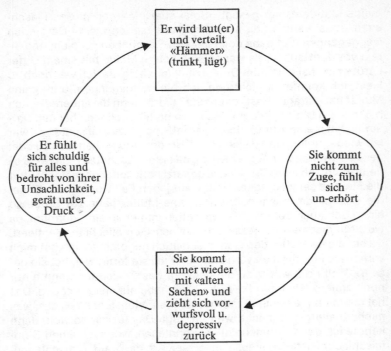

Abb. 26: Der Teufelskreis des Ehepaars Horn

Frau: «Ja, ja, wenn er mir was vorlügt, nicht.»

KHelfer: «Mhm. Das Verheimlichen, das Lügen, der Alkohol, das sind diese Hammerschläge.»

Frau: «Hm, ja. Hm, sicherlich.»

Mann: «Das Vertrauen, das ist wohl das Dominierende dabei, das Vertrauen.»

Frau: «Vielleicht liegt es so ein bißchen da dran, vielleicht bin ich auch zu wahrhaftig im Leben gewesen. Ich hab nie gelogen, kann ich von mir behaupten. Ich habe einmal gelogen in meiner frühen Kindheit, da ging ich noch nicht zur Schule. Da wurde ich weggeschickt und mußte einkaufen, hatte einen Zettel, und unter diesen Dingen waren zwei kleine Flaschen Kuchenaroma, eine war, glaube ich, Rum oder Zitronenaroma, weiß ich nicht mehr. Und ich weiß, daß ich mit diesen kleinen Fläschchen so gern gespielt habe. Und als ich weggeschickt wurde – ich hatte so ein Körbchen –, da hat

257

meine Mutter zu mir gesagt: ‹Spiel aber nicht mit diesen Fläschchen, sonst verlierst du sie.› ‹Nein, das tue ich nicht.› Da bin ich weggegangen und habe doch mit den Fläschchen gespielt, und direkt vor der Haustür, da war so eine tiefere Mulde mit einem Gitter darüber, da fiel eine rein. Oh! (erzählt lebendig) Ja, ich war noch zu klein, ich konnte da nicht rein. Ich bin raufgegangen, und meine Mutter hat gefragt: ‹Hast ja nur eine? Wo ist denn die andere?› – ‹Ich hab nur ein Ding gekriegt.› Das ist so haftengeblieben bei mir. Daraufhin hat meine Mutter nichts gesagt, und kurze Zeit später, da war ich wieder unten, und da kam mein Bruder, und da habe ich zu dem gesagt: ‹Kannst du mir die Flasche da unten rausholen?› Ich weiß es heute nicht, ob mein Bruder das gepetzt hatte, oder ob meine Mutter die Flasche selbst entdeckt hatte, auf jeden Fall wußte sie's. Er hat die Flasche da rausgeholt. Und meine Mutter hatte zur Strafe so einen Schlauch gebraucht – wir hatten immer so ein Aquarium, da wurde immer mal das Wasser so mit einem Gummischlauch entleert. Da hat meine Mutter den Gummischlauch genommen und hat mich verhauen. Fürchterlich verhauen, und als sie fertig war, hat sie gesagt: ‹Weißt du, wofür du die gekriegt hast?› ‹Ja.› Ich konnte nur noch atmen. *Man darf nie lügen!*› Ich habe nie mehr gelogen. Das hat die mir mit einemmal rausgeschlagen. Vielleicht ist es das, was mich so allergisch macht, wenn er lügt. Das tut mir so weh, dann könnte ich dann wahrscheinlich, könnte ich, wenn ich einen Gummischlauch hätte, genauso in dieser Art da drauf rumschlagen, wenn ich, wenn ich jemanden bei einer Lüge, ich, äh, ich, ich meine, man macht das nicht.»

Diese Kindheitserfahrung ist als persönlicher Zusatzmotor im Teufelskreis in jeder Hinsicht beispielhaft:
– Die Frau nennt es völlig von sich aus; an richtiger Stelle und psychologisch in völlig entsprechendem Zusammenhang. Nämlich, nachdem der Mann gesagt hat, daß das Verheimlichen und das Lügen für sie wohl Hammerschläge bedeuten und er so Vertrauen mißbrauche. Hier erläutert sie, warum speziell das Lügen und Verheimlichen für sie ein Hammer ist.
– Die Wichtigkeit und bis in den heutigen Tag andauernde Wirksamkeit dieses frühen Kindheitserlebnisses. Sie spürt, daß da ein Zusammenhang besteht zwischen der ihr eingebleuten Wahrheitspflicht und ihrer überheftigen Reaktion auf das Lügen ihres Mannes.

– Negative Auswirkung im Teufelskreis: Sie spürt auch, daß dieses an und für sich erstrebenswerte Wahrheitsbedürfnis hier nichts Positives ist. Mit dem Aquariumsschlauch wurde ihr nicht nur die Wahrheit, sondern auch die Gewalt «eingefleischt». Man kann sich vorstellen, daß diese liebe Frau in Momenten, wo sie angelogen wird, sich in eine grausame Rachegöttin verwandelt. Eine Kostprobe davon erhielt der Klärungshelfer in der ersten Sitzung, als Herr Horn sehr aufgebracht einmal vormachte, wie seine Frau «mit flammendem Schwert» manchmal gegen ihn vorgehe.

Es ist also dieser biographisch bedingte Wahrheitsfanatismus, der auf seiten der Frau für einen zusätzlichen Antriebsdrall im Teufelskreis verantwortlich ist.

Gibt es auch auf seiten des Mannes biographische Hintergründe, die geeignet erscheinen, zusätzliche Energie für den Teufelskreis zu liefern? Das Material, was hier hervorkommt, ist nicht ganz so prägnant wie das der Frau. Auf Nachfragen gibt er an:

«Ich war immer ein gutes, liebes Kind. Ich weiß nicht, ob ich früher Schläge kriegte, wenn ich gelogen habe.»

Seine Frau ergänzt:

«Ich könnte mir vorstellen, daß der Vater meines Mannes mehr erwartete, er wollte aus ihm mehr machen... daß er auch schon, weil der Vater so übermäßig streng war, schon als Junge dadurch zum vielen Lügen gekommen ist.»

Der Mann bestätigt, daß er den Erwartungen des Vaters nicht entsprechen konnte, was einerseits zu Lügen führte und andererseits zu dem, was er «sich aufbauen» nennt:

«... und daß man sich dann größer gemacht hat, als man in Wirklichkeit war, und dadurch vielleicht auch ein lautes Organ bekommen hat, versucht hat, seine Größe im Organ (Lautstärke) widerspiegeln zu lassen.»

Der Zusammenhang mit dem Teufelskreis ist folgender: Wenn Frau Horn dann seine Flasche findet und sie ihm vorhält (bildlich und übertragen): «Ja schau mal die Flasche, was ist denn das?», dann aktiviert das in Herrn Horn auch eine alte Verhaltensweise. Herr Horn:

«Das könnte mein Vater gewesen sein. Meine Mutter hätte vielleicht gesagt: ‹Du armer Junge, was hast du wieder gemacht?› und hätte mich gestreichelt dabei... ‹Ja, jaa›, und das ist in mir noch lebendig... daß, wenn meine Frau mir so entgegenkommt, daß ich damit meinen Vater sehe. Und Trotzgefühle habe.»

Dieser Trotz und auch das von Kindesbeinen an eingeschliffene «Ducken» aktivieren dann genau wieder ihren den Teufelskreis verstärkenden «Wahrheitsfanatismus».

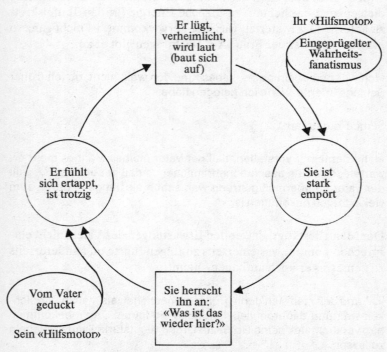

Abb. 27: Aktueller Teufelskreis mit den individuellen Hilfsmotoren

Wie so oft passen die beiden individuellen Hilfsmotoren zueinander wie Schlüssel zum Schloß:

Nach dem Zusammenstellen / Aufzeichnen des Teufelskreises und nach dem Herausarbeiten der Hilfsmotoren bei ihr und ihm, reagiert das Ehepaar Horn gar nicht erstaunt, sondern es scheint, als hätten sie in ihrem – doch vom Klärungshelfer herausgearbeiteten – Teufelskreis einen alten Bekannten gefunden, den *sie* dem Klärungshelfer jetzt vorstellen:

Mann: «... dann können wir den Kreis schließen. Und das geht jetzt so: rundherum, rundherum. Eben war die Flasche, und dann kommt irgend etwas anderes und dann kommt wieder etwas anderes und dann kommt wieder etwas anderes, bis die 30 Jahre voll sind (zeichnet mit seinen Armen einen Kreis in die Luft).»

Beide sind wie in einer Mühle. Beiden ist es unwohl und sie möchten aufhören, aber jeder wird weitergeschubst und schubst selber den anderen wieder weiter. Dazu kommen noch die Hilfsenergiequellen seines Duckens und ihrer Allergie gegen Lügen. Wie geht der Klärungshelfer mit den nun ermittelten Ergebnissen um? Das Wichtigste ist vielleicht schon geschehen: Die Bewußtwerdung und das Darübersprechen in einem dialogischen Klima. Manches kann nun «von selbst» geschehen, wie dies ja auch schon von der ersten zur zweiten Sitzung offenbar passiert ist. Auch hier wieder vermeidet es der Klärungshelfer, gute und «vernünftige» Ratschläge zu geben. Im Gegenteil:

KHelfer: «Und wichtig ist, daß Sie jetzt nicht sofort den Kreislauf stoppen, weil diese Hilfsmotoren da sind und ihn weitertreiben. Aber Sie können langsam abschwächen, indem Sie wissen ‹Aha, das ist jetzt ein Köder, der Schlüssel zu meinem Schloß... ich spür's schon›, oder ‹Jetzt werfe ich einen Köder, jetzt drehe ich mit›.»

Der hier gebrauchte Ausdruck «Köder» versteht sich aus folgendem theoretischen Zusammenhang: Immer wieder können wir beobachten, daß Menschen unerledigte schmerzliche Ereignisse oder Erlebnisse aus ihrer früheren Biographie wieder herzustellen und wieder aufzusuchen sich bemühen, wohl in der Hoffnung, durch korrigierende emotionale Erlebnisse diese alte Wunde endlich und ein für alle Male zu heilen. Dieser «Wiederholungszwang» erscheint wie eine Sucht. Im Interesse dieser Sucht liegen wir gleichsam auf der Lauer, solche Verhaltensweisen der Mitmenschen auszumachen, die geeignet scheinen, diese negativen Dinge wieder auszulösen. Solche zur Sucht passenden Auslöser-Verhaltensweisen wurden vom Klärungshelfer «Köder» genannt – eine gleichnishafte Terminologie, die den Klienten bereits vertraut war.

Weiterhin gibt der Klärungshelfer dem Paar eine konkrete Hausaufgabe: Da es sich herausgestellt hatte, daß auf beiden Seiten die Warum-Fragen («Warum hast du wieder getrunken?», «Warum weinst du nun bloß wieder?») sich als besondere Verschärfungen auf der kommunikativen Ebene herausgestellt hatten, gibt der Klärungshelfer folgende Hausaufgabe: Warum-Fragen sind für vierzehn Tage verboten und zu ersetzen durch eine andere, selbst zu erfindende Art, in Kontakt zu kommen.

Die dritte Sitzung: Der Versuch, einen Teufelskreis aufzulösen

In dieser dritten Sitzung kommt es zu dem Versuch, den ehelichen Teufelskreis aufzulösen, und zwar an dem Punkt ihrer gemeinsamen Vergangenheitsbewältigung: Daß diese wesentlich ist, zeigt schon, daß der Mann bereits am Anfang der ersten Sitzung sagte, daß ihm die Frau im Krach jeweils alle negativen Ereignisse der letzten dreißig Jahre «aufs Brot streiche».

Sein Standpunkt: Sie solle das sein lassen, das sei doch alles vergangen und vergessen, und er habe die ganze Schuld ja schon immer auf sich genommen. Also solle sie ihn jetzt in Ruhe lassen und ihn mit ihrer nachtragenden Art nicht quälen. So würde er sie in der Hitze des Gefechtes dann einfach überschreien oder schweigend weggehen.

Da der Klärungshelfer diesen Punkt – eben: ihr Aufwärmen alter Geschichten oder das «Museum der Vorwürfe» – neben seinem Alkoholmißbrauch und ihrem «Wahrheitsfanatismus» als weiteren wichtigen Angelpunkt für die Teufelskreisbearbeitung betrachtet, findet er es lohnend, dem eine ganze Sitzung zu widmen.

Auf die Anfangsfrage des Klärungshelfers nach ihrem Befinden jetzt und seit der letzten Sitzung schildert die Frau unter anderem, daß sie während des Abhörens des Tonbandes der letzten Sitzung Schmerzen in der Brust empfunden habe. Und zwar genau an der Stelle des Tonbandes, wo sie von ihrem versehentlichen Schwarzfahren in der U-Bahn erzählt habe und der Mann nur gesagt habe: «Kann jedem passieren.» Das sei ihr unerklärlich.

Der Klärungshelfer erklärt ihr die Schmerzen in dem Zusammenhang folgendermaßen:

«Es entspricht nicht Ihrem Kindheitsprogramm, daß Sie so wie er (Mann) darauf reagieren, nämlich großmütig, verzeihend, keine große Sache daraus machend. Sondern Ihrem Kindheitsprogramm würde entsprechen: der *Schlauch*, drastisch gesagt.»

Damit meint er die Bestrafung für ein unehrliches Verhalten, wie sie es in ihrer Kindheit erlebt hatte, und daß sie sich mit ihren Brustschmerzen jetzt selber dafür bestraft. Die Frau akzeptiert diese Erklärung sofort und erläutert sie noch:

«Und wenn dann etwas vom Alten vorbeihuscht bei einer neuen Begebenheit, dann tut das wieder so weh.»

Das versteht der Mann nicht. Für ihn ist die Vergangenheit alt, «verjährt», vergessen und ohne Wirkung auf die Gegenwart. Folglich haben die vergangenen Ereignisse in der Gegenwart nichts mehr zu suchen.

Dagegen steht die Erfahrung der Frau, die der Klärungshelfer auch theoretisch unterstützt: Gefühlsmäßig unerledigte Dinge kommen bei ihr immer wieder hervor, bis sie bearbeitet werden und dann «Ruhe geben».

Die beiden leiden also nicht nur am Hervorkommen alter Begebenheiten, sondern tragen durch ihre Einstellung dazu wesentlich zur Unlösbarkeit ihrer Schwierigkeiten bei.

Wieder einmal: Die Lösung ist das Problem. Genauer gesagt: Die Lösungen jedes einzelnen widersprechen sich und potenzieren die Grundschwierigkeit: Die Frau denkt nämlich, daß sie alte Begebenheiten nicht hervorkommen lassen sollte. Ihre Lösung: Altes Leid hinunterschlucken, sich ablenken und schließlich in körperliche Symptome verwandeln (Brustschmerzen, Händezittern) und im Ehekrach das Geschluckte herausspucken.

Der Mann trägt zur Perpetuierung des Problems bei, indem er denkt, ihre alten Leiden wären verheilt oder sollten es zumindest sein. Seine Lösung: er entzieht sich der Bearbeitung dieser «alten Blätter» durch Schreien, Einschüchtern, Weglaufen und schon präventiv durch Witze, damit drohend-ernste Situationen gar nicht entstehen können.

Der Klärungshelfer setzt dagegen einen Vergleich, daß alte Wunden unter einem alten Notverband ohne Luft und Pflege nicht heilen können. Sie eitern. Und es sei nur natürlich, daß bei einer Reizung der Wunde der Eiter hervorkomme.

Diese Metapher kommt bei Herrn Horn nicht gut an. Er will sich nicht mit der Vergangenheit befassen und kann auch nicht glauben, daß das Bearbeiten alter Begebenheiten für die Zukunft etwas Positives bringe, noch weniger, daß das sogar zu einem gemeinsamen guten Erlebnis werden könne.

Herr Horn beharrt auf seiner monokausalen Diagnose über seine Frau, nämlich: «Sie ist stark mit der Erinnerung belastet.» Das heißt, das ist ihr Typ, quasi ihre Macke, und nicht ein allgemeines psychologisches Gesetz. Da die Frau noch nie erlebt hat, wie es sich anfühlt, wenn man etwas Altes, Belastendes bearbeitet und verarbeitet hat, stimmt sie der Diagnose ihres Mannes sogar bedingt zu:

«Ja, ja, jä, das geht bei mir nie raus... was heißt nie? – Ich möchte das gerne.»

Obwohl sich die Eheleute also einig sind, daß das Hervorkommen alter, vergangener Ereignisse sich für sie ungünstig auswirkt, führt diese gemeinsame Ansicht nicht zu einem «Engelskreis». Es nützt nichts, daß sich die Kommunikationspartner einig sind, wenn diese Einigkeit gegen psychische Tatsachen und psychologische «Gesetze» steht. Eine wichtige Erkenntnis für die Theorie des Teufelskreises ist somit: Der «Engelskreis» kann sich nur in Übereinstimmung mit der psychologischen Realität einstellen. Der Klärungshelfer kann daher als Anwalt der Realität gegen die Einigkeit der Klienten angehen und muß dabei auch gegen den eigenen Impuls «Endlich sind diese total zerstrittenen Menschen einmal einig!» handeln.

Der Mann untermauert seine These über das «Fehlfunktionieren» seiner Frau noch mit einem Bild: Ein Uhrwerk mit vielen Zahnrädchen, wobei eine Zacke fehlt und jetzt etwas klemmt. Die Frau hat hingegen ein anderes Bild für ihr eigenes Erleben: Ein Stapel aus unerledigten Blättern, die, je nach Alltagssituation, «aktiviert werden». Zum Beispiel aktiviert das Sterben eines Nachbarn das innere Blatt «Tod meiner Mutter» (den sie nicht be- und verarbeitet hat): Sie träumt von der Mutter, sie denkt an die Mutter, sie will mit ihrem Mann darüber reden. Dieser will aber auf solche «Hirngespinste» («Die ist doch schon lange tot, laß sie ruhen in Frieden.») nicht eingehen. Und so bleibt sie alleine damit. Sie wird nachdenklich, verschlossen, weint aus heiterem Himmel, fühlt sich Tag und Nacht von ihrer Mutter begleitet (verfolgt), bekommt Schmerzen und geht zu Ärzten und zur Kur.

Was ihr in solchen Momenten helfe, sei Ablenkung. Doch nach dem Kino oder Theater sei alles wieder wie vorher. Jetzt fragt der Mann den Klärungshelfer nach Erklärungen und therapeutischen Möglichkeiten:

Mann: «Es ist eine fürchterliche Belastung, nicht nur für meine Frau, sondern auch für mich.»

Da der Klärungshelfer bis jetzt mit seinen ganzen Theorien und Erklärungen nicht so richtig bei Herrn Horn angekommen ist, versucht er es mit einem Bild: Er nimmt ein Buch, das zufällig in der Nähe liegt, legt zwei Kassenbons hinein und erklärt:

KHelfer: «Ihre Frau ‹funktioniert› wie dieses Buch. Hier sind zwei alte Blätter drin. Man kann jetzt willentlich irgendeine Seite im Buch aufschlagen. Solange man sie hält, bleibt es auch so. Wenn man aber das Buch auffallen läßt, wie es will, werden natürlich genau die Seiten aufgeschlagen, zwischen denen der Kassenbon

liegt. Also: die unerledigten alten Begebenheiten. Und das so lange,
bis sie herausgenommen werden.»

Mann: «Ja, also müßte man alles rausschmeißen, was da nicht
reingehört...Doch wie macht man das?»

An seiner Frage ist sein innerer Wandlungsbeginn zu erkennen.
Der Klärungshelfer erklärt ihm, daß man erstens schauen muß,
wo denn das Buch immer wieder von selber auffällt, also:

KHelfer: «Was sind die alten Begebenheiten, die Ihre Frau immer
wieder hervorbringt und die sie so belasten? Dann diese alten Begebenheiten und Erinnerungen mal zulassen, genauer anschauen und
durch Bearbeiten verarbeiten. Im Bild also ‹rausschmeißen›.»

Da dem Klärungshelfer ihr gemeinsamer Umgang mit der Vergangenheit als ein zentraler Punkt ihrer jetzigen Beziehungseskalation erscheint und er viel potentielle Engelskreis-Energie darin
sieht, bietet er ihnen an, eine alte Begebenheit exemplarisch
– stellvertretend für alle anderen – zu bearbeiten. Herr Horn geht
aber nicht darauf ein; das Gespräch entwickelt sich für eine halbe
Stunde in eine völlig andere Richtung: Die beiden beschreiben die
Wirkung der letzten Sitzungen in ihrem Alltag und fragen, wie sie
das für sich alleine erhalten und fortsetzen könnten. Die Frau
meint, ihr Mann baue die Mauer, die sie um ihn herum empfindet,
langsam ab. Das sei schön, aber eben zu langsam. Als Beschleuni-
gung dieses Vorgangs schlägt sie vor, gewöhnliche Gespräche zu
Hause auf Tonband aufzunehmen, um sie dann gemeinsam abzu-
hören und daraus zu lernen, wie sie das jetzt mit den Sitzungen
machen.

Der Mann ist nicht begeistert. Er wittert dahinter vermutlich,
daß er mit dieser Technik neuer Gesprächs-Delikte überführt werden soll. Außerdem fragt er sich, ob man denn jemanden zu Kontakt zwingen könne. Das sei ihm oft am Tisch passiert. Da fällt der
Frau auf:

«Ich muß sagen, seitdem wir hierher kommen – das sind schon fast
vier Wochen – haben wir komischerweise alle beide diese negativen
Probleme nicht auf dem Tisch gehabt. Wie das möglich ist?»

Sie sei so zufrieden mit sich und dem Mann, habe nicht mehr das Gefühl, daß sie viel kämpfen müsse, sei ruhig und habe sich im Griff. Auch könne sie über den zeitweisen starken Geruch ihres Mannes (Alkohol und Tabak) problemlos «hinweggriechen».

Das sind alles Indizien dafür, daß sich ihr Teufelskreis zu einem Engelskreis umpolt:

KHelfer: «Ich nenne das einen Engelskreis. Was ein Teufelskreis war – nämlich verheimlichen, wütend werden, beschuldigen, trinken usw. –, ist jetzt ein Engelskreis: Nicht mehr verheimlichen, nicht mehr wütend werden, keine Vorwürfe machen, folglich sich wohler fühlen, weniger trinken müssen, bessere Diskussionen haben. Sogar zusammen trinken können in einer entspannten Atmosphäre und sich weniger belastet fühlen. Das ist ein Engelskreis: je mehr Positives, desto mehr Positives...»

Zudem erklärt er ihnen, wie sich ihr Teufelskreis verlangsamt und auf welche Weise die Umpolung stattfindet: in den Sitzungen wird jeder mit dem genährt, was er braucht, und vor dem geschont, was ihm schadet.

Frau Horn braucht Auseinandersetzung, Verstehen, Einfühlung: Daß da jemand ist, der auf sie eingeht, ihr zuhört und sie unterstützt in den Punkten, die sie bei sich selber nicht akzeptiert.

Herr Horn erfährt in den Sitzungen Erleichterung seines gewaltigen Schuldgefühls, und er erhält theoretische Erklärungen und praktische Belege dafür, daß er nicht die «Kollektivschuld» hat für alles Böse in der Ehe. Auch er braucht das Verstandenwerden und kann auf diese Weise etwas weicher werden. Er wird in den Sitzungen vor den furchtbaren Attacken seiner Frau geschützt (Ende der 1. Sitzung: «Warum hast du getrunken, du Lump?») und muß sich bewußt werden, daß nur er selber die Verantwortung für sein Trinken und Verheimlichen übernehmen kann. Eine weitere wichtige Nahrung für ihn sind die ganzen theoretischen Diskussionen mit dem Klärungshelfer und dessen Erklärungen des «psychologischen Funktionierens» von Menschen, insbesondere von ihm und seiner Frau.

Ein exemplarisches Lehrgespräch
Der Klärungshelfer möchte diesen neuen positiven Zustand noch

tiefer verankern. Nochmals schlägt er dem Ehepaar vor, einmal exemplarisch so ein altes Blatt hervorzunehmen, um damit einen weiteren «Umpoler» kennenzulernen. Herr Horn befürchtet wiederum, daß der schöne Zustand jetzt in teufelskreisartigen Krach umschlagen würde. Der Klärungshelfer garantiert ihm implizit, daß das nicht geschehen werde, und versucht, ihn von der Wichtigkeit dieser Erfahrung zu überzeugen.

Schließlich willigt Herr Horn ein, in einem «Lehrgespräch» versuchsweise auf einen solchen «alten» Punkt (altes Blatt) einzugehen. Welcher Punkt sei ihm «egal». Schuldig sei er schließlich in allem.

«Lehrgespräch» heißt in diesem Zusammenhang, daß folgende Punkte erfahrbar werden:
– daß eine solche Auseinandersetzung sehr befreiend wirken kann, wenn man sich den schwierigen und heiklen Fragen wirklich einmal gestellt hat, ohne ihnen auszuweichen;
– daß auch Herr Horn davon profitieren kann, von dieser Vergangenheit befreit zu werden;
– daß er sensibler wird für *seine* Gesprächsweichen-stellende Funktion: Wenn seine Frau ein Problem hat, hat er (fast) alleine die Möglichkeit in der Hand, ob daraus ein gutes oder schlechtes gemeinsames Erlebnis wird; kurz: ob Teufelskreis oder Engelskreis.

Allgemein gesagt: Der Zuhörer ist dafür verantwortlich, wie ein Gespräch sich entwickelt. Der Sprechende ist nämlich schon genug damit bedrängt, was und wie er sich ausdrücken will. Dem Zuhörer sei daher das Motto gegeben: Den anderen ernstnehmen statt wörtlich. Ziel eines solchen Lehrgespräches ist auch, Betroffenheit auszuhalten.

Die Frau will über die Ereignisse im Zusammenhang mit einer Freundin reden, zu der Herr Horn vor zwölf Jahren eine Beziehung hatte.

Zur Unterstützung von Herrn Horn setzt sich der Klärungshelfer mit seinem Stuhl neben ihn und kündigt ihm an, daß auch er auf das eingehen werde, was seine Frau sagen werde, und zwar «engelskreisartig». Das heißt gesprächsfördernd, die alte Wunde lüftend, pflegend, den Eiter wegtupfend, also empathisch-verstehend, zuhören, zugeben, was war, ohne aber in seine alte Art zu verfallen «Ich weiß ja schon, ich bin an allem schuld». Das Gespräch soll nicht in eine Verurteilung des Mannes ausarten, sondern in ein ruhiges und vielleicht bewegendes Gespräch über damals münden, wo auch sie ihn verstehen kann und soll.

Als besonders den Engelskreis unterstützend sind folgende Punkte des Gesprächs zu erwähnen:

Der Anfang: «Also, erzähl mir doch mal... was für dich damals so schlimm war.» Es geht nicht nur um Tatsachen, was damals war; sondern auch um Gefühle und Empfindungen, wie es *für sie* war. Zwischen den beiden Eheleuten soll ein direkter Kontakt hergestellt werden («erzähl mir»). Damit wird auch die Bereitschaft signalisiert, daß der Zuhörer offen ist für das, was immer jetzt kommen möge (Engelskreis) – und daß er versucht zu verstehen.

Zugeben der Tatsachen:

Frau: «Ich bin da richtig an die Seite gedrückt worden – und Verständnis für mich und ein bißchen liebevolles Wort hattest du für mich nicht.»

Mann: «Nein, das hatte ich nicht. Schon richtig.»

Hier sind sich beide einig über die Tatsache. Dieses gemeinsame, furchtlose Anschauen und Bestätigen der Realität, wie sie war, unterstützt den Engelskreis. Im Gegensatz dazu stünde «Ja, aber das war, weil...», was unweigerlich eine Schlacht um den wahren Sachverhalt und eine Kontroverse über die zutreffenden Gründe heraufbeschwören würde.

Wer hat gelogen: Du oder die Freundin?

Frau: «Und danach habe ich noch, als du wegwarst, mit der Freundin gesprochen, und da hat sie mir das gesagt wegen des Mitleides (daß der Mann nur aus Mitleid bei seiner Ehefrau bleiben würde). Und daß ihr euer Leben gemeinsam leben wollt. Und daß ich aus eurem Leben zu verschwinden hätte.»

Mann: «Da war ich vorher weg – äh, auf der andern Seite sehe ich das so...»

KHelfer (unterbricht Herrn Horn und spricht für ihn): «Es ist mir

269

ein unangenehmer Punkt, weil es schon stimmt. Das habe ich gesagt. Das waren so Momente, ich möchte gerne, daß du das verstehst... als ich das sagte. Es ist mir furchtbar unangenehm. Weil – sie hat mir einfach gegeben, was du mir nicht gegeben hast in der damaligen Zeit. Aber schließlich mußt du auch sehen, ich bin jetzt mit dir zusammen – seit langem.»

Diese beiden Antworten unterscheiden sich. Der Mann weicht aus, geht einfach nicht auf den potentiell belastenden Inhalt ein, sondern versucht, den «heißen Brei» zu umgehen, bricht also den wirklichen Kontakt ab und kehrt zur Sprechblasen-Kommunikation zurück.

Die Antwort des Klärungshelfers hingegen gibt Einblick in die Gefühlslage und unterstützt damit den Draht von Herz zu Herz, unterstützt den Engelskreis. Zudem enthüllt er freiwillig wichtige Hintergrundinformationen, die zwar Anlaß für tiefe Beleidigungen und Auseinandersetzungen sein könnten. Da sie aber freiwillig und nicht verletzend präsentiert werden, dienen auch sie der Engelskreisfestigung nach dem Grundsatz «Wahrheit heilt».

Abschluß des Lehrgesprächs

Die Frau möchte dieses Blatt nicht nur bearbeiten und bewältigen, sondern «viel lieber verbrennen, ausrotten». Sie schließt nicht aus, daß sie trotzdem wieder an diese Begebenheit denken muß, zumal das Haus dieser Freundin in der gleichen Straße steht. Darauf antwortet der Klärungshelfer:

KHelfer (für den Ehemann): «Das erwarte ich auch nicht, daß du dieses Blatt verbrennst. Ich hab dich ja unterdessen kennengelernt, daß du jemand bist, der die Zettel immer wieder hervorholen muß. Wenn's dir guttut, dann bring es ruhig alle Jahre wieder. Ich kann es aushalten.»

Mann: «Nein, nein, das sehen Sie verkehrt! Das muß sie nicht wieder hervorholen. Das hat sie in den letzten vier Wochen auch nicht gemacht. Sie macht das nur dann, wenn ich ihr einen Köder hinschmeiße.»

In der Antwort des Klärungshelfers wirkt das Willkommen-Heißen dieser alten Belastungen Engelskreis fördernd, das heißt, der Deckel über der Vergangenheit wird nicht zugeschraubt, sondern nur lose hingelegt. Darunter entsteht kein Überdruck mehr. Ihre Art, die Vergangenheit zu bewältigen, wird also nicht nur akzeptiert, sondern auch noch willkommen geheißen. Dies hat die paradoxe Wirkung, daß es nicht mehr so tragisch ist. *Seine* Antwort hingegen zeigt verständlicherweise, daß er zwar mit dem Kopf begriffen hat, daß sie darüber reden muß und wie er es steuern kann, ihm aber die Sache trotzdem unangenehm bleibt. Immerhin hat er seine Auslösefunktion verstanden.

Zum Abschluß des Gesprächs lacht die Frau befreit und sagt, daß ihr das gutgetan habe. Auch der Mann meint, das Allermeiste, was der Klärungshelfer an seiner Stelle gesagt hätte, habe tatsächlich zugetroffen.

Der Klärungshelfer versucht, das Erlebte noch kognitiv zu verankern, zu benennen, wie das Lehrgespräch vor sich gegangen sei und was er getan habe, um den Engelskreis zu stabilisieren und den Teufelskreis trotz des heiklen Themas nicht aufkommen zu lassen. Aber die beiden Klienten können es nicht mehr aufnehmen. Sie sind einfach erleichtert, daß es zum erstenmal anders ging. Frau (lacht):

«Besser, als wenn ich mit ihm alleine bin und ihm das in meiner Wut vorschmeiße.»

Zusammengefaßt war der Sinn des Vorgehens in der dritten Sitzung folgender: den ehelichen Teufelskreis an einem seiner Kernpunkte dadurch aufzulösen, daß gemeinsam und unter Anleitung ein alternatives Verhalten ausprobiert wurde. – Kurz gesagt: sich den alten Punkten stellen, statt ihnen auszuweichen. Dabei kann unter dem Schutz des Klärungshelfers erlebt werden, daß all die Katastrophen, die sich beide (besonders Herr Horn) ausmalen, nicht nur nicht eintreten, sondern daß geradezu das Gegenteil passiert. Mit dieser ermutigenden Erfahrung im Rücken und mit dem dabei vermittelten «Know-how» auf der Gesprächsebene haben solche Gespräche in der Beziehung künftig eine bessere Chance.

3. Diagnose von dyadischen Beziehungssystemen

Symptome von Teufelskreisen erkennen

Die Teufelskreis-diagnostische Tätigkeit des Klärungshelfers ist in den drei Sitzungen des letzten Beispieles besonders deutlich geworden. Versuchen wir nun, einige allgemeine Regeln und Leitvorstellungen zusammenzufassen.

Hinweisschild 1: Zunehmend schlimmer
Aus dem Wesen der Beziehungseskalation geht bereits hervor, daß sich die Zustände in einer teufelskreisartigen Beziehung zunehmend verschlimmern. Dazu gehören Ausdrücke wie «in der letzten Zeit fühle ich mich immer schlechter», «das ist in letzter Zeit immer schlimmer geworden» oder «ich bin jetzt soweit, daß ich sage, so geht das nicht mehr weiter».

Hinweisschild 2: Reaktion auf den anderen
Alles, was vom Klienten bereits selber als Reaktion auf ein Verhalten von anderen Beteiligten formuliert wird, bildet einen direkten Bestandteil seines Teufelskreises. Er kann so übernommen werden. «... und ihr Zurückziehen macht mich dann ganz hilflos», «... worauf ich in Tränen ausbrach» und «Je lauter er wird, desto mehr verkrieche ich mich».

Hinweisschild 3: Aus heiterem Himmel
Alles, was Klienten schildern, als ob es ohne Vorgeschichte geschehen sei, wie aus heiterem Himmel der Blitz einschlägt, macht den Klärungshelfer hellhörig. Es deutet auf einen Teufelskreis hin und sagt zugleich, daß die Klienten Vorboten nicht wahrgenommen haben. Herr Leidenberg zum Beispiel führt seinen fünfjährigen Sohn «eines schönen Tages» in den Wald, um ihn windelweich zu schlagen. Für seine Frau ohne jeden Grund und Anlaß.

Hinweisschild 4: Bagatellen

Häufigere Streitereien wegen Bagatellen sind sichere Hinweise für die Existenz eines Teufelskreises. Besonders dann, wenn sie in einer «mittleren Katastrophe» enden: Die Beteiligten sind «auf die Nase gefallen», und der Streit hört erst auf, wenn alle bis zum Rand mit negativen Gefühlen angefüllt sind.

Hinweisschild 5: Symptome

Körperliche Symptome wie Zittern, Atemnot, Alkoholsucht, Bauch- und Brustschmerzen usw. deuten möglicherweise einen «fleischgewordenen» Teufelskreis an. Wenn ein Teufelskreis schon derart eingeübt, eingespielt oder eben eingefleischt ist, scheint er grundlegend zu sein (zum Beispiel die Brustschmerzen von Frau Horn, s. S. 251 f, oder die «Faust im Bauch» von Herrn Meier, s. S. 203 f).

Hinweisschild 6: Schuld, krank, bösartig

Wenn ein Klient von sich selber oder von einem anderen sagt, daß er allein schuldig sei, krankhaft veranlagt oder bösartig, dann ist ebenfalls der Verdacht auf ein Teufelskreis-Geschehen berechtigt (zum Beispiel Herrn Horns «Kollektivschuld»).

Hinweisschild 7: Sinnlos

Resignative Hinweise auf die Unterschiedlichkeit der Partner und die Sinnlosigkeit von irgendwelchen Bemühungen, zusammen je wieder in Kontakt zu kommen, deuten auf einen fortgeschrittenen Teufelskreis hin. Es kann auch sein, daß er schon «geplatzt» ist, das heißt, daß einer von beiden durch Trennung, Scheidung oder Selbstmord aus dem Spiel aussteigen will oder innerlich schon ausgestiegen ist.

Hinweisschild 8: Überreaktion

Wenn Klienten von Begebenheiten erzählen, auf die sie von außen gesehen *zu* heftig, *zu* empfindlich oder *zu* resignativ reagiert haben, deutet das möglicherweise auf einen teufelskreisverstärkenden *Zu*satzmotor beim Betreffenden hin.

Hinweisschild 9: Wiederholungen

Oft fällt den Klienten selber auf, daß sich gewisse unangenehme Begebenheiten wiederholen und nach einem immer gleichen Schema ablaufen. Solche Muster, Schemen oder Abläufe sind meistens vollständige Teufelskreise oder Teile davon.

Hinweisschild 10: Anfänge

«Die ganze Misere hat damals vor fünf Jahren angefangen, als meine Frau...» Solche, auf einen «bösen» Anfang zurückgeführten Entwicklungen sind auch Teufelskreis-verdächtig.

Hinweisschild 11: Schwere Geschütze

Depressionen, Schlaflosigkeit, Resignation, Unzufriedenheit, Verweigerung von Sexualität, Verlieren des Lebensmutes, psychiatrische Auffälligkeiten sind alles auch mittlere bis schwere Geschütze, die der einzelne auffährt und die die interaktionelle Verstrickung anzeigen.

Hinweisschild 12: Standard-Teufelskreise

Es gibt eine Reihe wiederkehrender, geradezu typischer Teufelskreise, die dem erfahrenen Klärungshelfer wiederholt begegnet sind und die in der einschlägigen Literatur beschrieben werden:

– Nähe – Distanz: Je mehr Kontakt der eine mit dem anderen haben will und je «anhänglicher» er sich dabei gebärdet, um so mehr ist der andere auf seinen Abstand bedacht und zieht sich zurück, was den einen «klammern» und den anderen die Flucht antreten läßt, woraufhin der eine wiederum die Verfolgung aufnimmt usw.

– Hilflos – Fürsorglich: Je hilfloser sich der eine gibt, um so fürsorglicher wird der andere, was den einen mit der Zeit noch hilfloser und abhängiger macht. – Der Fürsorgliche muß dabei mit der Zeit seinen Einsatz verdoppeln und reagiert schließlich vorwurfsvoll, weil «es ja immer noch nichts genützt hat», was den einen wiederum in einen hilflosen Trotz hineintreibt usw. («Orale Kollusion» nach Willi, 1975).

– Kluge Gans – dummer Hahn: Der eine kann sich so großartig fühlen, wie der andere ihn so schwärmerisch verehrt und bewundert. – Umgekehrt ist es genau diese Grandiosität des einen, die den anderen in die bewundernde Haltung treibt. Dieser zunächst durchaus harmonische Kreislauf kann umschlagen, wenn das grandiose Genie – von der Umschwärmung und Vereinnahmung seines Verehrers bedrängt – anfängt, sich zurückzuziehen. Ihm wird nun Kälte und Rücksichtslosigkeit vorgeworfen, während er seinerseits dem «Schüler» Unterwürfigkeit und Abhängigkeit vorhält. («Narzißtische Kollusion» nach Willi, 1975).

– Eifersucht – Untreue: In der Eifersucht-Untreue-Kollusion bildet sich nach Willi der Konflikt beider Partner zwischen Autonomiebestrebungen und Trennungsängsten ab. Dabei lebt der eine seine Unabhängigkeit zum Beispiel in einer außerehelichen Beziehung aus. Dies mobilisiert Trennungsängste und Kontrollbestrebungen im Partner, welcher versucht, den anderen auf Treue und Aufrechterhaltung der Beziehung zu verpflichten. Je mehr er nun den anderen verfolgt und übertrieben überwacht, desto mehr weicht dieser aus und betont seinen Freiheitswunsch. So verstärken sich beide gegenseitig in zunehmend extremer werdenden Positionen (s. Unterpunkt der «Anal-sadistischen Kollusion» nach Willi, 1975).

– Aktiv – Passiv: Der eine ist so passiv und gefügig, weil der andere ja so aktiv ist und «alles an sich reißt», wobei dies ja notwendig ist, weil der eine «ja doch nichts tut» («Anal-sadistische Kollusion» nach Willi, 1975).

Weitere Standard-Teufelskreise s. Schulz von Thun, 1988.

Wenn man diese zwölf Hinweisschilder auf einen Teufelskreis vor Augen hat, kann man sich fragen: Deutet denn nicht *alles* auf einen Teufelskreis hin? Können sich die Klienten verhalten, wie sie wollen, und sie «bekommen einen Teufelskreis angehängt»? Ja und nein.

Nein, weil es Faktoren im Leben von Klienten gibt, die unabhängig von der Gestaltung der persönlichen Beziehung auf sie einwirken: Berufssituation, Lärm, Streß, Wohnverhältnisse usw. Diese Faktoren können natürlich bereits vom Teufelskreisgeschehen geplagte Menschen noch zusätzlich peinigen, verändern sich aber selber nicht, auch wenn der Teufelskreis gestoppt oder gar umgepolt wurde.

Ja, weil es Teufelskreise in dem Sinne nicht «gibt», sondern sie ein Grund*modell* zur Beschreibung und Behandlung maligner und unbefriedigender Beziehungskonstellationen sind.

Es gibt also Verhaltensweisen, Gefühlslagen und Symptome, die eher «beziehungsverdächtig» sind, und andere, die eher «umgebungsverdächtig» sind (zum Beispiel Husten, Staublunge, Parkinson). Wie das Wort «Hinweisschild» ja schon sagt, ist mit dem einzelnen Auftreten gewisser Symptome noch keine Garantie gegeben, daß sich nun auch «wirklich» im konkreten Fall ein Teufelskreis dreht. Psychosomatische Symptome beispielsweise können, müssen aber nicht mit der Beziehung zu tun haben. Es gibt aber andere Hinweise, bei denen man schon mit großer Wahrscheinlichkeit auf einen Teufelskreis schließen kann. Zum Beispiel «Hinweisschilder» 1, 2, 4, 6, 9, 12.

Fallen rechtzeitig erkennen

Im Rahmen der Systemklärung gibt es verschiedene Fallen, die der Klärungshelfer gut kennen muß, um nicht hineinzutappen. Zum einen gilt es, aus monadisch präsentierten Einzelgefühlen und Einzelsachverhalten ein Zusammenhangsgeflecht herzustellen. Die Falle besteht hier darin, die Charakterbeschreibungen von Menschen als solche zu übernehmen und dann vielleicht zu denken oder zu sagen: «Wenn das so ist, wie Sie sagen, dann ist Ihr Mann wirklich ein komischer Kauz, um nicht zu sagen, ein Psychopath!»

Verzweifelte und unter einem Teufelskreis leidende Klienten verführen den Klärungshelfer dazu, in psychiatrische Diagnosekategorien zu fallen, statt systemorientiert zu denken: «Wenn Ihr Mann so ist, wie Sie ihn beschreiben, was muß ihn wohl dazu veranlassen, so zu reagieren? Vielleicht Sie, vielleicht auch sein Beruf, vielleicht seine Gesamtsituation? Irgendeinen guten Grund hat er, da bin ich überzeugt, daß er Ihnen so verrückt erscheint.»

So in etwa ist der Sinn und Geist des systemorientierten Klärungshelfers: Jeder hat seine guten Gründe, so zu sein und zu handeln, wie er eben ist; gute Gründe aus seiner Geschichte verbinden sich mit guten Gründen in seiner jetzigen Situation.

Eine zweite Falle bei der Wahrnehmung von Interaktionen kann eine eindeutige und offensichtliche Schuld sein, die einem Mitglied des Systems zugewiesen wird: Oft gilt der als der Schuldige, der die Regeln des guten Anstandes am krassesten mit juristisch nicht widerlegbaren Handlungen übertritt: Das kann der Einbau einer Telefonabhöranlage mit Aufzeichnungsgerät zu Hause sein (um während der Arbeitszeit die Frau überwachen zu können), oder das Verprügeln von körperlich schwächeren Familienmitgliedern, oder Alkoholsucht, Depressionen und «Übertretungen» wie Seitensprünge usw.

Wenn der Klärungshelfer durch die empörten «Anzeigen» der anderen Mitglieder verführt wird, diese einseitige Sichtweise zu übernehmen, kann er ihnen keine systemorientierte Klärungshilfe bieten, sondern höchstens noch moralische Ermahnung («Das sollten Sie wirklich nicht tun, wenn Sie Ihre Frau lieben!»), Predigten («Ihr habt doch einmal einander das Jawort gegeben für die guten und die schlechten Tage.» usw.) oder Richtersprüche («Wenn Sie nichts Stichhaltigeres zu Ihrer Verteidigung anführen können, dann kann ich nicht umhin, Ihrer Frau rechtzugeben.»).

Der systemorientierte Klärungshelfer muß vielmehr versuchen, solche Fallen zu registrieren und sie nicht wieder als neue Schuld an die zurückzugeben, die sie verteilen wollten. Das wäre eine andere Falle, die spezifisch für Anfänger der systemorientierten Denkweise gilt: «Der arme Seitenspringer» und die «böse Eifersüchtige».

Zudem ruht der Klärungshelfer nicht, bevor er nicht fähig ist, sich innerlich in die Situation aller einzufühlen, was auf einer völlig anderen Ebene liegt als «gutheißen» oder «entschuldigen».

Bei diesem Einfühlen und Verstehen ist es nicht damit getan, daß der Klärungshelfer beteuert: «Ja, ja, ich verstehe Sie schon» und aber dabei verschluckt: «Wie konnten Sie nur...?» Dazu folgendes Beispiel:

Herr Leidenberg, der dem Klärungshelfer lachend erzählt, daß er seinen fünfjährigen Sohn in der Abwesenheit der Mutter exekutionsmäßig in den Wald geführt und dort jämmerlich verdroschen hat, ohne daß der Kleine wußte warum.

Dieser Mann ist leicht zu verurteilen. Aber damit ist wahrscheinlich mehr dem Richter als dem Täter geholfen.

Vielmehr geht es in der Klärungshilfesituation darum, systemisches Denken mit einer empathischen Grundhaltung zu verbinden.

Der Klärungshelfer nach der Sitzung:

«Ich merkte auch in mir das Entsetzen, das beim Zuhören bei mir hochkam. Es führt geradewegs zu seiner Verurteilung. Das wollte ich aber nicht, weil meine Klärungsabsicht damit unvereinbar wäre. So fragte ich mich innerlich: In welcher Situation müßte ich sein, daß ich das gleiche tun wollte und würde? Meine Antwort: Nur, wenn ich den Kleinen als ebenbürtig empfinden würde. Sei es, weil ich mich selbst so klein fühle und er mein Konkurrent ist, oder sei es, weil ich ihn als mindestens gleich mächtig und aktuell an der Macht empfinden würde. Diese Blitzüberlegungen, oder man könnte auch sagen: ‹gefühlsmäßige Parallelkonstruktionen›, ermöglichten es mir, weiter zuzuhören und nicht-verurteilend zu fragen: Wie kam das denn so weit; wie fühlten Sie sich während und hinterher, was denken Sie dazu, wie geht es Ihnen jetzt, während Sie das alles erzählen?»

Das Grundschema

Wie aus den drei Sitzungen des Ehepaares Horn (s. S. 232ff) deutlich geworden ist, hat der Klärungshelfer ein Grundschema vor Augen, das ihm hilft, teufelskreisartige Strukturen zu erkennen, zu vervollständigen und später eventuell den Klienten graphisch sichtbar zu machen. Dieses Grundschema besteht aus sechs Elementen: Zum einen enthält es die vier Stationen des aktuellen Teufelskreises, wobei sowohl das äußere Verhalten (im eckigen Kasten), als auch die inneren Reaktionen (in Kreisen) berücksichtigt sind. Es besteht des weiteren aus den beiden «Hilfsmotoren» aus der individuellen Biographie der Klienten (in Ellipsen) – s. Abb. 128, S. 279
Im einzelnen enthält dieses Schema:
1. Die «Taten» der Person A: Das beobachtbare Verhalten, die Reaktionen auf den anderen, wie zum Beispiel: Lauter werden in Diskussionen, Alkohol trinken, verstummen oder weinen.
2. Das gleiche für die Person B: Ihre Taten und Reaktionen.
3. Die Gefühle und Empfindungen der Person A im Zusammen-

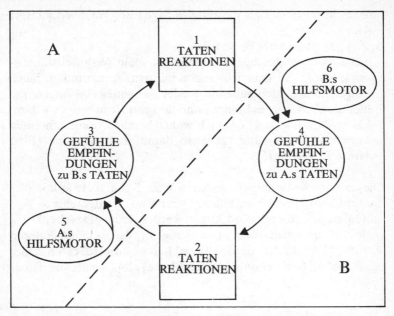

Abb. 28: Allgemeines Grundschema eines Teufelskreises für die Personen A und B

hang mit dem Verhalten der anderen (also Person B). Zum Beispiel: Hilflosigkeit, Ärger, sich schuldig, herabgesetzt, bewundert fühlen.

4. Das gleiche der Person B: Ihre Empfindungen und Gefühle zum Verhalten und zur Person A.

5. Zusätzliche Motoren der Person A: Alles, was die alten «Kerben», in die hinein das aktuelle Verhalten von B schlägt und aus diesem Hintergrund heraus die jetzigen Reaktionen verschärft.

«Ich machte als Kind schon immer alles, was ich wollte, hinten herum, sonst wurde ich, wenn mein Vater mich ertappte, angeschrien und verhauen» (Herr Horn, 2. Sitzung). Wenn ihn seine Frau heute mit einer Flasche Alkohol erwischt und dieses schrille «Da ist ja schon wieder eine Flasche Schnaps! Wann hast du die gekauft?» kommt, dann zuckt in ihm alles zusammen, und er möchte sich am liebsten mit samt seiner Flasche in die letzte Ecke verkriechen. «Dieses Hintenherum liegt mir

noch heute besser als das direkte Sagen der Wahrheit.» (Herr Horn, 2. Sitzung).
6. Zusatzmotoren der Person B:
«Dieses unerbittliche Nachforschen, mein Wahrheitsfanatismus, wurde mir ganz früh schon mit dem Aquariumsschlauch eingetrimmt... Ich habe nie wieder gelogen!» Das Lügen und Verheimlichen ihres Mannes sind für Frau Horn brutale «Hammerschläge»: «Da könnte ich wahrscheinlich, wenn ich einen Gummischlauch hätte, genauso darauf rumschlagen» (Frau Horn, 2. Sitzung).

Dieses einfache Grundschema kann in der Realität etwas komplexer und komplizierter ausfallen. Dann etwa, wenn mehrere Verhaltensweisen abwechselnd gezeigt werden, kann es «Nebenkreisläufe» geben. Ferner kommt es häufig vor, daß es einen äußeren Kreislauf (auf der bewußten Ebene) und einen verdeckten, inneren Kreislauf (auf der unbewußten Ebene) gibt (Schulz von Thun, 1988).

Systemisch zuhören, einordnen und nachfragen

Das von den Klienten linear präsentierte «Material» hört der Klärungshelfer schon zirkulär, das heißt immer zugleich als Reaktion und als ursächliche neue Aktion. Das betrifft einmal alle diagnostischen Urteile über die «anderen»: «Meine Frau ist so nachtragend» oder «Mein Partner ist eher ein Typ, der nicht zuviel Nähe erträgt». Innerlich fragt sich dann der Klärungshelfer sogleich:
«Wie mögen sich diese geschilderten Eigenschaften im Verhalten zeigen, worauf sind sie eine Reaktion innerhalb der Beziehungsdynamik, und welche Gefühle mögen mit diesen Verhaltensweisen verbunden sein? Vielleicht auch: In welcher Situation müßte ich selbst sein, innerlich und äußerlich, um von anderen entsprechend beschrieben zu werden?»
Solche ins Zirkuläre übersetzten Äußerungen über Taten und Eigenschaften von Personen sind natürlich noch keine Tatsachen, nicht mal Konsens; sie erlauben dem Klärungshelfer, Vermutun-

gen und Hypothesen zur Strukturierung des Geschehens aufzustellen, die er dann überprüfen kann. So vermutet er im obigen Beispiel, daß der Mann, der von seiner Frau sagt, daß sie sehr nachtragend sei, ihr zuwenig Gelegenheit zur Aussprache, Auseinandersetzung, zum Durchdiskutieren und Durchleben von gemeinsamen Schwierigkeiten bietet. Das wiederum läßt sich in eine vorsichtige Hypothese über ihren Teufelskreis umformulieren:

Sie wird durch gegenseitige Schwierigkeiten belastet und möchte sie im Gespräch mit ihm durcharbeiten und sich von ihnen erleichtern. Das will er nicht, weil es ihm entweder psychisch gegen den Strich geht, zu mühsam ist oder weil er Konflikten gegenüber sehr hilflos ist. Folglich bleibt sie damit mehr oder weniger allein, und die Anlässe werden immer kleiner, bei denen das Hinuntergeschluckte unverdaut hervorkommt. Vom Mann aus gesehen heißt es dann folgerichtig: «Sie ist nachtragend.»

Diese Hypothesen werden sofort fallengelassen, wenn sie sich als falsch erweisen.

Während der Klärungshelfer den Klienten in ihren Schilderungen über die Zustände und Empfindungen zuhört, sammelt er diese in einem internen Parallelvorgang wie Mosaiksteinchen zusammen und ordnet sie im inneren Teufelskreisschema in die entsprechenden Kreispositionen ein. So entsteht allmählich ein grobes Bild davon, «wie es so läuft in der Beziehung». Zusätzlich wird auch immer offensichtlicher, was er noch nicht weiß. Daher wartet der Klärungshelfer nicht nur, bis die Klienten von sich aus alle Informationen geliefert haben, die das Zusammenstellen eines Teufelskreises erlauben. Er fragt auch nach; zum Beispiel:

«Wenn Ihr Mann dann also spätabends noch weggehen will und Ihnen sagt, daß er noch rasch ins Geschäft muß, wie ist das denn für Sie?
  Wie empfinden Sie das?
  Wie fühlen Sie sich dann von ihm behandelt?
  Was möchten Sie ihm dann am liebsten antworten, getrauen sich aber nicht?»

Oder wenn bei einem Klienten mit reicher Innenwelt und gefühls-
betonter Sprache die Tatsachen zu kurz kommen:

«Wie kommt es denn, daß Sie sich jeweils am Freitagabend so besonders mies fühlen, obwohl Sie sich gerade auf ein freies Wochenende gefreut haben?
– Was genau tun Sie am Freitagabend?
– Wie stellen Sie sich das ideale Wochenendprogramm für Ihre Familie vor?
– Was tun Ihre Frau und Ihre Kinder gerade am Freitagabend, was
sie sonst nicht tun?»

In therapeutischen Kontexten ist die Nachfrage in Richtung auf
die individuellen Zusatzmotoren üblich: «Kennen Sie dieses Gefühl irgendwoher, zum Beispiel von früher?» Die Hypothese hinter der Frage: Die im Teufelskreis wiederkehrenden *Kerngefühle*
sind durch negative Vergangenheitserfahrungen bereits einge-
spurt, zum Beispiel aus der Kindheit mit den Eltern, Geschwi-
stern, Lehrern.

Teufelskreis zusammenfassen, aufzeichnen und bestätigen lassen

Oft verbindet der Klärungshelfer die ganze Such- und Rekon-
struktionsarbeit in diesem Stadium mit einem visuellen Medium:
Mit einem großen Blatt Papier und einem kräftigen Filzstift zeichnet er vor den Augen der anderen und mit ihrer Hilfe einen Teufelskreis auf. Das bringt viele Vorteile mit sich:
– Alle Anwesenden konzentrieren sich auf ein Thema, visuell und
im Erleben.
– Jeder kann sowohl seine eigene Position im Kreis wiedererken-
nen, mit allem, was dazugehört («Ja, so fühle ich mich, so ist es,
ja tatsächlich, so reagiere ich dann»), als auch die im Alltag be-
kämpfte Gegenpartei in gleicher Position gleichwertig, gleich
wichtig, und gleichberechtigt danebenstehend erfahren.
– Die gegenseitige Bedingtheit wird in der Kreisform offensichtlich.

– Die Schuldfrage mildert sich ab zu einem «Das ist mein Anteil und das ist dein Anteil».

Die in diesem Kapitel beschriebene Wahrnehmungskonstruktion und Diagnose des Teufelskreises der Beziehung ist vor allem eine kognitive Arbeit des Klärungshelfers. Unerläßliche Bedingung dazu ist aber, daß sich die Klienten emotional und sachlich von ihm verstanden und akzeptiert fühlen. Nur so können sie die für sie jeweils «einzig richtige und wahre» Perspektive des Problems aufgeben, noch bevor sie die neue zirkuläre Problemsicht übernehmen.

Wir haben wiederholt erlebt, wie manche Paare beim Betrachten ihres Teufelskreises zum erstenmal während der ganzen Sitzung nachdenklich die Köpfe zusammensteckten und einander anschauten: «Ja, wirklich, so machen wir das!» Die mit der kognitiven Umstrukturierung einhergehende atmosphärische Veränderung erlaubte dann einen Dialog auf neuer emotionaler Grundlage.

4. Systemische Interventionen

Wenn wir hier ein eigenes Interventionskapitel vorsehen, dann unter dem Vorbehalt, daß gerade bei der Systemklärung Diagnose und Behandlung vielfältig ineinandergreifen und sich kurzfristig gegenseitig abwechseln.

Dieser ständig fortschreitende dialektische Vorgang läßt die Trennungslinie zwischen den Kategorien Diagnose / Therapie zum Teil sogar verwischen, so daß die Diagnoseerhebung bereits ein Stück Therapie sein kann und umgekehrt bestimmte Interventionen und die Reaktionen darauf selber wieder zur diagnostischen Vertiefung beitragen.

Die Bearbeitung eines Teufelskreises durch Gespräche und Skulpturen

Wie aus den drei Sitzungen des Ehepaares Horn zu ersehen, geschieht die Erarbeitung des Teufelskreises gleichsam nebenher im Kontext des Gespräches und seiner dialogischen Klärungen. Dabei hat die *Grundsituation des nichtbewertenden Gespräches* viele heilsame Auswirkungen: Zunächst fördert sie das Verständnis für sich selber und für den anderen, indem geduldig einander zugehört und auf die vermeidbaren Störungen des Beziehungslebens ehrlich eingegangen wird. Das Herausheben der Therapiesitzung aus dem Alltag und das Reden über das gemeinsame Leben ergibt eine Atempause und ermöglicht eine Sichtveränderung für die einzelnen Beteiligten, die nun tiefere Zusammenhänge erkennen und herstellen können. Aus «sinnlosen», bösen oder negativen Taten des Partners können plötzlich im größeren Zusammenhang der Teufelskreisentstehung und des Persönlichkeitshintergrundes zumindest nachvollziehbare und verständliche Ereignisse werden. Der Gesprächsvorgang ist damit einem wachsenden Erkenntnisprozeß vergleichbar. Das zunehmende Erkennen und Verstehen eigener Positionen und der des Partners kann dabei zur schmerzlichen Erfahrung werden, müssen doch häufig alte unerfüllbare Hoffnungen und Sehnsüchte begraben und reale Wesensunterschiede des Partners endgültig akzeptiert werden.

Aber daraus entstehen auch wieder neue Kräfte. Die Energien, die früher im Ankämpfen gegen die Unterschiedlichkeit des anderen gebunden waren, stehen dann plötzlich wieder ungebunden zur Verfügung. Aufgabe des Klärungshelfers ist hier, diesen qualitativen Sprung im Gespräch zu ermöglichen, was er vor allem dadurch erreicht, daß er zur Einblicknahme in die Innenwelt des Partners (also eine Kommunikation über die *Kreise* 3 und 4 in Abbildung S. 279) ermutigt und Vorwürfe und Rechtfertigungen, die sich auf die äußeren Verhaltensweisen beziehen (auf die *Kästen* 1 und 2 im Grundschema S. 279) abstoppt.

Aus:

«Du bist immer so laut und reißt das Gespräch an dich.»
und
«Ja, weil du immer so unsachlich wirst!»

wird nun:

«Ich fühle mich so kleingemacht, wie in meiner Schulzeit!»
und
«Ich fühle mich bedroht durch all die Themen und Vorwürfe, die du aus der Vergangenheit immer wieder hervorholst!»

Mit anderen Worten: Die durch die Systemklärung aufgefundene Struktur kann nun auch wieder nach «den Regeln der Kunst», wie in den Kapiteln über Selbst- und Kommunikationsklärung dargelegt, aufgearbeitet werden. In dieser Aufarbeitung ist es unerläßlich, daß bisherige *Vermeidungsfelder* mit Hilfe des Klärungshelfers *behutsam betreten werden*. Wenn sich, wie bei dem Ehepaar Horn, herausgestellt hat, daß der Teufelskreis sich unter anderem deshalb immer weiter dreht, weil die Aufarbeitung der heiklen Punkte der Vergangenheit von beiden vermieden wird, so kann der Klärungshelfer einen schützenden Rahmen bereitstellen, um dieses Vermeidungsfeld einmal gemeinsam zu betreten. Dies ist ausführlich in der dritten Sitzung geschehen und bedarf hier keiner weiteren Erläuterung.

In therapeutischen Kontexten bietet sich zur Ergänzung und Vertiefung das *Standbild (Beziehungsskulptur)* an. Wenn der Klärungshelfer den Eindruck gewinnt, es wird zuviel geredet, hundert Neuigkeiten kommen hervor und vor lauter Bäumen verschwindet allmählich der Wald, dann kann er von dieser nonverbalen Diagnose- und Therapiemöglichkeit Gebrauch machen. Aber auch dort, wo zu wenig Worte sind, wo die Klienten Mühe haben, sich auszudrücken, weil sie betroffen und verwirrt sind oder die Verbalisierung von Gefühlsinhalten ihnen ungewohnt ist, kann so eine Skulptur den Durchbruch erbringen. «Ein Bild ist tausend Worte wert»: Es zwingt zur Reduktion auf das Wesentliche und macht gerade dadurch die Grundzüge klar.

So ist das Standbild Klärungshilfe im eigentlichen Sinn: Es ist geeignet für die Selbstklärung (derjenige, der das Standbild stellt, wird sich meistens erst im Tun über seine Gefühle klar) als auch für die Beziehungsklärung.

Dieses nicht kognitive Mittel springt allen Beteiligten «ins Auge und ins Herz». Es ermöglicht so, aus dem «immer», «typisch», «nie», «damals», «sowieso» usw. herauszugehen, um in die Bearbeitung der Grundstrukturen im Hier und Jetzt hineinzukommen. Erleben statt reden «über». Auch für den «passiv beteiligten Partner» gibt es einen positiven Effekt: Er erfährt, wie der andere ihn und die Beziehung sieht. Dieses Feedback kann er sogleich innerlich mit seinem eigenen Erleben vergleichen.

Es gibt mindestens zwei Formen von Standbildern: Das Ist-Standbild und das Wunsch- oder Ideal-Standbild. Das Ist-Standbild läßt Grundstrukturen offen zutage treten, wie sie sind, zum Beispiel Teufelskreise oder Kollusionen (s. Beispiel). Das Wunsch-Standbild enthält im Gegensatz dazu eine positive Zielvorstellung oder eine Sehnsucht.

Anleitung zum Standbild

Wenn der Klärungshelfer ein Standbild stellen lassen will, erklärt er den Klienten etwa folgendes:

«Ich möchte Ihnen etwas vorschlagen: Ein Standbild. Ich

möchte, daß wir von den Worten wegkommen zum Grundsätzlichen: Was Sie trennt, was Sie verbindet, wie Sie zueinander stehen. Manchmal ist so ein Bild tausend Worte wert. Wie geht das vor sich?

Einer von Ihnen wird jetzt gleich zuerst ‹Bildhauer› sein und die anderen sein ‹Material›. Aus ihnen kann er eine Skulptur formen. Sie sind wie Puppen. So eine Skulptur, wie sie auf den Hauptplätzen von großen Städten stehen.

Er wird sie so formen, daß einer, der im Auto daran vorbeifährt, und nur zwei Sekunden Zeit hat, sofort sieht, wie Sie zueinander stehen, wie diese Familie ‹funktioniert›. So daß er gleich weiß: ‹Aha, so läuft das in der Familie!›

Der Bildhauer kommt selber auch darin vor. Damit der Autofahrer auch wirklich sieht, was da läuft bei Ihnen, ist es gut, wenn Sie es etwas übertreiben, drastisch darstellen.

Das geht alles ohne Worte, nur mit Gesten und Mimik. Wer möchte zuerst der Künstler sein?»

Dann erklärt der Klärungshelfer speziell für den «Bildhauer» alles nochmals und unterstützt ihn bei der Darstellungsarbeit:

«Ist das so, wie Sie das sehen? Schaut er so drein und in die Richtung? Ist diese Geste richtig, entspricht sie Ihren Gefühlen? Wie muß diese Person stehen? Was ist noch im Raum? Sollte dieser Mensch auf einem Podest stehen? Brauchen Sie einen Stuhl? Schauen Sie sich das Ganze ruhig an, bitten Sie die Darsteller, in ihren Bewegungen zu erstarren, bis Sie sie gestellt haben. Wollen Sie noch etwas verändern? Wo und wie stehen Sie selber in diesem System (Paar, Familie, Gruppe)?»

Und dann bittet der Klärungshelfer alle, «einzufrieren» und eine Minute in der Position auszuhalten, um sich ihrer Gefühle in dieser Skulptur bewußt zu werden.

Anschließend befragt der Klärungshelfer jeden nach seinen Gefühlen zu sich und zu den anderen.

Nachher können auch andere ihre Skulptur aufbauen. Wenn möglich, sollte nach den oft brüskierenden und schockierenden Erkenntnissen der Ist-Skulptur noch eine Möchte-Skulptur oder ein Idealstandbild aufgestellt werden.

Ein Beispiel: Herr Claude Onasis und Frau Ida Deutsch, beide Mitte dreißig, haben seit acht Monaten eine Zweierbeziehung.

Für Herrn Onasis ist es die erste tiefe Beziehung seines Lebens. Frau Deutsch hingegen hatte sich vor kurzem von ihrem Mann getrennt. Ihre jetzige Devise lautet: «Freiheit und Leben. Keine zu enge Bindung und keine gefühlsmäßige Abhängigkeit von einem Mann.»

Sie sind auf Initiative des Mannes hier, der «mit jemandem über die Probleme sprechen möchte». Er möchte von seiner Eifersucht wegkommen, die er als krankhaft bezeichnet. Er sieht darin eine Bedrohung für die Beziehung zu seiner Freundin. Er liebt sie über alles. Frau Deutsch erzählt, daß sie eine kurze Zeit zusammengelebt hatten, während er auf Wohnungssuche war. Sie war dabei aber nicht glücklich gewesen, sondern hatte sich eingeengt gefühlt. Er mischte sich in ihre Beziehungen zu Freunden und Freundinnen ein und begann, ihr Vorschriften zu machen. Herr Onasis stimmt dem zu.

Während der Sitzung werden nicht nur die Unterschiede der Persönlichkeit und der Lebenssituation zwischen beiden immer deutlicher, sondern auch eine ungewöhnliche Heftigkeit beider, auf dem zu beharren, was sie brauchen. Bei ihm sind das: Nähe, Geborgenheit, Ausschließlichkeit, Treue, Gewißheit und Kontrolle. Bei ihr: Eine lockere Beziehung ohne Besitzansprüche oder Verpflichtungen.

Die Dringlichkeit ihrer beiden Anliegen steigert sich im Verlaufe der Sitzung zur Sturheit. Beide Parteien wollen nur verstanden werden, aber den anderen nicht begreifen. Je mehr Worte, desto mehr grenzt sich jeder ab, bis zur völligen Unvereinbarkeit.

Das wurde durch die Klärungshilfe nicht nur herausgearbeitet und sichtbar gemacht, sondern auch verhärtet. Sie waren sich vor der Sitzung ihrer sehr großen Unterschiede diffus bewußt, doch hielt sich jeder in der trügerischen Hoffnung, dies sei alles nur vorübergehend und der andere wolle doch sicher «im Grunde» das gleiche.

Der Klärungshelfer sagt, das Gespräch könne noch lange so weitergehen, ohne daß ihm etwas klarer würde. Deshalb schlägt er etwas Neues vor: Die Klienten sollten mit ihrem Standbild zeigen, wie sie die Beziehung sehen. Frau Deutsch beginnt. Herr Onasis ist Demonstrationsobjekt, das heißt also, daß er nur passiv mitmachen soll. Es wird ihm erklärt, daß es sich ja um ihr Bild

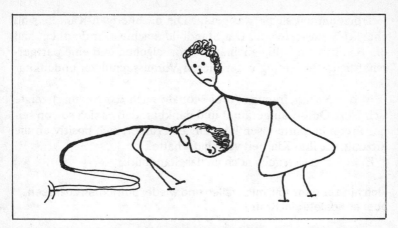

Abb. 29: Standbild der Frau Deutsch: Er läßt sich fallen, sie zerrt ihn mit Mühe hoch

handle, das heißt, daß er die Beziehung nicht gleichartig sehen und empfinden müsse.

Sie konstruiert das Standbild so, daß er sich vor ihr fallen läßt, und sie ihn mit aller Mühe und Kraft hochzieht.

Wie reagieren die Klienten darauf? Was bewirkt das Standbild? Frau Deutsch, als «Schöpferin», gelangt durch das Aufgeben ihrer immer wiederkehrenden verbalen Beteuerungen, sie wolle ihm helfen, über das Darstellen zu ihrem Ärger «daß sich jemand so schwertut». Plötzlich spürt sie, daß er ihr eine Last ist.

Herrn Onasis ist – im Gegensatz zu seiner Freundin – seine Rolle angenehm. Er fühlt sich wohl, als er in seiner kraftlosen Resignation Hilfe und Stärke «von oben» spürt. Als Zuschauer aber ist es ihm unangenehm, den Klärungshelfer in seiner eigenen Rolle zu sehen (nachdem sie getauscht haben).

Das Standbild hat in der Sitzung zur Beruhigung der vorherigen Hektik beigetragen, so daß in dieser Sitzung zum erstenmal jeder bei sich und seinen Empfindungen bleibt, statt den anderen mit Vorwürfen zu überhäufen. Die Besprechung des Standbildes findet in einem ruhigen Klima statt, doch das «alte Lied» dringt bald wieder durch: Die Klienten nutzen jede Gelegenheit, um sich gegenseitig die Schuld zuzuschieben. Sie reden aufeinander ein, wechseln die Themen und hören nicht zu.

289

Trotzdem hat sich etwas getan. Die nachherigen Kämpfe sind eher Rückzugsgefechte. Das Standbild machte sehr deutlich, daß die Bedürfnisse völlig aneinander vorbeigehen und eine partnerschaftliche Beziehung unter diesen Voraussetzungen undenkbar ist.

In der Nachbefragung (drei Monate nach der Sitzung) zeigte sich Herr Onasis aufgeräumt und dankbar, daß er sich so von seiner Freundin hatte lösen können. Er erinnert sich positiv an die Sitzung, die ihm Klarheit verschafft hatte.

Er erinnert sich auch noch an das Standbild:

«Ich fand es ganz toll, mich fallen und wieder aufrichten zu lassen... aber es kostete viel Kraft.»

Nicht selten erinnern sich Klienten noch nach längerer Zeit an ein Bild, besonders an eines, das der Partner gestellt hat. Das Standbild ist als anschauliche und vertiefende Methode auch sehr gut in den anderen Klärungsbereichen verwendbar.

Paradoxe Ansätze

Schon bei den bisher dargestellten Interventionen wurde deutlich, daß der Klärungshelfer von sich aus *keinerlei Veränderungsdruck* erzeugt. Diese Haltung kommt schon in dem Wort «Klärungshilfe» zum Ausdruck: Es geht darum zu klären, was ist, und nicht mit Engelszungen und guten Vorsätzen zu planen, was alles sein sollte.

Warum enthält sich der Klärungshelfer jeglichen Veränderungsdrucks und sabotiert zuweilen sogar die gut gemeinten Vorsätze? (s. zum Beispiel Herr Meier, S. 214 f)

In persönlichen und zwischenmenschlichen Belangen können Veränderungen nur von demjenigen durchgeführt werden, den sie betreffen, und sie müssen von ihm selber initiiert werden, wenn sie dauerhaft sein sollen. Urheberschaft und Freiwilligkeit müssen beim Betroffenen sein und bleiben. Nun begeben sich aber Hilfesuchende in der Beratungs- und Therapiesituation in eine paradoxe Lage. Weil sie die Veränderungen an einen Fachmann delegieren wollen, kann sich eine Änderung nicht mehr einstellen. Dies kann nämlich nur wirkungsvoll von ihnen selbst angeregt und durchgeführt werden, was sie aber offensichtlich nicht konnten und daher zur Klärungshilfe gekommen sind. Das ist zugleich auch die paradoxe Situation des Klärungshelfers, der ja durch seine Berufstätigkeit Veränderung verspricht und daher paradoxerweise Veränderungsverbot bieten muß, um Veränderung zu ermöglichen.

Wie sieht das nun konkret aus, diese Reaktivierung der Selbstheilungskräfte durch Veränderungsverweigerung?

In der Regel reagieren Klienten auf die Präsentation eines Teufelskreises, in den sie verwickelt sind oder unter dem sie leiden, etwa folgendermaßen:

«Gut, daß wir das jetzt wissen. Damit hören wir natürlich sofort auf!»

Diese Tendenz wird vom Klärungshelfer nicht unterstützt, z. T. sogar bekämpft:

«Das wäre sehr gefährlich, ich kann Ihnen dazu im Augenblick nicht raten. Ihr Teufelskreis ist nämlich nicht nur Ihr *Teufel,* unter dem Sie leiden, sondern auch ihr *Kreis,* der Sie beide verbindet. So bedauerlich es ist, dieser Teufelskreis ist im Moment Ihre stabilste Beziehungsgrundlage. Brechen Sie ihn, kann Ihre Beziehung gefährdet sein, und alles geht drunter und drüber.

Stellen Sie sich einmal folgendes vor: Ihr Teufelskreis ist wie ein Riesenrad, das sich so rasch dreht, daß die Gondeln – der riesigen Geschwindigkeit wegen – oben nicht mehr hängen, sondern nach außen geschleudert werden.

Warum muß das Rad weiterdrehen? Natürlich, damit die Insassen nicht hinausfliegen. Würde man in diesem Moment das Rad abrupt stoppen, dann würden die Insassen aus den Gondeln herausgeschleudert und eine Bruchlandung erleiden.

Genauso könnte es Ihnen beiden ergehen. Darum empfehle ich Ihnen, lassen Sie ihn zunächst weiterdrehen, die ersten paar Runden mit unverminderter Geschwindigkeit, aber – und das ist jetzt die entscheidende Änderung – machen Sie es aktiv und *bewußt.* Erst wenn Sie in jedem Moment im Alltag wissen, wo Sie sich gerade im Teufelskreis befinden, und was Sie selber dazu tun, ihn aufrechtzuerhalten, erst dann dürfen Sie überhaupt ans Bremsen denken.

Soll es keine Unfälle geben, muß auch das Riesenrad behutsam abgebremst werden, und es darf erst allmählich zum Stillstand kommen.

Daher gebe ich Ihnen die Aufgabe für das nächste Mal, Ihren Teufelskreis bewußt weiterzudrehen: Daß Sie also…»

Und dann trägt der Klärungshelfer beiden Klienten auf, genau das zu tun, was sie sowieso schon immer getan haben. Mit dieser Anti-Veränderungsstrategie, wie sie von Watzlawick als «Lösung zweiter Ordnung» beschrieben worden ist (Watzlawick, 1973), macht sich der Klärungshelfer zum Anwalt des Bestehenden. – Einmal, da diese bestehende Interaktion zwar leidvoll ist, aber im Gleichgewichtssystem der Beziehung vermutlich eine sinnvolle Funktion erfüllt, man sie also nicht «ersatzlos streichen» kann; zum anderen, wie gesagt, um gerade dadurch paradoxerweise eine spontane Wandlung zu ermöglichen.

Letztlich ist es die *Bewußtheit* der am Teufelskreis Beteiligten, die den Teufelskreis unterbricht. Was den Teufelskreis sonst so unheimlich beschleunigt und ihn bremsresistent macht, ist die *Automatik* des Ablaufs sowohl zwischen den Beteiligten als auch in der Gefühlsreaktion «innerhalb» jedes Beteiligten.

Das vom Klärungshelfer benutzte Bild des Riesenrades, in dessen Gondeln die an einem Teufelskreis Beteiligten kreisen, enthält noch folgende Überlegungen: Die Klienten in den Gondeln haben das Gefühl, daß sie ohnmächtig abhängig von einem zentralen Steuervorgang seien, den sie nicht beeinflussen können. In Wirklichkeit aber ist in jeder Gondel ein Schaltknüppel, der die Geschwindigkeit bestimmen kann. Die Aufgabe des Klärungshelfers ist es nun, von außen mit den Leuten in den Gondeln Kontakt aufzunehmen und sie auf diesen Hebel in der eigenen Gondel aufmerksam zu machen. Die paradoxe Intervention ist nur eine markante Spitze eines Berges von Interventionen, die alle in die Richtung gehen, einen Kontakt und eine Beziehung herzustellen mit dem Klienten und ihn in einer Gondel zu erreichen.

Wenn die Klienten weiterhin dasselbe tun, aber nun bewußt und sogar noch «im Auftrag des Therapeuten», dann ist es nicht mehr dasselbe! Dann hat sich schon etwas verändert, und vielleicht wird es «auf Befehl» vollends *un*möglich! In der Literatur (Selvini u. a.,

1977; Watzlawick, 1977) wird dieses Vorgehen auch «Symptomverschreibung» genannt.

In der Tradition der reinen systemorientierten Therapie wird oft mit diesen Symptomverschreibungen und paradoxen Interventionen gearbeitet. Paul Watzlawick, als prominenter Vertreter dieser Richtung, begründet dabei aber dem Klienten gegenüber sein Vorgehen nicht, sondern verabschiedet sich charmant von den verdutzten Klienten oder wiederholt allenfalls vor seinem Weggehen noch einmal die Verschreibung. Wir hingegen ziehen es vor, solche Anweisungen, wie im Gespräch oben, ausführlich zu begründen. Der Sinn der Empfehlung soll für die Klienten nachvollziehbar werden, sonst haben sie das Gefühl, einem Zauberer ausgeliefert zu sein.

Hausaufgaben

Empfehlungen und Anweisungen für die Zeit nach der Sitzung können auch sehr konkret gegeben werden und dann den Charakter von Hausaufgaben annehmen. Solche Hausaufgaben können den direkten Ansatz (Lösungen erster Ordnung) oder den zuletzt besprochenen paradoxen Ansatz (Lösungen zweiter Ordnung) verfolgen.

Lösungen erster Ordnung entsprechen dem normalen Alltagsverstand und beruhen auf einer Kraft, die gegen eine Schwierigkeit gerichtet wird und sie zum Verschwinden bringen soll. Zum Beispiel: Ein Ehepaar streitet sich oft, wenn der Mann zu spät zur Verabredung kommt. Da wäre eine Hausaufgabe erster Ordnung, daß er etwas unternimmt, damit er zur rechten Zeit kommt. Das kann sein: eine Armbanduhr anschaffen, Wegzeiten realistischer einschätzen usw. Oder ein anderes Beispiel: Eine Frau beklagt sich, daß ihr Mann immer nur an ihr rumnörgelt. Der Mann räumt das ein. Hausaufgabe erster Ordnung: Der Mann soll zweimal am Abend mindestens zwei Dinge ansprechen, die er an seiner Frau gut findet, worüber er sich gefreut hat oder die ihn zufriedengestellt haben. Die Frau soll in der nächsten Sitzung Bericht erstatten, welche positiven Rückmeldungen sie in der vergangenen Zeit gesammelt hat. Solche Hausaufgaben werden nur dann wirksam sein, wenn das die Schwierigkeit erzeugende Verhalten im bewußten

Bereich des Willens oder der Organisation liegt. Nicht hingegen, wenn es sich um ein Spontanphänomen handelt, das heißt, wenn sein Auftreten nicht willentlich beeinflußbar und plötzlich ist, wie «sich freuen», «Lust erleben», «sich verlieben», «glücklich sein» usw.

Da sich Teufelskreise aber aus lauter unbeeinflußbaren Spontanreaktionen auf das Verhalten des anderen zusammensetzen, müssen hier meist Hausaufgaben zweiter Ordnung eingesetzt werden. Also nicht solche, die das Problem bekämpfen, sondern es zur nicht-hinterfragten Grundlage haben; solche, die nicht die Symptome wegboxen wollen, sondern sie willkommen heißen; und solche, die nicht dem moralischen Menschenverstand unterworfen sind, sondern nach den paradoxen Regeln der Beziehungseskalation funktionieren. Es sind zwei Intensitätsstufen zu unterscheiden:

Stufe 1: Selbstbeobachtungsaufgaben. Zuerst gilt es, die Klienten sich bewußt werden zu lassen, was sie tun und welche Konsequenzen es haben wird; nicht nur generell und im Rückblick (wie in der Therapiesitzung), sondern besonders im Alltag und genau im Moment, wenn sie etwas empfinden oder tun. Um das zu erreichen, wäre zum Beispiel eine mögliche Aufgabe, daß der Klient dem Klärungshelfer Briefe schreiben soll, wenn er sich an einer bestimmten Stelle im Teufelskreis befindet, oder daß er Eintragungen in ein Tagebuch macht. Kurz irgend etwas, das erreicht, daß er im entscheidenden Moment – wenn er gerade ein Teufelskreis-anheizendes Verhalten an den Tag legt – sich dessen bewußt wird. Die These ist, daß der Teufelskreis in wirklich vollem Bewußtsein nicht endlos weitergedreht werden kann.

Bei dieser Art von Hausaufgaben geht es darum, daß der einzelne sich besser parallel von innen *und* außen sehen und kennenlernen kann. Daß er also:
– sowohl merkt, wie er sich beleidigt fühlt,
– als auch im gleichen Moment erkennen kann, wie er «von Haus aus» darauf reagiert,
– als auch deutlich erkennt, wie sich diese seine spontane Reaktion auf die anderen auswirkt.

Erst wenn er diesem spontanen Mechanismus nicht mehr unterliegt, kann er sein Verhalten auswählen, der Situation anpassen und seinen eigenen Zielen entsprechend steuern. Das ist eine Grundfähigkeit, um aus einem Teufelskreis einen Engelskreis zu machen: den Teufelskreis zu bremsen oder sogar umzupolen. Ein solcher Mensch ist keine Situationsmarionette und kein Gefühlsvulkan. Auch können andere nicht mehr mit ihm machen, was sie wollen, weil er nicht mehr automatisch und vorhersagbar reagiert. Er kann sich wehren, er kann aber auch einstecken.

Stufe 2: Selbstbeeinflussungs-Aufgaben. Wo Bewußtsein allein nicht hilft, versucht der Klärungshelfer das Problem, die Schwierigkeit oder das Symptom aktiv in den Griff zu bekommen. Und zwar durch «Drehen in die falsche Richtung»:

Er fordert dann zu heftigen Wutausbrüchen, destruktiven Auseinandersetzungen, größeren Alkoholmengen, «dickeren Lügen» auf. Damit gewinnt solches in der Tat problematische Verhalten Spielcharakter, und Spiele haben Regeln, die veränderbar sind. Kann Verhalten aber in *einer* Richtung, und zwar der unerwünschten, beeinflußt werden, so liegt es auf der Hand, daß es sich auch in eine andere, erwünschte Richtung verändern läßt.

Das Umklappen in einen Engelskreis

Das Ziel in der Veränderung eines Teufelskreises ist nicht nur das Verhindern einer Eskalation zum Negativen, sondern möglichst sein Umklappen in eine positive Eskalation: in einen Engelskreis.

Ebenso wie es die automatische Selbstverstärkung (Eigendynamik) im Teufelskreis gibt, können sich auch erste unerwartete, positive Aspekte selber bis zu einem Engelskreis potenzieren. Gilt für den Teufelskreis das Gesetz: «Je schlechter es uns geht, desto weniger nützt etwas dagegen», so verstärkt sich im Engelskreis das «Es geht uns besser» zu einem «Je besser es geht, desto leichter stellen sich weitere positive Veränderungen ein». Natürlich kann auch das nicht unendlich in den Himmel wachsen. Der Klärungshelfer ist daher tunlichst bemüht, schon bald mögliche Rückschläge zu prophezeien, um nicht neue oder alte Illusionen zu nähren und wieder ins Kraut schießen zu lassen.

Ein stabiler Engelskreis ist nur auf der Grundlage des Akzeptierens sowohl der eigenen Grenzen und Möglichkeiten als auch derjenigen des Partners möglich. Das fängt paradoxerweise mit dem Wahrnehmen und Akzeptieren eines bestehenden Teufelskreises an.

Welche Hinweise deuten nun auf die Verwandlung in einen Engelskreis hin? Hier einige Hinweisschilder:

1. Aus heiterem Himmel

Wenn sich in einer Teufelskreisbeziehung spontan eine Veränderung zum Positiven ergeben hat, ist das ein erster Hinweis auf ein mögliches Umklappen zu einem Engelskreis. Im Beispiel von Herrn und Frau Horn war ihr Weinen «aus heiterem Himmel» ein Teufelskreisanzeichen. In der dritten Sitzung erzählte sie dann ohne sichtlichen Zusammenhang zum momentanen Geschehen, daß es eigenartigerweise seit der ersten Sitzung zwischen ihr und ihrem Mann erheblich besser gehe: «Er trinkt nicht mehr so viel, er verheimlicht weniger, ich habe keine Brustschmerzen mehr, ich mache ihm keine Vorhaltungen mehr über sein Trinken», und sie hätte nicht ein einziges Mal mehr geweint. Interessanterweise fügte sie noch hinzu: «Das ist mir unerklärlich. Ich weiß gar nicht, wie das gekommen ist.» Sie habe sich nicht mal Mühe geben müssen. Zum Beispiel könne sie jetzt über den starken Rauchergeruch ihres Mannes «hinwegriechen».

Das sind typische Anzeichen einer Spontanveränderung, eines unwillkürlichen Umklappens von einem Teufelskreis-Geschehen in einen Engelskreis.

Wenn sich beklagenswerte Beziehungsphänomene spontan und progressiv zum Besseren wenden, ist dies ein erstes Anzeichen eines Engelskreises.

2. Gemeinsame Veränderungen

Wenn sich zerstrittene und verfeindete Partner auf eine gemeinsame Theorie ihrer Schwierigkeiten und deren Veränderung einigen können, dann ist ein erster wesentlicher Schritt getan. Das braucht nicht die Teufelskreistheorie zu sein. Es könnte beispielsweise auch eine astrologisch, religiös oder anderweitig fundierte Theorie sein. Sie darf nur nicht im Widerspruch stehen zum Erleben jedes einzelnen und soll nicht auf Veränderung ausgerichtet sein, sondern auf das Akzeptieren des Bestehenden.

Beim Freundespaar Bluming-Jäckel, die in einem Teufelskreis von Trinken/Spielen und Selbstdisziplin verstrickt gewesen waren, wurde eine erste tatsächliche Veränderung wieder zunichte gemacht: Nach der ersten Sitzung kündigte die Frau ihren Glauben an die Teufelskreistheorie, indem sie – ohne Wissen des Mannes – sich und ihn zur zweiten Sitzung abmeldete. Sie schrieb die Veränderung zum Positiven (der Mann trank und spielte nicht mehr) nicht der ersten Sitzung und der Teufelskreiszuschreibung zu, sondern irgendeinem magischen Zufall.

Prompt «verrutschte» der Mann noch am gleichen Abend, nachdem er davon erfahren hatte. Darauf meldeten sie sich beide wieder an. In der darauffolgenden zweiten Sitzung war das Hauptziel, sich auf die Teufelskreistheorie zu einigen. Erst auf dieser Grundlage konnte ihr Teufelskreis sich aufzulösen beginnen.

Die Einigung auf *eine* gemeinsame geeignete Theorie über Herkunft und Veränderung *gemeinsamer* Schwierigkeiten macht ein Umklappen möglich.

3. Symptome, Reaktionen und Bagatellen

Die offensichtlichen Hinweise auf die Veränderung eines Teufelskreises in einen Engelskreis sind die tatsächlichen sichtbaren Veränderungen:

– Symptome treten seltener und schwächer auf.
– Reaktionen werden situationsgerechter und heizen nicht, wie früher, den Teufelskreis noch mehr an.
– Eine Enttäuschung ist keine Katastrophe mehr; ein Mißerfolg führt nicht mehr zum großen Elend.
– Bagatellen sind nicht mehr Anlaß zur großen Auseinandersetzung, sondern bleiben, was sie sind: Kleinigkeiten, über die man großzügig hinwegsehen kann.

Statt dessen finden die Kämpfe und Auseinandersetzungen zu den wichtigen, gemeinsamen Themen statt.

4. Weniger Illusionen – mehr Sinn

Wenn die Teufelskreis-«Besessenen» anfangen, ihre überhöhten Ansprüche als Illusionen zu erkennen, und darauf nicht mit Resignation reagieren, werden sie fähig, den Sinn ihres Teufelskreises für ihre Beziehung zu erkennen. Die unerreichbaren Ideale werden als Täuschung entlarvt, und der Blickwinkel verlagert sich auf das Erleben der gemeinsamen Situation. Dazu gehört auch das Wissen, daß Perfektion in zwischenmenschlichen Belangen antiproduktiv ist und daß gute Beziehungen Schwankungen haben – wie alles, was lebt.

5. Neue Möglichkeiten

Ein weiteres Kennzeichen einer beginnenden Veränderung ist das Verlassen von alten Pfaden. Ehemals Gefangene der Reiz-Reaktions-Automatik des Teufelskreises beginnen, sich ihrer Wahlfreiheit bewußt zu werden und sie zu nutzen: Sie können wieder spontan, überraschend und für den Partner neu handeln. Sie springen aus eingefahrenen Geleisen heraus.

Wenn im Teufelskreis Verstrickte aus der Reiz-Reaktions-Automatik aussteigen und beginnen, sich neu zu verhalten, zeigt dies eine Veränderung an.

Es gilt bei alledem: Engelskreise sind nicht zu verwechseln mit einem Leben im «Siebten Himmel». Die Beteiligten sind nicht gefeit vor negativen Gefühlen und schon gar nicht vor belastenden Außen-Einflüssen. Diese sind jedoch nur noch so schlimm, als sie real sind, und führen nicht mehr zu einer zwischenmenschlichen Katastrophe.

Eine gute Beziehung zwischen Menschen ist kaum als dauernder Engelskreis denkbar, sondern besteht realistischerweise im Verlieren, Suchen, Wiederfinden und Wiederverlieren des Gleichgewichts.

VIII Aufklärung
und Wertevermittlung

1. Einleitung

Im konkreten Vollzug einer Sitzung sind Moderieren, Klären und Belehren zu einer untrennbaren Einheit verwoben, und es wird schwierig sein, die Wirkungsweise dieser Aspekte zu isolieren und zu analysieren. Versuchen wir aber, in diesem abschließenden Kapitel diesen Aspekt gesondert unter die Lupe zu nehmen.

Während des Forschungsprojektes haben wir gern von «humanistisch-systematischer Re-Indoktrination» gesprochen. Damit sollte einmal zum Ausdruck kommen, daß das Lehrgebäude und die Wertewelt unseres Klärungshelfers wesentlich von der Humanistischen Psychologie (vgl. Farau/Cohn, 1984) und von der systemischen Psychologie (vgl. Watzlawick, 1969) bestimmt war. Und mit dem Wort «Re-Indoktrination» wollten wir ausdrücken, daß durch die Klärungshilfe alte Indoktrinationen darüber, was anständig, beziehungsfördernd und heilsam sei, häufig drastisch zu korrigieren sind. Wenn zum Beispiel Herr Horn (s. Kapitel VII, S. 262 f) der Auffassung ist, man solle über die alten, belastenden Dinge nicht sprechen – denn man könne sie ja nicht mehr ändern, und es gebe nur Streit und böses Blut, dann wird er durch den Klärungshelfer mit einer völlig neuen Auffassung konfrontiert: «Diese unerledigten Dinge schreien nach Bearbeitung und Verarbeitung, andernfalls formieren sie sich zu einer Untergrundbewegung und belasten die Beziehung aus dem Verborgenen.»

Allein in dem Angebot der Klärungshilfe steckt ja schon ein Credo: «Es lohnt sich, miteinander auch und gerade über solche Aspekte der gemeinsamen Beziehung zu reden und zu ringen, die unerfreulich, peinlich, belastend und störend scheinen und die man – um des lieben Friedens willen und um die Beziehung nicht zu gefährden – so gern unter den Teppich kehrt und manchmal auch vor sich selbst nicht gern wahrhaben will.»

Wir möchten hier nicht noch einmal unsere ganze Wertewelt und das ganze Lehrgebäude der Psychologie zwischenmenschlicher Beziehungen ausbuchstabieren – in den bisherigen Kapiteln ist vieles davon auf und zwischen den Zeilen wahrscheinlich deutlich geworden. Einige Beispiele mögen reichen, um die «missionarischen Inhalte» des Klärungshelfers in Erinnerung zu rufen:

– Jeder Mensch ist nicht nur Opfer des Geschehens, sondern – teilweise unbewußter – Urheber. Es lohnt sich, diesen Urheberschaftsanteil näher zu erkunden und sich bewußt zu machen. Dadurch erhöht sich die Wahlfreiheit und Autonomie des Individuums.

– Statt daß du dir Mühe gibst, ein anderer und besserer Mensch zu werden, versuche, dich einmal ganz zu akzeptieren und zu ergründen, wie du jetzt bist! Versuche, die Spaltung zwischen den guten, akzeptablen und den schlechten, verwerflichen Anteilen deiner Person zu überwinden.

– Im Gegensatz zu Handlungen, die einer ethischen Beurteilung unterliegen, gibt es keine «guten» und «schlechten» Gefühle! Gefühle *sind* und verlangen danach, leben zu dürfen.

– Man kann den anderen nicht ändern, nur sich selber. Der andere ist anders und wird es immer bleiben. Annäherung ergibt sich aus dem Akzeptieren dieser Grundlage.

– Sag klar, was du möchtest. Dein Wunsch sei dem anderen Information, nicht Befehl.

– Es reicht nicht, wenn man den anderen versteht («Ich verstehe dich schon, aber...»); man muß ihm auch zeigen, *was* genau man verstanden hat.

– Du kannst nur jemanden erreichen – und etwas bei ihm erreichen –, wenn er dir von innen her zuhört. Von innen zuhören kann er aber erst, wenn er sich von dir verstanden fühlt.

– Streit, Konflikte und Aggressionen müssen der Beziehung nicht abträglich sein. Im Gegenteil, sie bilden die nötige Ergänzung zur Harmonie, die ohne das verbindende Streiten zur «Friedhöflichkeit» verkommt.

– Es ist völlig in Ordnung, Schwächen zu haben, sie zu zeigen und dafür Hilfe zu benötigen.

– Jeder Beteiligte ist nicht nur Opfer, sondern auch Täter in einem ständigen Wechselwirkungsgeschehen. Wenn dir jemand etwas Böses antut, erkunde auch einmal, was du dazu tust, daß dir solches passiert! Diese Suche nach dem eigenen Anteil heißt

nicht, daß du nicht wütend, empört, verletzt, enttäuscht über den anderen sein darfst.
- Harmonie, Treue, Vertrauen, lebendiges Miteinandersein – das fällt einem nicht in den Schoß (es sei denn in der ersten Phase der Verliebtheit). Nimm die *Beziehungsarbeit* mindestens so ernst wie deine berufliche Arbeit!

2. Methoden der Aufklärung und Wertevermittlung

Wie vollzieht sich nun die Aufklärung und Wertevermittlung im Rahmen der Gesprächshilfe?

Eigentlich ist es ein wenig mißverständlich, hier von speziellen «Methoden» zu sprechen, denn in allem, was der Klärungshelfer sagt und tut, steckt auch implizit dieser belehrende Aspekt. In der Art und Weise, wie er an die Dinge herangeht, mit jener Mischung aus Einfühlsamkeit und Unerschrockenheit, Ernst und Humor, Neugierde und Takt, Beschützung und Herausforderung – wirkt er ja ständig, ob er will oder nicht, als Verhaltensmodell. Dies natürlich besonders deutlich in Situationen, die eigens zum «Vormachen» arrangiert sind – wenn etwa der Klärungshelfer den Dialog so vormacht, wie er ihn sich vorstellt. Aber da gibt es auch die unvorhergesehenen Momente der Sitzung, in denen der Klärungshelfer selber betroffen ist, sei es, daß er angegriffen oder angezweifelt wird, oder daß er am Rande der Sitzung als Mensch und nicht als Rollenträger in ein spontanes Ereignis selbst involviert wird. In unseren Nachbefragungen zeigte es sich, daß unsere Klienten «mit besonders scharfem Auge» auf solche Momente geachtet haben, in denen ihnen der Klärungshelfer in seinen nicht-professionellen menschlichen Reaktionsweisen transparent wurde.

Mag es also keine speziellen Methoden geben, durch welche sich konkret die Wertevermittlung in der Klärungshilfe vollzieht, so gibt es doch markante Momente, in denen dieser Aspekt besonders deutlich zutage tritt, und die sich deshalb gut zur Demonstration eignen. Davon soll nun die Rede sein.

«Angereichertes Doppeln»

Eines jener Momente, in denen Aufklärung und Wertevermittlung mit hineinspielt, betrifft das Doppeln des Klärungshelfers (vgl. S. 108 ff). Dabei wird er zwar einerseits möglichst «nah am Ball» bleiben, das heißt die Erlebniswelt der Klienten möglichst genau in Worte zu fassen versuchen, andererseits nutzt er hier auch die Gelegenheit, das Doppeln *mit eigenen Einsichten anzureichern.*

Beispiel:

Frau Meier ist es unbegreiflich, daß ihr Mann oft betonen kann, er liebe sie, zugleich aber ihre kleinen Bitten, ihr etwas im Haus zu flicken, ignoriert. In der Selbstklärung zeigt sich, daß er seiner Frau nicht «Nein» sagen kann, ja selbst nicht einmal spürt, daß er «Nein» sagen möchte. So reagiert er nonverbal, und die Sachen bleiben unerledigt liegen.

Eine tiefere Selbstklärung ergibt, daß es ihm in der Kindheit ausgetrieben worden war, keine Lust zu haben und «Nein» zu sagen. Er war ein braver Junge gewesen und hatte seiner Mutter blind gehorchen müssen.

Mann: «‹Du hast zu funktionieren, mein Junge.› Das wurde einem eingebleut mit Worten, wurde einem beigebracht.»

KHelfer (doppelt): «Also, Anja, du mußt wissen, wenn du mich um etwas bittest, dann kommt auch irgendwann meine Mutter durch, die sagt: ‹So, dalli, und jetzt sofort, das wird jetzt gemacht.› Ich konnte mich damals nicht wehren als Kind, das ging nicht. Ich konnte nicht sagen ‹Nein, dazu habe ich keine Lust›. Direkt kann ich das ja heute noch nicht. Aber so mit ein bißchen ‹sein lassen› geht es. Das gilt nicht nur dir. Es trifft dich zwar ganz, es ist aber auch eine späte Antwort an meine Mutter. Da es diesen Satz ‹Dazu habe ich keine Lust!› in meinem Leben nicht gibt, bleibt es unerledigt. Du weißt jetzt, was es heißt. Nicht ‹Ich hab dich nicht gern›, sondern ‹Dazu habe ich keine Lust› oder ‹Ich sehe es nicht ein›.»

Dieses Doppeln enthält eine kleine Aufklärung am Rande darüber, wie aktuelle Verhaltensweisen ihren biographischen Hintergrund haben können. Für die Frau gleichzeitig auch den Hinweis, daß nicht alle Reaktionen ihres Mannes ihr wirklich «zugedacht» sind, sondern daß da noch die alten Bezugspersonen mit «hineinfunken».

Aktives Zuhören und Zusammenfassen mit verändertem Bezugsrahmen

Zuweilen «schmuggelt» der Klärungshelfer nur ein einziges Wort ein, und doch verändert sich damit der gesamte Bezugsrahmen:

Beispiel:
Mann: «Mit diesem Typ macht sie mich eifersüchtig!»
KHelfer: «Aha, Sie machen sich eifersüchtig, wenn Sie an diesen Typ denken.»

In der Formulierung des Mannes erscheint er selbst als «kausales» Opfer der Handlungen seiner Partnerin. Die kleine Umformulierung des Klärungshelfers enthält eine große Veränderung in der Sichtweise: «Du bist nicht nur Opfer, sondern auch Täter deiner Eifersucht – und es lohnt sich für dich, herauszufinden und dir bewußt zu werden, wie du es anstellst, dich selbst eifersüchtig zu machen.»

Beispiel:
Frau: «Jeder Mensch hat seine Interessen; man kann sich nicht nur auf eine Sache im Leben voll und ganz konzentrieren und schon gar nicht nur auf einen Menschen. Das geht doch nicht.»
KHelfer: «Also, Sie können das nicht und wollen das nicht.»
Frau: «Ich kann das nicht. Nein, das will ich nicht.»

Auf der Ebene der Selbstklärung bestätigt der Klärungshelfer die Frau und macht ihr Anliegen prägnant, gleichzeitig widerspricht er ihr aber auch, wenn auch nur ganz «en passant». Zwischen den Zeilen ist die Belehrung zu vernehmen: «Für Sie gilt das so, und das ist in Ordnung. Das heißt aber nicht, daß das für alle Menschen gilt oder gelten sollte!»

Beispiel:
Mann: «Ich habe ihr abends versucht zu erklären, daß sie nicht dahin soll, daß sie besser mit ihr keinen Kontakt mehr haben sollte.»
KHelfer: «Daß Sie das nicht ertragen, wenn sie dahin geht. Dazu können Sie aber nicht stehen, daher sagen Sie: ‹Es tut dir nicht gut!›?»

Hier eine etwas direktere Belehrung und Korrektur:

«Wenn dir etwas gegen den Strich geht, dann steh zu deinen Wünschen und Grenzen und versuche nicht, sie als ‹Fürsorgemaßnahme› für den anderen auszugeben!»

Umdeutungen

Häufig sieht der Klärungshelfer in dem, was die Klienten nur beklagen und manchmal «ausmerzen» wollen, auch einen positiven Sinn: Solche «positiven Umdeutungen» sind auch hervorragende Hilfsmittel für die beschriebene Anti-Veränderungshaltung (s. Kapitel VII, S. 290). Durch solche positiven Umdeutungen erreicht der Klärungshelfer zweierlei:
1. daß die Klienten erkennen, daß das beklagte Symptom auch eine wichtige Funktion in ihrem Leben übernommen hat und nicht einfach ersatzlos gestrichen werden kann;
2. daß es den Klienten nun obliegt, nachdem der Klärungshelfer sich zum Anwalt der Stabilität gemacht hat, stärker und deutlicher zum Anwalt der Veränderung zu werden. Macht sich nämlich umgekehrt der Klärungshelfer zum Anwalt der Veränderung und schlägt zum Beispiel bestimmte Maßnahmen vor («Vielleicht könnten Sie ja einmal versuchen, ...»), dann ist die Gefahr groß, daß der Klient sich mit seinen Einwänden («Ja, aber...») auf der Seite der Stabilität polarisiert.

Beispiel:
KHelfer zum Mann: «Das Bier ist im Moment Ihr bester Therapeut! Sie sorgen unbewußt gut für sich, wenn Sie Bier trinken, statt Auseinandersetzungen einzugehen.» (Vgl. S. 212ff)

Beispiel:
«Zum Glück haben Sie die Schmerzen!» sagt der Klärungshelfer zu der Frau, die stechende Brustschmerzen in den Momenten bekommt, wenn sie sich in ihre Depression zurückzuziehen beginnt – anstatt sich für ihre Bedürfnisse einzusetzen. (Vgl. S. 251 f)

Beispiel:

Klärungshelfer zu einem Paar, deren Ehekrise nach der ersten Sitzung voll ausgebrochen war:

«Wenn es Ihnen nun schlechter geht, dann kann das heißen, daß Sie innerlich bereit sind, durch die Krise hindurchzugehen.» (Zeichnet folgende Skizze auf ein Blatt Papier)

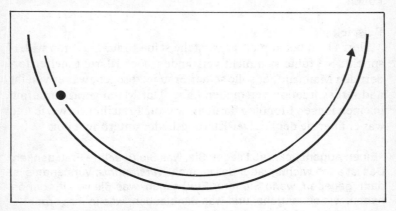

Abb. 30: «Tiefer hinein, um wieder nach oben zu kommen.»

KHelfer: «Sie haben nun zwei Möglichkeiten: Die rasche Besserung oder die ‹Roßkur›. Nach unserer Erfahrung müssen Paare erst ganz tief hinein in die Krise, bevor es wieder aufwärts gehen kann. Das heißt: Es kommt erst einmal ‹ganz dick›. Und wie Sie es darstellen, zeichnet sich das bei Ihnen ab. Wir sagen: ‹Man muß hindurchgehen, um herauszukommen!› Wer sich für diesen Prozeß zu wenig stark fühlt, zieht sich rückwärts aus dem Problem heraus, spürt dann zwar kurzfristig eine Besserung, hat aber das ‹ganz dicke Ende› doch noch vor sich.»

An diesem Beispiel kommt eine Auffassung zum Tragen, nach der Leiden, Krisen und Schmerzen nicht nur lästige Symptome sind, sondern auch Anzeichen eines Entwicklungsprozesses und einer Reifungschance (vgl. Beck, 1981; Dethlefsen, 1980).

Der Mensch verwirklicht sich nicht nur durch ständig wachsende Freiheiten und Möglichkeiten, sondern gerade auch in der Annahme seiner Begrenztheit und Unvollkommenheit (s. Frankl, 1972; Guggenbühl-Craig, 1980).

Kleine Lektionen am Rande des Gespräches

Der Klärungshelfer ist Fachmann für zwischenmenschliche Vorgänge. Dies kann und soll er nicht verhehlen, im Gegenteil. Oft sind die Klienten dankbar für kurze Erklärungen, Ratschläge und Kommentare. Einige Beispiele aus unseren Sitzungsprotokollen:

Beispiel:
    Herr Horn behauptet, er verstehe seine Frau. Die Frau widerspricht: Sie fühle sich nicht verstanden. Der Klärungshelfer fordert den Mann auf, er solle seiner Frau jetzt sagen, was er von ihr und ihrer Situation verstanden habe. Der Mann gerät daraufhin in einen langen Monolog darüber, was die Frau ihm vorwerfe und was er über sie denke. Der Klärungshelfer unterbricht ihn:

«Einen Augenblick. Jetzt sagen Sie, was Sie *über* Ihre Frau denken. Das ist auch wichtig, aber das ist nicht *Verständnis*. Verständnis ist dann gegeben, wenn Sie Ihrer Frau sagen, was Sie von ihr gehört haben, wie es *ihr* gehe, und was Sie glauben, was in ihr vorgeht. – Also etwa in der Art: ‹Was dir offenbar am meisten zu schaffen macht, ist, wenn ich die Flaschen verstecke und alles ableugne, weil das ist für dich ein Vertrauensbruch…›»

Beispiel:
    Kommentar des Klärungshelfers gegenüber Ehepaar Horn zu ihrem Teufelskreis:

«Immer, wenn sich ein Ehepaar unterhält und dabei von einem Thema zum nächsten jagt, und das Gespräch immer schärfer wird, bis schließlich beide mit der Nase flach auf dem Boden liegen, dann ist ein Teufelskreis im Gange. Jeder ist dort, wo er eigentlich hinwollte, bei den schlechten Gefühlen, die er aus seiner Kindheit kennt. Danach ist er süchtig. Nicht, weil er das besonders schön findet, im Gegenteil. Er ist eher wie ein Täter, der immer wieder an seinen Tatort zurück muß.»

Beispiel:

Frau Horn pflegt ihrem Mann die Vergangenheit immer wieder «aufs Brot zu streichen». Ihm ist das unerklärlich, auch dann noch, als für mehrere Anlässe die Wurzeln ihres Ärgers, der auch ihn treffen kann, in ihrer Kindheit erkannt werden.

Mann: «Ja, aber das muß doch mal aus ihr raus. Meine Frau ist doch keine 18 mehr. Verblaßt denn das nicht? Oder verschwindet das denn nicht mal in den Untergrund, und da bleibt es? Ich will von Ihnen eine Erklärung haben!»

KHelfer: «Gut, eine Erklärung: Nein, es verblaßt leider nicht, sondern es wird überlagert mit noch und noch neuen, dazu passenden Erfahrungen.»

Mann: «Bis der Topf voll ist?»

KHelfer: «Ja, bis der Topf voll ist.»

Mann: «Und wenn er dann überläuft?»

Frau: «Dann kommen die Schmerzen.»

KHelfer: «Ja, und dann die Kur. Die Kur ist ein Notventil. Ihr Körper sorgt für Sie. Er macht, daß Sie das erhalten, was Sie sich selbst nicht holen können. Das ist wichtig. Zum Glück haben Sie die Schmerzen, sonst würden Sie zugrunde gehen.»

Frau: «Das ist das, worauf man dann hören muß.»

KHelfer: «Genau. Wer nicht hören will, muß fühlen.»

Frau: «Wenn das hier in der Brust sticht, dann muß ich versuchen...»

Mann: «Das ist eine Botschaft.»

Frau: «Oh, die kann aber gemein sein, diese Botschaft!»

KHelfer: «Das Ziel wäre, schon vorher auf sich zu hören, schon bei sich zu merken, was los ist, wenn Sie mit Ihren Fingern spielen. Ich habe das schon zwei-, dreimal beobachtet. Das ist der Anfang, das heißt dann: ‹Ich hätte jetzt auch was zu sagen, aber ich ziehe mich jetzt zurück und reibe die Energie, die ich ja zum Handeln hätte, in mich hinein.›

Wenn Sie dann sehen, daß ich Ihnen zuschaue, hören Sie sofort damit auf, weil Sie merken, was Sie tun. Merken ist gut, unterdrücken nicht. Merken ist sehr gut, aber statt zu unterdrücken – und jetzt kommt der Rat des Psychologen –, setzen Sie sich auf und sprechen Sie sich aus! Was beschäftigt Sie, was möchten Sie? Suchen Sie Kontakt, statt zu resignieren.»

Erklärungen, Hintergrundinformationen und direkte Ratschläge sind hier zu einer kleinen Minilektion miteinander verbunden; das alles aber nicht in Form einer «Vorlesung», sondern eingebettet in den Dialog mit dem Paar.

Bilder und nonverbale Demonstrationen

Die angestrebten Lektionen werden manchmal besser verstanden, wenn sie mit Demonstrationen und nichtsprachlichen Erlebnissen verbunden sind.

Beispiel:
Um die destruktive Wirkung von Warum-Fragen zu zeigen («Warum hast du wieder getrunken?»), bittet der Klärungshelfer die Frau, zu einer nonverbalen Demonstration aufzustehen. Er drängt sie daraufhin schubsend und mit eindringlichen «Warrrummm»-Fragen rückwärts in die Ecke. Dies ist viel eindringlicher, als wenn er eine Aussage aus dem «Lehrgebäude» getroffen hätte: «Warum-Fragen sind für zwischenmenschliche und gefühlsmäßige Bereiche bedrängend; sie implizieren einen monokausalen Zusammenhang und leisten einer Rechtfertigungshaltung in der Antwort des Partners Vorschub.»

Beispiel:
Manchmal gelingt es, mit Hilfe des zufällig im Sitzungszimmer befindlichen Materials etwas anschaulich zu machen, was abstrakt nur sehr schwer zu erklären wäre. So unterscheidet der Klärungshelfer beim Freundespaar Bluming–Jäckel zwei Persönlichkeitsaspekte: den «Obermann» und den «Untermann» (vgl. S. 193). Zum Erklären dieser Persönlichkeitstheorie legt er eine Tonbandkassette hin. Sie symbolisiert den «Untermann». Er stellt darauf rechtwinklig eine zweite Tonbandkassette. Diese steht für den «Obermann». Sie ist viel besser sichtbar. Der Obermann entspricht dem in der Sitzung gezeigten Verhalten von Einsichtigkeit, guten Vorsätzen und logischem Denken. Die Frau versucht wiederholt, auf diesen Teil zu bauen, und wurde immer enttäuscht. Erst das Bild überzeugt sie, daß da ein zweiter unterer Teil vorhan-

den ist – der «Untermann» –, der deswegen wichtiger ist, da der «Obermann» – etwas wackelig – auf den Fundamenten des «Untermannes» steht: Es läßt sich anschaulich zeigen, daß der «Obermann» sofort hinfällt, sobald der «Untermann» aktiv wird und «aufsteht». Wenn also der untere das Zepter übernimmt, fällt der obere flach hin und seine guten Vorsätze mit ihm. Eine neue Runde «Trinken-Spielen» dreht den Teufelskreis weiter. Es gilt daher – so «die Moral von der Geschicht» – sowohl in der Sitzung wie im Leben, den «Unteren» zu erreichen, zu verstehen und seine Bedürfnisse zu befriedigen. Dann braucht er vielleicht seine spektakulären Auftritte nicht mehr.

3. Die drei Ebenen der Klärungshilfe

Die im letzten Kapitel ausgewählten Beispiele verdeutlichen, daß sich der Klärungshelfer nicht als ein «neutraler Katalysator» verhalten kann. Es geht vielmehr von seiner Person etwas aus, was aus dem Dialog einen «Trialog» macht, denn er greift in das Geschehen zwischen zwei Menschen mit dem ganzen Gewicht seiner Persönlichkeit, seiner fachmännischen Kenntnisse und seiner «Ideologie», seiner Wertauffassungen, ein.

Somit ist nach den vorliegenden Erkenntnissen zu vermuten, daß die «Klärungshilfe» als ein Vorgang zu beschreiben ist, der sich in seiner Phänomenologie und in seiner Wirkungsweise auf drei Ebenen abspielt:

Auf der obersten (oberflächlichen) Ebene findet Gesprächsmoderation statt: Der Klärungshelfer sorgt dafür, daß die Dinge aus- und durchgesprochen werden, daß die Reihenfolge der Inhalte und der Beiträge eingehalten wird, kurz, daß der ganze Ablauf eine geordnete Struktur erhält.

Auf der mittleren Ebene geht es um «Klärungshilfe» im engeren Sinne: um einen tieferen Kontakt, um eine Verbindung von «Herz zu Herz», um die Untersuchung und Bewältigung der Schwierigkeiten, die in der Beziehungsdynamik der beteiligten Personen angelegt ist und womöglich durch den biographischen Hintergrund der Individuen verschärft wird.

Auf der dritten, vielleicht tiefsten Ebene erfahren die Klienten eine intensive Berührung mit der Wertewelt des Klärungshelfers, mit seinen fachmännischen Kenntnissen über das «Funktionieren» von menschlichen Beziehungen, kurzum: Es findet eine Begegnung mit dem gesamten (handlungs- und gefühlsleitenden) Welt- und Menschenbild des Klärungshelfers und seiner Persönlichkeit statt, welche sich in seinem gesamten Sein ausdrücken und als verborgene Voraussetzungen all seiner Interventionen wirksam werden. Für diese dritte Ebene der Klärungshilfe gibt es keine schnellen «Schulungskurse» – hier wirken verarbeitete Spuren, die das Leben hinterlassen hat.

Literatur

BANDLER, RICHARD, GRINDER, JOHN: *Metasprache und Psychotherapie.* Die Struktur der Magie I. Jungfermannsche Verlagsbuchhandlung, Paderborn 1981

BECK, DIETER: *Krankheit als Selbstheilung.* Insel Verlag, Frankfurt/M. 1981

BIEDERMANN, MARIANNE B.: *Beziehungsdrama oder Liebesabenteuer.* Vorträge und Gespräche, in: sannyas 16/1981, Sannyas Verlag, Margarethenried 1981

DETHLEFSEN, THORWALD: *Schicksal als Chance.* Das Urwissen zur Vollkommenheit des Menschen. Bertelsmann Verlag, München 1980

FARAU, ALFRED, COHN, RUTH: *Gelebte Geschichte der Psychotherapie.* Zwei Perspektiven. Klett-Cotta, Stuttgart 1984

FRERICKS, THEKLA: *Probleme des Miteinander-sprechen-Könnens in der therapeutischen Bearbeitung.* Beschreibende Untersuchung zum Projekt «Klärungshilfe in Beziehungsfragen und Sachauseinandersetzungen», beobachtet an drei Therapiegruppen. Unveröffentlichte Diplomarbeit, Universität Hamburg 1983

FRANKL, VIKTOR: *Der Wille zum Sinn.* Ausgewählte Vorträge über Logotherapie. Hans Huber Verlag, Bern 1972

FRANKL, VIKTOR: *Das Leiden am sinnlosen Leben.* Psychotherapie für heute. Herder Verlag, Freiburg 1981

GORDON, THOMAS: *Familienkonferenz.* Die Lösung von Konflikten zwischen Eltern und Kind. Hoffmann & Campe Verlag, Hamburg 1972

GUGGENBÜHL-CRAIG, ADOLF: *Die Ehe ist tot – lang lebe die Ehe.* Schweizer Spiegel Verlag, Zürich 1980

GUGGENBÜHL-CRAIG, ADOLF: *Seelenwüsten.* Betrachtungen über Eros und Psychotherapie. Schweizer Spiegel Verlag, Zürich 1980

HEER, KLAUS: *Warum hörst Du mich nicht?* Sechsteilige Radiosendung, Schweizer Radio DRS I, Bern 1982

KLEBERT, KARIN, SCHRADER, EINHARD, STRAUB, WALTER G.: *Moderationsmethode*. Windmühle GmbH, Hamburg. 2. erw. Aufl. 1984

KOLIHA, ELISABETH: *Klärungshilfe bei Paaren, Familien und Gruppen*. Analyse therapeutischer Interaktionen und Überprüfung ihrer Auswirkungen. Unveröffentlichte Diplomarbeit, Universität Hamburg 1983

PERLS, FRITZ: *Gestalt-Therapie*. Klett-Cotta, Stuttgart 1974

PERLS, FRITZ: *Grundlagen der Gestalt-Therapie*. Einführung und Sitzungsprotokolle. Verlag J. Pfeiffer, München 1976

PETZOLD, HILARION: *Gestalt-Therapie und Psychodrama*. Nicol-Verlag, Kassel 1973

RIEMANN, FRITZ: *Grundformen der Angst*. Ernst Reinhardt Verlag, München 1974

RIEMANN, FRITZ: *Die schizoide Gesellschaft*. Kaiser Verlag, München 1975

ROGERS, CARL R.: *Entwicklung der Persönlichkeit*. Psychotherapie aus der Sicht eines Therapeuten. Klett Verlag, Stuttgart 1973

ROGERS, CARL R.: *Therapeut und Klient*. Grundlagen der Gesprächs-Psychotherapie. Kindler Verlag, München 1977

ROGERS, CARL R.: *Die Kraft des Guten*. Ein Appell zur Selbstverwirklichung. Kindler Verlag, München 1978

ROSIN, DOROTHEA: *Als Partner leben*. Ehebegleitung eine Möglichkeit der Erwachsenenbildung. Diplomarbeit an der Akademie für Erwachsenenbildung, Luzern 1977

SCHELLER, YORK: *Nähe und Distanz bei Paaren*. Erleben, Konflikte und Lösungsstrategien. Unveröffentlichte Diplomarbeit, Universität Hamburg 1986

SCHNELLE, EBERHARD: *Metaplan Gesprächstechnik*, Kommunikations-Werkzeug für die Gruppenarbeit. Metaplan-Reihe, Quickborn 1982.

SCHULZ VON THUN, FRIEDEMANN: *Miteinander reden 1: Störungen und Klärungen*. Allgemeine Psychologie der Kommunikation. Rowohlt Taschenbuch Verlag, Reinbek bei Hamburg 1981

SCHULZ VON THUN, FRIEDEMANN: *Miteinander reden 2: Stile, Werte und Persönlichkeitsentwicklung*. Differentielle Psychologie der Kommunikation. Rowohlt Taschenbuch Verlag, Reinbek bei Hamburg 1989

SCHMIDBAUER, WOLFGANG: *Die hilflosen Helfer.* Über die seelische Problematik der helfenden Berufe. Rowohlt Verlag, Reinbek bei Hamburg 1977

SELVINI-PALAZZOLI, MARA, BOSCOLO, LUIGI, CECCHIN, G., PRATA, G.: *Paradoxon und Gegenparadoxon.* Ernst Klett Verlag, Stuttgart 1977

THOMANN, CHRISTOPH: *Gestalttherapie.* Wie ich sie erlebte und ihr theoretischer Hintergrund. Schriftliche Arbeit zur Erlangung des Grades eines Lizentiates der Philosophischen Fakultät I der Universität Fribourg (Schweiz). Selbstverlag, Bern 1977

THOMANN, CHRISTOPH: *Klärungshilfe.* Die Gestaltung schwieriger Gespräche. Theorie, Beispiele, Methoden. Dissertation, Universität Hamburg 1985

WATZLAWICK, PAUL, BEAVIN, JANET H., JACKSON, DON D.: *Menschliche Kommunikation.* Formen, Störungen, Paradoxien. Hans Huber Verlag, Bern 1969

WATZLAWICK, PAUL, WEAKLAND, JOHN, FISCH, RICHARD: *Lösungen.* Zur Theorie und Praxis menschlichen Wandels. Hans Huber Verlag, Bern 1974

WILLI, JÜRG: *Die Zweierbeziehung.* Spannungsursachen, Störungsmuster, Klärungsprozesse, Lösungsmodelle. Analyse des unbewußten Zusammenspiels im Partnerwahl- und Paarkonflikt: Das Kollusions-Konzept. Rowohlt Verlag, Reinbek bei Hamburg 1975

psychologie aktiv

Die praktische Psychologie ist traditionell ein Schwerpunkt im Sachbuch bei rororo. Autoren wie Wolfgang Schmidbauer, Jürg Willi, Reinhard Tausch oder Friedemann Schultz von Thun geben mit praxisorientierten Ratgebern Hilfestellung bei privaten und beruflichen Problemen.

Spencer Johnson
Ja oder Nein. Der Weg zur besten Entscheidung *Wie wir Intuition und Verstand richtig nutzen*
(rororo sachbuch 9906)

Ursula Lambrou
Helfen oder aufgeben? *Ein Ratgeber für Angehörige von Alkoholikern*
(rororo sachbuch 9955)

Ellen J. Langer
Fit im Kopf *Aktives Denken oder Wie wir geistig auf der Höhe bleiben*
(rororo sachbuch 9509)

Erhard Meueler
Wie aus Schwäche Stärke wird *Vom Umgang mit Lebenskrisen*
(rororo sachbuch 8540)

Frank Naumann
Miteinander streiten *Die Kunst der fairen Auseinandersetzung*
(rororo sachbuch 9795)

Wolfgang Schmidbauer
Liebeserklärung an die Psychoanalyse
(rororo sachbuch 8839)
Weniger ist manchmal mehr *Zur Psychologie des Konsumverzichts*
(rororo sachbuch 9110)

Friedemann Schulz von Thun
Miteinander reden 1 *Störungen und Klärungen. Allgemeine Psychologie der Kommunikation*
(rororo sachbuch 8489)
Miteinander reden 2 *Stile, Werte und Persönlichkeitsentwicklung. Differentielle Psychologie der Kommunikation*
(rororo sachbuch 8496)

Reinhard Tausch
Hilfen bei Streß und Belastung
(rororo sachbuch 9511)

Shelley E. Taylor
Mit Zuversicht *Warum positive Illusionen für uns so wichtig sind*
(rororo sachbuch 9907)

Jürg Willi
Ko-Evolution *Die Kunst gemeinsamen Wachsens*
(rororo sachbuch 8536)

Ein Gesamtverzeichnis aller lieferbaren Titel der *Rowohlt Verlage* und des *Wunderlich Verlags* finden Sie in der *Rowohlt Revue*. Jedes Vierteljahr neu. Kostenlos in Ihrer Buchhandlung.

rororo sachbuch

Laurie Ashner / Mitch Meyerson
Wenn Eltern zu sehr lieben
(rororo sachbuch 9359)

Karola Berger
Co-Counseln: Die Therapie ohne Therapeut *Anleitungen und Übungen*
(rororo sachbuch 9954)
Co-Counseln bedeutet: sich gegenseitig beraten. In dieser neuen Form der «Laien-Therapie» finden sich zwei Menschen zum therapeutischen Gespräch zusammen. Das Buch vermittelt mit leicht verständlichen Anleitungen und einfachen Übungen die Grundlagen und Techniken dieser neuen Methode.

Klaus Birker / Barbara Schott
Den Job will ich haben! *Die erfolgreiche Bewerbung NLP – das Psycho-Power-Programm*
(rororo sachbuch 9986)
Mit Hilfe der Techniken des Neuro-Linguistischen Programmierens, kurz NLP, kann man in kürzester Zeit lernen, sich optimal auf Bewerbungssituationen vorzubereiten. Die in diesem Buch vorgestellten Übungen sind leicht anwendbar, effektivitätsorientiert und im Management erprobt.

Robert M. Bramson
Schwierige Leute – und wie man am besten mit ihnen umgeht
(rororo sachbuch 8727)

Diane Fassel
Ich war noch ein Kind, als meine Eltern sich trennten ... *Spätfolgen der elterlichen Scheidung überwinden*
(rororo sachbuch 9984)

Daniel Hell
Welchen Sinn macht Depression?
Ein integrativer Ansatz
(rororo sachbuch 9649)

Karin Mager
Fair und selbstbewußt miteinander reden *Wie Sie Konflikte meistern*
(rororo sachbuch 60106)
Dies ist kein Programm für Harmoniesüchtige, die sich gegenseitig kein Härchen krümmen können, sondern eines für jedermann und jedefrau, die schwierige Gespräche selbstbewußt führen und Konflikte fair lösen wollen.

Tim Rohrmann
Junge, Junge – Mann, o Mann
Die Entwicklung zur Männlichkeit
(rororo sachbuch 9671)

Ian Stuart-Hamilton
Die Psychologie des Alterns
(rororo sachbuch 9516)

Streß mit dem Chef, Probleme in der Familie oder Angst vor der Zukunft – Probleme, die allein schwer zu meistern sind. Jetzt erscheint bei *rororo* das Psycho-Power-Programm zur Stärkung des Selbstbewußtseins, bekannt als **Neurolinguistisches Programmieren (NLP)**, das in den siebziger Jahren von den Amerikanern Richard Bandler und John Grinder entwickelt wurde. Knapp, praxisnah und verständlich geschrieben, bieten die Bücher konkrete Hilfe für Alltag und Beruf.

Gabriele und Klaus Birker
Was ist NLP? *Grundlagen und Begriffe des Neuro-Linguistischen Programmierens*
(rororo sachbuch 60199)

Cora Besser-Siegmund
Das Rauchen aufgeben
(rororo sachbuch 9956)
Frei von Eifersucht
(rororo sachbuch 9985)
Mit Hilfe der vorgestellten Übungen und Tricks kann man lernen, wie man sich nicht länger von der alles zerfressenden Eifersucht beherrschen läßt, sondern statt dessen seine Energien auf neue, positive Ziele konzentriert.

Barbara Schott
Gut drauf sein, wenn's schiefgeht
(rororo sachbuch 9604)
Cool bleiben
(rororo sachbuch 9603)
Andere Wege wagen
(rororo sachbuch 9605)

Barbara Schott/ Klaus Birker
Den Job will ich haben *Die erfolgreiche Bewerbung*
(rororo sachbuch 9986)
Energie tanken
(rororo sachbuch 60281)
Freunde finden
(rororo sachbuch 9668)
Prüfungsstreß ade
(rororo sachbuch 9669)
Kompetent verhandeln
(rororo sachbuch 9773)
Geschicktes Verhandeln will gelernt sein – ob am Telefon oder am Verhandlungstisch. Dieses Buch stellt einfach anwendbare Strategien vor.
Schüchternheit überwinden
(rororo 9774)
Mut zur Entscheidung
(rororo sachbuch 9957)
Selbstbewußt auftreten
(rororo sachbuch 9905)
Souverän mit Kunden umgehen
(rororo sachbuch 9796)

Ein Gesamtverzeichnis der Reihe und weitere Bücher zum Thema finden Sie in der *Rowohlt Revue*. Vierteljährlich neu. Kostenlos in Ihrer Buchhandlung.